KUAIJI LILUN
ZHUANTI YANJIU

会计理论
专题研究

主 编：吕 南
副主编：李汶静 刘 可 董建蓉

四川大学出版社
SICHUAN UNIVERSITY PRESS

图书在版编目（CIP）数据

会计理论专题研究 / 吕南主编. — 成都：四川大学出版社，2023.5
ISBN 978-7-5690-5334-0

Ⅰ．①会… Ⅱ．①吕… Ⅲ．①会计理论－研究 Ⅳ．① F230

中国版本图书馆 CIP 数据核字（2022）第 014732 号

书　　名：	会计理论专题研究
	Kuaiji Lilun Zhuanti Yanjiu
主　　编：	吕　南

选题策划：	孙明丽
责任编辑：	王　锋
责任校对：	陈　纯
装帧设计：	墨创文化
责任印制：	王　炜

出版发行：	四川大学出版社有限责任公司
	地址：成都市一环路南一段 24 号（610065）
	电话：（028）85408311（发行部）、85400276（总编室）
	电子邮箱：scupress@vip.163.com
	网址：https://press.scu.edu.cn
印前制作：	四川胜翔数码印务设计有限公司
印刷装订：	四川盛图彩色印刷有限公司

成品尺寸：185mm×260mm
印　　张：13.25
字　　数：330 千字

版　　次：2023 年 5 月 第 1 版
印　　次：2023 年 5 月 第 1 次印刷
定　　价：49.00 元

本社图书如有印装质量问题，请联系发行部调换

版权所有 ◆ 侵权必究

扫码获取数字资源

四川大学出版社
微信公众号

前 言

在经济全球化进程中,随着企业经营环境不断变化,以及我国资本市场持续发展和证券监管力度不断强化,会计理论与会计实务需要研究、反映和解释的经济现实问题越来越多。会计是一门实操性很强的专业,在实际工作中难免会存在一种"会计理论无用论"的思想。然而通过会计理论的学习能够更好地理解、评价、指导并改进会计实务,同时提升相关人员的职业应变能力和职业持续发展能力。由此可见,加强会计理论的学习十分重要。

目前我国高校会计教学普遍对会计理论学习不够重视,会计理论学习在培养计划中的占比较低,会计学教材也主要是偏向于对会计确认、计量、核算、报告及披露的讲解,适合财会专业的学生学习;或是完全针对某一领域,适合专门从事会计理论研究或者专门研究某一领域的高层次会计人员查阅。而对于一些非财会专业、会计理论基础相对薄弱且不需要对会计学有深入研究的学生,选择一本合适的会计理论专题教材相对困难。

本书共九章,分别为网络会计、社会会计、人力资源会计、环境会计、社会责任会计、行为会计、法务会计、反倾销会计和碳排放权交易会计,包含了会计学发展过程中所产生的新领域和新分支,在一定程度上能够满足更多学生的需求,为具有不同知识基础和工作背景的人员学习会计理论提供一本合适的参考资料,同时有助于促进会计学与政治学、经济学、法学、心理学、工学等多学科融合发展。本书不仅阐述了各分支会计的概念、产生背景、主要内容及发展与展望,而且对相关会计人才培养提出了建议,并结合实际案例对网络会计、人力资源会计、社会责任会计和反倾销会计在企业中的应用做了进一步的讲解,理论与实际相结合、深入浅出。全书在介绍会计理论发展历史变革与会计概念框架的基础上,帮助学生系统地了解会计的基本理论知识,让学生熟悉会计理论的历史进程、现有格局及未来发展,从而使学生具备更高的应用会计基础理论知识评价和解决现代会计问题的能力,并为未来的科学研究打下扎实的基础。

本书由西南石油大学经济管理学院吕南教授担任主编,由该院李汶静、刘可、董建蓉三位教授担任副主编,其他参编者包括:西南石油大学财务处胡珊,四川吉利学院商学院陈俊君,四川安吉物流集团有限公司曹宇,成都银行股份有限公司彭晓凤,中国人民财产保险股份有限公司四川省分公司龚诗函,西南石油大学研究生罗心、周玉洁、徐宁、吕晓雨、楚小皎,对外经济贸易大学研究生刘诗琦。在此感谢所有编者的辛勤付出!

本书的写作和出版得到了西南石油大学研究生院"双一流"学科专项建设资金的资

助,以及四川省产教融合示范项目"四川省光伏产业产教融合综合示范基地(川财教〔2022〕106号)",西南石油大学2022年度"课程思政"示范建设项目——课程思政示范专业"会计学"资助;同时得到四川大学出版社、西南石油大学经济管理学院的大力支持,在此表示衷心的感谢!

  本书可以作为财务会计专业学生的教学参考书和"会计理论专题研究"课程的教材。本书对于开阔学生视野及会计理论与实践的发展有一定意义。

编 者

2023年3月

目 录

第一章 网络会计 ……………………………………………………………（1）
 第一节 网络会计概述 ………………………………………………………（1）
 第二节 网络会计信息系统 …………………………………………………（16）
 第三节 网络会计发展中面临的问题及相关建议 …………………………（20）
 第四节 网络会计在 C 集团的应用情况 ……………………………………（24）

第二章 社会会计 ……………………………………………………………（26）
 第一节 社会会计概述 ………………………………………………………（26）
 第二节 社会会计的基本内容 ………………………………………………（31）
 第三节 社会会计的发展与展望 ……………………………………………（34）

第三章 人力资源会计 ………………………………………………………（37）
 第一节 人力资源会计概述 …………………………………………………（37）
 第二节 人力资源会计的应用 ………………………………………………（45）
 第三节 人力资源会计发展中面临的问题及相关建议 ……………………（64）
 第四节 人力资源会计在 H 集团的应用情况 ………………………………（67）

第四章 环境会计 ……………………………………………………………（72）
 第一节 环境会计概述 ………………………………………………………（72）
 第二节 环境会计核算相关内容 ……………………………………………（79）
 第三节 环境会计的发展与展望 ……………………………………………（98）

第五章 社会责任会计 ………………………………………………………（100）
 第一节 社会责任会计概述 …………………………………………………（100）
 第二节 社会责任会计核算相关内容 ………………………………………（107）
 第三节 社会责任会计的发展与展望 ………………………………………（116）
 第四节 案例分析：低碳经济下社会责任会计的应用——以 K 公司中国系统
    为例 ……………………………………………………………………（122）

第六章 行为会计 ……………………………………………………………（125）
 第一节 行为会计概述 ………………………………………………………（125）
 第二节 行为会计研究方向 …………………………………………………（132）
 第三节 行为会计的发展与展望 ……………………………………………（134）

第七章　法务会计 (138)
第一节　法务会计概述 (138)
第二节　法务会计的基本内容 (143)
第三节　法务会计实践的发展 (148)
第四节　法务会计人才的培养 (153)

第八章　反倾销会计 (158)
第一节　反倾销会计的来源和概念 (158)
第二节　反倾销会计的基本内容 (160)
第三节　倾销认定的核心问题——正常成本价格 (168)
第四节　反倾销会计的实际应用 (173)

第九章　碳排放权交易会计 (177)
第一节　碳排放权交易会计概述 (177)
第二节　碳排放权交易会计核算相关内容 (182)

参考文献 (199)

第一章 网络会计

第一节 网络会计概述

一、网络会计的产生与发展

(一) 网络会计的产生背景

1. 科技进步为网络会计的发展提供了技术基础

信息、物质和能源被视为人类社会发展的三大资源。早在18世纪,人类就通过开发和利用物质和能源资源,极大地提高了社会生产力,进而推动人类社会进入工业时代。到了20世纪50年代,以计算机通信技术为代表的现代信息技术的发展和应用,则为人类社会的发展添加了助燃剂,科学技术深刻地改变了我们的生产与生活:一方面,科技提高了日常生产和工作的效率,使复杂问题简单化,系统问题模块化成为可能;另一方面,海量的信息、动态复杂的环境、网络安全问题等也对管理者的能力提出了更高的要求。

在会计领域,信息技术同样对传统会计模式产生了一定的影响。一方面,科学技术的应用为财务管理职能的发挥提供了理想的平台,而依托于成熟的网络信息系统,企业能够完成财务和业务的协同远程报表、报账、查账和审计等操作,实现事中动态会计核算和在线财务管理,支持电子单据和电子货币,使企业会计核算工作进入无纸化阶段;另一方面,在信息化背景下,企业财务管理面临的环境也发生了深刻变革,市场竞争日趋激烈,企业管理需要解决的问题、解决问题的条件和方法都随之发生变化,从而激发了新的企业财务管理模式,与之相适应的企业财务管理内容、范围、方法也需要做出一定调整。

在上海国家会计学院所主办的2017年和2018年影响中国会计从业人员十大信息技术评选活动中,下列信息技术获得众多学者的一致肯定:财务云、大数据、电子发票、云计算、人工智能、移动支付、数据挖掘、移动互联网、电子档案、区块链、在线审计和信息安全。

(1) 财务云。

"财务云"这一概念出自浪潮集团。具体而言，财务云是一种共享模式，它有效地结合了财务共享管理模式和移动互联网、大数据、云计算、信息处理技术等，系统化地建立了财务共享服务、财务管理、资金管理"三合一"的集中化、统一化的企业财务云中心，可以实现会计信息数据化、账目核对分析、自动生产凭证等诸多功能，有效地保障核算、报账、资金和决策在整个企业内部的统筹应用。

财务云的核心价值在于提高了企业财务管理的效率：首先，实现财务资源共享，避免人员、软硬件的重复设置，从而降低财务成本；其次，通过云共享服务模式可以达到集中处理数据的目的，进一步加强公司的财务管控力度；最后，对于管理者和决策部门而言，可以提供相对及时、准确和完整的会计信息，进而提高决策的质量。

(2) 大数据。

互联网促使社会和企业信息化进程加速，与此同时也产生了海量的信息。大数据便是这样一个容量庞大、类别复杂的数据集合。

大数据正在改变企业的经营环境和管理方法，在财务管理领域尤为如此。首先，在数据获取阶段，企业能够通过多种渠道获取即时、全面、真实的数据，此外，企业所收集到的数据不仅包括财务数据，还包括大量的非财务数据；其次，随着可供分析的数据增多，许多无意义的数据也随之而来，因此仅仅收集数据是不够的，关键在于从大量数据中挖掘出有效的信息；最后，由于数据的规模巨大，因此借助一些数据处理技术能够大大提高效率。在大数据时代，数据资源是核心，它与财务的联系日益密切，可以为企业创造出更多的价值。如何抓住机遇，实现财务转型，是各大企业需要密切关注的一个问题。

(3) 电子发票。

电子发票是指在购销商品、提供或者接受服务以及从事其他经营活动中，以电子数据方式开具、获取、存储和传输的收付款凭证。电子发票对于加强电子商务征税、提高税收征管效率和促进税收管理现代化等具有重要意义。

电子发票的应用和发展源于以下几方面原因：首先，随着电子商务的飞速发展，各行各业电子商务企业的订单快速增长，如果继续使用传统纸质发票管理流程，那么必然会导致发票处理业务的效率下降以及相关成本的急剧增加；其次，传统纸质发票及其管理方式无法从根本上解决假发票、不开票、虚开发票等问题，发票稽查及征税成本增加；最后，电子商务导致异地消费的现象日益明显，必然会引发税收方式的变革。

(4) 云计算。

当前，云计算在会计管理领域中发挥的作用日益凸显，如何在全球范围内推广企业云计算会计信息化，优化云计算产品的性能以更好地适应企业管理需求成为研究的重点。

现有的云计算会计信息化模式主要分为三种：SaaS（软件即服务）、PaaS（平台即服务）、IaaS（基础设施即服务）。其中，SaaS模式依托互联网，利用浏览器及服务器终端为客户提供在线服务，其最大的优点在于可以根据用户的不同需求，提供相应的功能模块与组合，因而企业能够按需租用并根据租赁时间付费。PaaS模式兼具信息服务器、中间软件、信息化组件及开发环境的功能，企业可以通过租用软件开发平台，根据会计核算及经营管理的实际需要，开发相应的云计算会计信息系统，或者聘用专业的IT人员协助开发财会信息系统。IaaS模式是将云计算架构的计算机硬件和计算资源租赁给企业，并通过云计算应用软件提供服务。在这种模式下，会计信息系统的维护和升级都由云计算服务商提供支持，是一种"保姆式"的服务。

（5）人工智能。

数学家约翰·麦卡锡在1956年的达特茅斯学术会议上，第一次提出人工智能（Artificial Intelligence，AI）理论，他将其定义为"制造智能化机器的相关科学和工程"。对此我们可以理解为"人工智能是构造一定的智能系统，使机器能够模拟人类思维过程和反应，对周围环境做出应对，进而让机器胜任过去必须经过人脑思考才能完成的工作"。

人工智能真正进入财务会计领域是在1987年，美国注册会计师协会（AICPA）发表了一份管理指导特别报告《人工智能与专家系统简介》。自此，国外财会领域对人工智能技术在会计、审计和税务等方面的运用进行了深入的研究与探索，并成功开发出相应技术与专家系统来完成复杂的财会领域的分析和决策工作。2016年3月，德勤与Kira Systems合作，制造出"德勤机器人"，它能够利用智能阅读快速从大量文件中提取重要信息形成文本，显著提高工作效率；普华永道等四大会计师事务所也于同年5月先后推出了财务机器人。在四大会计师事务所创建高效的财务机器人处理方案后，各大企业也开始引进机器人进行尝试。例如中化国际股份有限公司，引进普华永道机器人实现了财务流程自动化，具体在银行对账、月末入款提醒、进销项差额提醒、增值税验证四种业务方面，将财务人员从大量枯燥重复的工作中解放出来。以财务机器人进入会计、税务、审计领域为开端的财务会计＋人工智能技术运动，开启了财会领域人工智能技术的新时代。如今财务机器人已经逐步替代传统的算账、记账、报账等基础业务。专家预测，未来AI机器人可以通过综合处理财会领域的文字、图像、音频和视频等数据进行大数据处理并自主学习，实现智能财务分析、预测和决策。

（6）电子档案。

会计档案伴随着会计业务活动产生并流转，立卷归档是会计业务活动最后一个环节，但往往未能引起足够的重视。现代网络信息技术的快速发展以及人们对大数据的使用需求，使得以往单纯会计电算化核算亟须向全面财务信息化管理转变。

会计电子档案是指将会计业务所产生的凭证及其附件、会计账簿、报表及其他具有保存价值的资料以数字形式存储在磁性介质上形成的档案。相对于传统的纸质档案，会计电子档案具有以下特征：①形式多样，存储灵活。电子档案以数字、文字或者图片、声音、录像的形式存储在磁盘、U盘等介质中。②依赖设备，通用可读。电子档案需要通过设备和软件方能进行读取和传输。③传输方便，共享性强。电子档案的传输突破了时间和空间的限制，通过网络技术可以进行远程传递，档案使用者可以在任意场所接收档案信息，增加了档案利用的便捷性。④存储高效，节能环保。电子档案存储体积小、容量大，不仅可以省去纸质档案粘贴、装订等烦琐工作，大大提高工作效率，而且方便档案搬运，节省存储空间。

2. 网络经济时代为网络会计的发展创造了必要条件

网络经济是建立在互联网基础之上，以现代信息技术为核心的一种新经济形态。电子商务就是网络经济的一种重要表现形式。电子商务与传统商务相比，具有交易虚拟化、交易成本低、交易效率高、商务模式多样化、带动经济变革、增加商贸机会等优势。

网络经济的特点如下：

（1）超越时空限制。网络经济基于互联网，因此可以 24 小时不间断运行，经济活动几乎不受时间因素制约，同时也令地理上的距离变得无关紧要。

（2）直接性。在网络经济环境下，生产者与消费者、供应商、合作伙伴可以直接联系，从而显著降低了交易成本，提高了经济效益和效率。

（3）即时性。由于客户需求的多样化、个性化以及网络信息的快速传播，网络经济的发展趋势应是对市场变化高度灵敏的"即时经济"。客户可以在短时间内通过网络进行"货比三家"，某些数字化产品（如音像制品、软件、数据权等）的交易如即时订货、付款、交货都可以在瞬间完成。

（4）虚拟性。网络经济是在互联网形成的虚拟空间进行经济业务活动，知识和信息成为关键资源，无形产品如网上书店的数据权、专业软件系统等，都可以替代实物成为交易的对象；在线交易的消费者往往不显示自己的真实身份和地理位置。

（5）无纸化。电子信息取代了一系列纸质文件，由于电子信息以特定的形式存在和传送，整个信息的发送和接收过程实现了无纸化。

（6）创新性。网络经济下的电子商务活动瞬息万变，产品的生命周期不断缩短，网络参与者需要不断创新，以满足生产、生活中不断变化的需求，网络经济也是创新经济。

综上所述，网络经济时代的到来改变了人们传统的消费观、理财观，人们足不出户就可以利用计算机网络平台实现对资金的有效控制和管理。而从财务会计管理工作视角来看，在过去，财务人员处理日常往来账目时，常常需要往返于办公场所与金融机构之间，不仅耗费了大量时间，并且财务会计业务的处理与核实也频频出现漏洞，进而影响企业其他各项工作的顺利开展。但是在网络经济背景下，财务人员只需要借助财务会计管理信息系统，就可以实现远程操控与管理，既为财务人员提供了便捷条件，也达到了信息处理精准、高效的目的。

（二）网络会计的发展历程

网络会计依托互联网产生，并随着互联网技术的进步而得到发展。1969 年，美国加州大学、犹他大学和斯坦福大学研究院的四台计算机经美国国防部的帮助连接起来，形成共同网络——Arpanet（Internet 的前身），自此宣告人类进入网络时代。到 20 世纪 90 年代，电子商务这一商业运用更是刺激了国际互联网爆炸式发展。在巴黎召开的《财富》论坛第六届会议将 2000 年的会议主题直接聚焦"网络经济"。这一系列事件充分说明，全球的网络经济已经全面启动。

作为电子商务的一个重要组成部分，网络会计理所当然受到了人们的重视。2000

年，受国际会计准则委员会（IASC）之托，英国伯明翰大学的 Andrew Lymer 等四人组成的调研小组进行了网上财务报告研究，结果显示：在欧洲、亚太地区、北美和南美的 22 个国家、660 家公司中，有 80% 的企业上网，并且有近 2/3 的公司在网上发布它们的财务报告。

但是在当时的中国，互联网才刚刚被人们接受，网络会计更是处于初始阶段。据中国证券报《2000 年上市公司速查手册》中提供的网址调查，沪市的 36 家披露有信息的公司中有网址的公司仅 30 家，占 83.33%。而美国 1998 年有网址的公司比例为 95%，英国 1997 年有网址的公司比例为 92%。因此从总体上说，中国上市公司使用互联网的水平要低于西方发达国家好几年。

直至 2000 年中国证监会要求所有上市公司必须在互联网上公布财务报告并将中期财务报告全文上网后，这种情况才发生了转变。2004 年 4 月 30 日，上海证券交易所和深圳证券交易所首次成功实现了 959 家上市公司 1999 年年报的网上披露，同时上网浏览的投资者达 9000 万人次，累计下载年报 566 万份，平均每家公司年报被下载 5000 次。此外，自 1998 年 3 月中国银行在国内开设第一家网络银行以来，我国已有多家金融机构参与了网上建设，四大国有银行及深圳发展银行等已经真正实现了网上支付。

进入 21 世纪，得益于云计算、物联网等新兴互联网技术的进步，以及在政府、企业和会计软件开发商等的通力协作下，会计信息化得到了不断的发展。目前，企业内部网络技术在企业管理中的应用，使得包括财务部门在内的所有部门实现了资源优化配置。而企业外部全球互联网的发展则使企业走出封闭的局域系统，在全球范围内实现了信息交流和信息共享。

（三）网络会计的应用形式

1. 企业内部财务管理系统

传统的财务管理系统主要是以会计业务为基础，并在此基础上扩充其他的一些财务操作，如总账管理、生产财务报表等；而现代的财务管理系统是在传统的财务管理系统基础上，再扩充其他一些财务操作，其中大部分是有关理财的，如个人所得税计算器、财政预算等。目前，市面上有很多财务管理软件，如 Oracle 电子商务套件、金碟、用友、易飞 ERP 系列，等等。通过财务管理系统，企业各部门能更好地实现信息共享和资源的合理利用，管理人员对企业的生产经营状况也有了更全面的了解。

2. 网络财务报告

网络财务报告是企业向外界公布本企业信息的一种主要方式。企业通过网络披露自己的生产经营情况，让投资者和消费者了解企业的信息。而作为投资者，通过对网络财务报告的分析，能够了解一个企业的经营状况和发展潜力，这是其进行决策的重要依据。网络财务报告的应用，一方面加快了财务报表数据的收集、分析、处理等工作，使信息的及时性得到了很大的提高；另一方面还对信息进行了更充分的披露，不再局限于财务方面的信息，一些非财务信息也具备重要的价值。

3. 在银行业务中的应用

（1）网上银行。当前，除取款外，几乎所有的银行服务都可以在网上完成，如转账、汇款、货币兑换、定期存款、贷款、报税、投资股票和基金及各类衍生金融品种等，而这些业务都不可避免地会涉及网络会计的应用。例如客户在网络购物平台上购买物品，并通过网上银行进行支付，这时就需要对通过互联网发生的业务进行确认和计量。此外，当用户通过网上银行进行自助缴费时，缴费的信息会通过互联网传递到工作后台，此时需要应用网络会计对缴费进行记录，当资金通过网上银行转账到缴费系统后，网络会计会对此记录进行确认和计量。

（2）刷卡消费。在刷卡消费中，同样是应用网络会计对业务进行记录、确认和计量。对银行而言，在顾客刷卡时，消费相关的信息会通过互联网传递到银行工作后台，通过网络会计对发生的这笔业务进行记录，从客户的消费卡中转账，并对转账的金额进行确认和计量。在商家到了月末结账时，银行会通过网络调取当月的账目总额，并向商家支付金额和收取一定的手续费。

4. 在公共交通部门的售票收费业务中的应用

现在很多公共交通部门售票收费业务都涉及网络会计。例如地铁售票业务，当乘客进入地铁站刷卡时计算机会登记一笔业务，当乘客乘车结束出地铁站时，刷卡就会自动扣去乘车的费用，此时就对这笔业务的款项进行了确认。

二、网络会计的作用和内涵

（一）网络会计的作用

1. 快速准确地传递信息

网络会计最为显著的一个特点是"快捷、无纸化"，可以大幅降低操作成本。网络会计系统利用其自身的信息系统和以计算机为载体的大库存量，可以快速、便捷地对信息进行收集、查找，这既减少了传统会计中对文件柜、资料费及纸质材料的需要，也能减少传统会计人员靠手工来寻找总结会计信息的工作量。此外，大量繁杂的数据信息得以及时反馈到客户、供应商等利益相关者，增强了信息的流动性与企业的活力。得益于网络会计的发展，涉及经济业务的所有部门都实现了实时共享会计信息。此外，会计人员还可以根据行业内其他企业披露的财务信息进行及时分析，进而对当前行业的发展现状有较为清晰的认识。

2. 提高会计信息披露的全面性

掌握更加全面的会计信息后，企业的商业圈也就扩大了，从省级到国家级，再到国际级。利用网络会计可以对不同国家、不同地区的企业进行分析进而开展合作，挣脱传统会计对地区的局限性，使用网络进行物资的采购与结算、商品的生产与销售，扩大商业圈，增加经济业务。

3. 减少会计工作中的失误

网络会计在一定程度上能够避免坏账的产生和计算失误导致的不良后果。在传统会计模式下，成本会计的工作是最为烦琐的，其所涉及的如原材料等的核算十分复杂，由此导致的失误情况比较普遍，在这种情况下容易造成坏账。但是在网络会计环境下，操作过程得到大大地简化，最大限度地避免了坏账和计算失误的情况。

4. 电子化办公

电子商务的发展带动了商品的流通，促进了商品的交易。电子化的支付方式简化了交易流程，使企业间的业务开展更加便捷。会计凭证、财务报表等纸质报告都转变为电子形式，这在一定程度上减轻了会计核算和统计的难度。另外，电子化的办公模式打破了时间和空间的限制，同一公司可以在不同的地点、分店、分厂进行会计数据的汇总，既提高了会计人员的工作效率，又避免了工作中的失误。

(二) 网络会计的相关概念

1. 会计电算化与会计信息化

人们容易将会计电算化和会计信息化相混淆，有人认为两者是同一个概念，也有人认为会计信息化优于会计电算化，如赵冠华和刘志芹。而笔者的观点为：尽管二者都以信息技术为特征，但所依托的信息技术具有很大差异，因而使得各自的内涵和应用的外延产生了较大的区别。

首先是概念的区别。会计电算化的基本含义是将计算机技术应用到会计工作领域，用会计软件指挥各种计算机替代手工或手工很难完成的会计工作的过程。会计信息化是会计与信息技术融合的过程，是将会计信息作为管理信息资源，全面运用以计算机、网络和通信为主的信息技术对会计信息进行获取、加工、传输、存储、应用等处理，为企业内部的经营管理者、企业外部的信息使用者提供全面、及时的信息。会计信息化是企业信息化的重要组成部分。由此可见，会计电算化强调的是技术对于会计记录、会计核算等围绕财务方面的变革，而会计信息化则突出会计信息资源的重要作用，会计工作不单单是承担"记录"的职责，而是对企业的管理发挥着巨大作用。

其次是所处信息技术环境的差异。会计电算化阶段，人们谋求能够开发出完成会计领域的单项工作或整体核算工作的软件，从而帮助会计工作人员实现劳动力的解放和生产力水平的提高；硬件方面则主要以单机环境或 F/S（文件/服务器）架构为主，很少涉及网络通信技术和感测技术。会计信息化阶段，人们需要研究和开发集财务管理、生产管理、供应链管理、人力资源管理乃至决策支持等诸多子系统于一体的管理信息系统。

再次是所处地位层次的区别。会计电算化主要服务于财务部门的核算与管理，属于部门级应用；会计信息化则是企业信息化的重要组成部分，会计信息系统作为管理信息系统的核心子系统存在，除了服务于财务部门，还要为信息管理层、决策支持层和决策层提供服务，属于企业级应用。

最后是信息输入和输出的区别。在会计电算化环境下，输入系统的是记账凭证，数据主要由财务部门自己输入，会计信息的输出主要有显示、打印、磁盘存储等方式。在会计信息化环境下，大量数据可从企业内外其他系统直接获取，信息可以通过网络实现传递和共享，企业内部各个部门通过授权的形式从信息系统上直接获取所需的信息。

2. 网络会计

（1）定义。关于网络会计的定义，主要有以下几种观点：

①用友集团最早指出，网络会计是以网络技术为基础，通过各种可以用电子货币表现的经济活动信息进行事前、事中和事后的动态核算和控制，从而不断整合企业资源，提高经济效益的一种价值管理活动。

②网络会计是依托互联网环境对各种交易和事项进行确认、计量和披露的会计活动，也是建立在网络环境基础上的会计信息系统，是电子商务的重要组成部分。它能够帮助企业实现财务与业务的协同，远程报表、报账、查账、审计等远程处理，事中动态会计核算与在线财务管理，支持电子单据与电子货币，改变财务信息的获取与利用方式等，使企业会计核算工作走上无纸化阶段。

③网络会计是对会计主体所发生经济事项引起的会计要素的增减变动，以计算机网络为平台进行核算和监督，以求实现管理经济活动、提高经济效益、达到会计目标的现代会计模式。网络会计可以由使用者根据自己的需要和支付能力，随时从企业网站读取网页上的信息，或根据授权通过防火墙身份检查，正当合法地浏览所需的数据，实时取得各种会计信息。

④网络会计是一种以实现企业电子商务为目标，基于现代网络信息技术，以会计管理为核心，协同业务管理的综合信息系统。

⑤网络会计是以高效地提供决策更满意的信息为主要目标，以整合企业财务信息流和管理数字化货币的资金流为主要功能，基于高度成熟的计算机网络平台运行的会计信息系统。

⑥网络会计是指通过将会计与现代信息技术（主要是网络技术）有机结合，对会计基本理论与方法、会计实务工作、会计信息披露、会计教育等进行全面发展，进而建立满足现代企业管理要求的会计信息系统。

⑦网络会计是以计算机网络技术为支持手段，以网络虚拟组织为核算主体，以技术资产为核算重心，向组织的利害关系人提供有用信息的一个系统。

纵观上述观点，学者大多围绕着"网络+会计"的模式来定义网络会计，所不同的是对网络的界定、对会计内涵和外延的界定存在一些差异。第一种和第二种观点都特别强调了网络会计以互联网技术为基础，在互联网环境下对各种交易和事项的事前、事中、事后进行协同的、即时的、动态的确认、计量和披露。除指出财务会计对外报告披露信息的职能外，还指出网络会计具备会计管理、会计监控方面的职能。因此，笔者认为第二种观点比较全面、完整地概括了网络会计的特点、功能和作用，同时这种观点在近年来有关网络会计的研究中也是较为常见的一种。第三种观点从会计信息对管理活动的作用角度出发，虽然在概念中提及会计管理、监督，但没有对具体内容进行详细的阐述，同时该观点仅指出网络会计基于一般的计算机网络平台，并没有强调网络会计必须依托互联网环境。第四种观点对网络会计的定义更加开放，将其提升到综合信息系统的高度，并认为其目标是实现电子商务，然而这样一来就将网络会计与电子商务绑定在了一起，似乎实施网络会计是为了满足电子商务企业的发展需要，而非电子商务企业就没有必要推行网络会计，这样的认识显然是失之偏颇的。第五种观点将网络会计的目标和作用进行了高度的概括，即"提供决策更满意的信息"，但是对何谓更满意的信息，通过哪些信息质量指标来表示决策的满意程度等却没有清楚地交代。第六种观点强调网络会计旨在充分满足企业内向管理的需要，而要达成此目标，必须将会计与网络技术有机结合，全面发展会计理论、会计方法、会计实务和会计教育等，但是对到底怎样发展、何谓全面发展却没有了下文。第七种观点把网络会计的会计主体锁定为虚拟组织，认为虚拟组织的技术资产是网络会计的核算重心。这样的认识虽有新意，但实际上缩小了网络会计的主体范围，因为实体组织也可以通过网络会计的组织形式来实施其会计活动。

综上，网络会计是基于 Internet/Intranet 相互协同形成的开放式网络环境，对企业所发生的各种交易和事项进行确认、计量、记录和披露报告的会计活动。其基本职能包括对外反映会计确认、计量、分析、报告和对内进行全面管理的会计预测、决策、调节、考评等。网络会计的会计主体既可以是虚拟组织，也可以是实体组织。网络会计支持远程作业，比如远程制单、远程查账、远程编表、远程审计等功能。

（2）特点。

①实现高度的电子化、网络化。

随着网络的发展，电子单据使贸易从业者无论身处何处均可以与世界各地的商品生产者、销售者、消费者进行交流、订货、交易。而支付手段的电子化使得商品交易的资金支付、结算都可以通过网络实现。

在企业集团内部，会计的处理、信息的传递也实现了网络化、数据化，母公司与子公司的会计数据可以通过内部网实时传输。电子符号代替了会计数据，磁盘、U盘代替了纸张，会计信息由手工生产变为机械化生产，由作坊方式的生产走向规模经济的生产。会计信息传递模式如图1-1所示。

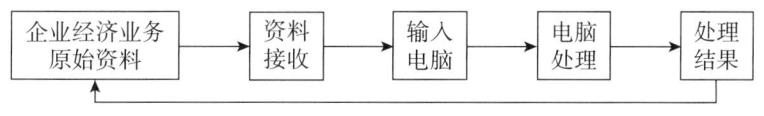

图 1-1　会计信息传递模式

②实现企业财务与业务的协同。

在网络环境下，通过网络技术能够实现企业网络资源的高度共享。企业的采购、销售、生产、仓储、人力资源等业务全过程的数据通过网络及时传递给会计部门，保证了企业会计与内部业务部门的协同工作。此外，商品销售、货款催收、供应商询价、采购业务、银行信贷与结算、网上申报纳税、审计部门远程审计等业务都可以通过网络实时完成，进而实现会计与企业外部业务的协同。

③实时动态核算和在线财务管理。

网络会计突破了时间和空间的限制，会计核算从事后转为实时。企业的生产、销售、仓储、人力资源等业务部门可以利用网络将各种信息实时传输到财务部门，财务部门可以随时对这些信息进行加工、处理并及时向企业领导和相关部门提供动态财务信息。网络技术能动态跟踪企业每一项业务的变动，并实施在线反映、反馈和实时分析，为管理者和决策者提供方便、准确、快捷的关键信息，极大地提高了业务管理和财务处理的效率。

④实现远程处理、集中监控。

网络会计可以实现远程报账、远程报表、远程查账、远程审计等多种远程处理功能，大大强化了主管单位对下属机构的财务监控。网络使财务集中管理更容易，企业资源运用更充分。在网络环境下，集团公司可以及时掌握子公司的财务情况，有效调配集团资金，提高资金使用效率，避免了时空因素制约给集团公司造成的损失。

⑤提供个性化、多元化的财务信息。

计算机网络能够提供人机对话，改变了传统会计信息使用者被动接受事后信息的局面，信息使用者可以根据需要获取实时、动态的会计信息。网络还可以提供多元化的信息，为企业内部员工、管理者、企业外部投资者、债权人、客户和供应商等提供多方面、多层次、多类型的信息。此外，网络既可以提供会计报表、文字信息，也可以提供图片、语音甚至视频等信息，这有利于帮助信息使用者更好地了解企业的运营状况。

⑥会计信息披露更加全面。

会计信息使用者要求获得全面、正确地反映企业财务状况和经营成果的会计信息，不论是对企业有利的会计信息还是对企业不利的会计信息均应予以披露，从而使公众对企业的财务状况有全面的了解。但由于有限的篇幅，当前的会计报表无法反映非数字化的信息，也无法反映报表数字处理的会计程序和方法等方面的信息。网络会计的在线数据库则包括了企业所有的财务及非财务信息，并采用网上报告的方式，有效地扩大了会计报表及附注的信息容量。通过在线访问，企业内外信息使用者可以随时获取所需信息。

⑦会计核算范围更广。

结算方式的电子化、业务范围的国际化以及电子商务和网络银行的兴起，给企业带来新的机遇，企业将日益重视通过网络进行国际商务活动，会计业务将不再局限于一个地区或一个国家。不仅跨国公司的业务要涉及多个国家，总公司要通过网络直接从位于不同国家的分公司收集数据、编制报表，通用报表系统从不同网点进行取样，而且一般的企业也会通过网络进行国际物资采购和产品销售活动，会计将要处理大量的网上收款、付款和转账业务，通过网络银行进行结算业务。因此，网络支付体系和货币的新形式对会计信息系统将产生重大的影响。

⑧会计业务的分布式处理，节约了会计数据的存储空间。

在单机工作的情况下，财务部门往往选定某些计算机来完成某项工作，这就导致部分计算机的工作任务非常繁重。而在会计网络中，一项复杂的工作可以划分为许多部分，由网络上不同的计算机同时分别处理。例如凭证录入工作，企业可以按照统一格式在若干台网络工作站上同时录入，网络版财务管理系统自动将其存入网络文件服务器。在不同的工作站上录入，在同一服务器上存储，这样既可以保证凭证的及时录入，又可以保证数据存储的统一，还能大大减少单机存储造成的数据冗余。

⑨会计管理结构的扁平化。

现代企业的管理结构多为金字塔模式，在企业经济活动大大增加，包括资金流、信息流和物流在内的各种流动大大加速的情况下，传统的金字塔模式抑制了企业的快速反应和决策能力，不利于企业保持竞争力。而且这种金字塔模式还可能带来次优化和目标冲突等问题。而在网络环境下，企业的组织机构变成了一个自动网络系统，它把一些小型的团队整合起来以便进行实时管理，用扁平化的结构取代传统的金字塔式结构，使这些问题得以缓解。

⑩提高会计系统的开放性。

会计系统的开放性主要体现在会计信息的披露内容和发布方式上。网络系统可以及时披露国内或国外有关企业的会计信息，企业外部的管理部门、投资者、债权人等信息使用者通过计算机网络可以有效地获取自己关心的综合会计信息，了解能够反映具体经济业务的明细信息，使用系统提供的应用程序对所获得的明细信息做进一步的加工，生成自己所需的财务会计综合信息。网络系统不仅可以提供历史信息，还可以提供未来信息。通过网络能够全面了解企业面临的机会和风险，预测和评估企业未来的财务状况和经营成果。

三、网络会计对传统会计的影响

（一）传统会计的局限性

1. 会计核算形式的局限性

随着网络经济的发展，客户、供应商、行业经济甚至全球经济的变化对企业经营的影响越来越重要，企业组织形式也开始从实体企业向虚拟企业发展。对于企业的管理者、投资者和政府部门等会计信息使用者来说，如果缺少上述各方面信息，将对企业的生产、经营、投资和决策产生负面影响。因此，客户、供应商和虚拟企业等会计信息使用者将进一步成为网络会计的潜在对象。

在传统会计环境下，会计计量基础是货币，反映的信息绝大部分是货币性的，大量非货币性的信息并不能在会计报表中体现。然而，经营业绩信息、市场占有率、客户满意度等非货币性的信息更能体现企业间的差距，也更能代表一个公司将来的走向。此外，计算机拥有存量大的特点，这就使得网络会计在一定程度上能够扩充会计报表及附注信息的容量，更加全面地反映企业的财务状况和经营成果。

2. 会计核算假设的局限性

在传统会计环境下，财务部门的信息反馈能力并不强，只有在会计期末时，企业的一些计划实施情况、投资获利情况等信息才能从账面上反映出来，更不要说信息到达用户手中所需的时长了。此外，传统会计环境下很难实现定期编制财务报表，即便编制也很难及时发挥作用，甚至有可能在它被发布之前就已失去作用，但是这个问题对网络会计来说并不是难题。在网络会计环境下，会计核算从事后转为实时。实时就意味着企业的生产、销售、仓管等各部门可以将各种信息通过企业内部网传送到财务部门，财务部门同各个部门处于即时的沟通中，可在线对信息进行处理并及时反馈，最大限度地发挥会计的反映、核算、控制、监督职能。

3. 信息使用范围的局限性

从使用者的角度出发来看企业的财务报表，网络会计能实现信息的双向传递，更好地满足用户的个性化需求。用户可以利用电子数据处理系统、决策支持系统，根据自己的需要选取不同的会计处理方法，生成不同的会计报表；同时，企业也能更好地利用统计资料了解用户所需要的信息，为将来制定会计政策提供依据。

（二）网络会计对传统会计理论的影响

1. 网络会计对传统会计假设的影响

传统的会计理论建立在一系列的假设基础上，包括会计主体假设、持续经营假设、会计分期假设、货币计量假设。现行的四个基本假设的合理性已经在实践中得到了验证，但是进入信息化时代，技术的发展日新月异，社会经济环境也会随之发生巨大的变化，在新的环境中，传统的基本假设面临挑战。

(1) 对会计主体假设的影响。传统的会计假设规定主体必须有明确的空间界限。而在网络经济环境下，由于企业组织虚拟化、组织结构柔性化，会计主体既可以是一个实体单位、一个独立的部门，也可以是一个虚拟企业或临时组织。

(2) 对持续经营假设的影响。持续经营假设假定企业将持续经营下去，在可预见的未来企业不会破产、清算，企业所持有的资产将在正常的经营活动中被耗用、出售或转换，其所承担的债务也将在正常的经营过程中被清偿。在互联网环境下，当市场出现新机遇时，具有不同资源和优势的企业可能为了共同的利益而组织建立基于信息网络共享、费用分担的企业联盟体。这种组织是一种短期的，只限于一个或几个项目周期的联合体，当项目结束后即解散。因此，持续经营对这类组织失去了意义。

(3) 对会计分期假设的影响。在传统会计处理中，人们往往将会计主体持续不断的经营过程按照一定时间间隔分割开来，进行会计核算和计量。但是在网络会计中，企业的原始数据是直接出现在互联网上进行披露的，财务报告有明显的即时性，内外部信息使用者可以随时随地利用财务报告进行分析决策，因此要人为地对会计期间进行分割，不仅困难，而且意义不大。

(4) 对货币计量假设的影响。在传统会计环境下，会计核算是以现实货币为工具，并假设货币价值稳定不变，忽略通货膨胀的影响。而在网络会计环境下，主要采用电子货币作为结算手段，不仅很好地解决了现行会计中的外币会计问题，而且网络会计对象在货币信息的基础上有了延伸。考虑到非货币信息在企业管理中的作用越来越明显，如企业的经营战略、研发能力、市场竞争能力、客户、供应商的相关信息等，这些信息是影响企业财务状况和经营成果的重要因素。因此，网络会计对经济业务的反映不再局限于货币计量，而是对企业整体经营情况的反映。

2. 网络会计对传统会计确认的影响

在传统交易模式下，存在预付定金、交付货物和结算款项等跨越多个会计期间的业务，这种情况采用权责发生制能够完整、客观地反映公司的实际经营状况。可以说，权责发生制很好地满足了工业经济时代会计确认的实际需求。然而在网络会计环境下，会计信息传递的实时性、会计确认的务实性以及衡量企业资产的现实可用性都决定了对企业的确认基础在很大程度上需要采用收付实现制。这是因为随着电子商务的发展，交易的发生、付款和发送货物是在很短的时间内完成的，每一笔交易通常只有一个会计期间，不存在多个期间递延完成的问题，公司的收支均在同一交易期内完成。此外，采用收付实现制的另一个好处在于，能够更准确、更及时地提供使用者所需要的现金流量信息，这些信息对于企业管理者或决策团队而言，在决策过程中能起到重要的作用。

3. 网络会计对传统会计计量的影响

随着网络的应用和计量对象的不断扩充，历史成本计量因其相关性差等受到冲击。首先，网络公司的交易对象大多是存在活跃市场的商品或金融工具，其市场价格波动频繁，历史成本信息不能公允地反映其财务状况和经营成果；其次，网络公司的解散经常发生，并且从成立到解散可能只有很短的时间，在这种情况下，尽管历史成本计价的时点与清算时点相距不远，但此时已属非持续经营阶段，历史成本已不能反映公司的现金流量信息；最后，历史成本是一种静态的计量属性，它对网络公司经营业绩的反映是滞后的，公司管理者无法根据市场变化及时调整经营策略，会计对企业决策支持的职能也就无法发挥。

4. 网络会计对传统会计要素的影响

我国《企业会计准则》将会计分为资产、负债、所有者权益、收入、费用和利润六大要素。这六大会计要素主要是基于物质经济，从劳动、资本、土地等角度划分的，没有包含网络经济下的知识和信息等资源。而在网络经济环境下，企业非财务信息资源对于会计信息使用者的决策更为重要，所以应将企业资产分为"硬资产"和综合资产（含人力资产、社会资产、生态资产和组织资产等），如微信朋友圈的规模、顾客满意度、自创商誉、品牌等非财务信息就应纳入综合资产或对其进行信息披露。

5. 网络会计对会计信息质量特征的影响

我国《企业会计准则》对会计信息质量特征界定了8项要求，包括相关性、明晰性、可比性、可靠性、谨慎性、及时性、实质重于形式和重要性。但随着网络经济的不断发展和电子商务的推陈出新，会计信息质量特征各自的地位和作用在发生变化。美国财务会计准则委员会（FASB）和国际会计准则理事会（IASB）联合概念框架明确提出，相关性应该是首先予以考虑的会计信息质量特征，重要性是相关性的一个构成要素，因为不重要的会计信息不会影响使用者的决策；相关性和可靠性是基本的信息特征，可比性、及时性和可理解性是增进的会计信息质量特征。学者鹿坪（2012）指出，可以将可靠性改为如实反映，再移除实质重于形式和谨慎性，因为可靠性（如实反映）本身已经包含了实质重于形式和谨慎性；如果一项经济活动是可靠且相关的，即使不具有可比性，也是有用的；只有可靠和相关的信息才是对会计信息使用者有用的，但可靠和相关的信息如果报告不及时，可能也有用；难以理解的会计信息也应当予以列报。

在网络经济环境下，会计信息的安全性显得非常重要，因为会计信息的存储、传递都在网络上进行，而网络安全易受到威胁。随着移动互联网和移动设备的频繁使用，移动设备病毒可以通过短信、彩信、微信、浏览网页等方式感染并进行传播，可能造成移动通信网络异常，进而影响资金安全和会计信息安全。传统网络也可能遭受硬件故障、软件故障、非法操作、木马病毒、黑客入侵等，导致整个网络系统陷入瘫痪，使会计信息的质量受到影响。因此，刘光军等（2016）提出增加"安全性"这一特征，将我国会计信息质量特征体系表述为：可靠性（如实反映）、相关性、可比性、及时性、可理解性和安全性。

6. 网络会计对传统会计报告的影响

财务会计报告主要包括财务报表、报表附注及相关披露等，而报表主要包括资产负债表、利润表和现金流量表。就报表的地位顺序而言，资产负债表是第一大报表的地位难以撼动，而权责发生制下的利润表作为第二大报表的地位可能发生动摇，收付实现制下的现金流量表有提升到第二大报表的趋势。

就会计报告内容而言，网络经济环境下的非财务信息显得更为重要。非财务信息主要包括：企业经营方面的产品品质、基础管理水平、控制风险能力，企业人力资本方面的企业经营者基本素质、在岗员工素质，企业可持续发展能力方面的企业研发和创新能力、技术装备更新水平、经营发展战略、环境保护、综合社会贡献状况，企业外部利益相关者方面的顾客满意度和市场占有能力、核心竞争力、自创商誉、品牌价值等综合性指标。总而言之，会计报告的形式和内容会向着多样性发展，以满足互联网环境中不同用户的个性化需求。

实施网络会计，原则上要求数据接口实行标准化。也就是说，业务系统与网络会计信息系统之间要能够自由交换数据，相互之间要留有统一的数据接口。此外，会计信息的发布者要用一种统一的报告编制语言将会计信息及时发布到互联网上，以便信息使用者既能下载查阅该信息，又能将其中的数据自动抓取到相应的分析软件进行信息的二次开发利用。如今，这一技术构想已经成为现实。美国在其注册会计师协会、多家信息技术公司、会计师事务所和其他机构的支持下，成功开发了一种专门用于财务报告编制和利用的计算机语言——可扩展商业报告语言（Extensible Business Reporting Language，XBRL）。而且，英国路透社、美国微软公司等机构和公司已经开始运用 XBRL 来编制和分析财务会计报告。通过 XBRL 语言，会计信息使用者一方面可以根据自己的需要加工、处理在网络上获得的财务会计报告信息，另一方面可以将按照各国会计标准编制的财务会计报告信息转换成按照国际标准或者本国会计标准编制的财务会计报告信息。这一语言不仅可用于标识会计报告，而且可用于标识业务数据、账簿数据。因此，该语言的全面推广将会极大地促进网络会计的发展，也会提速会计报告的编制过程、会计报告的自动分析过程。

（三）网络会计对会计实务的影响

1. 网络会计实务实现了信息载体的无纸化、账务处理的自动化

传统会计实务通过大量的纸质单据记录经济业务的发生与完成。而在网络经济环境

下，电子票据会取代手工填制的纸质单据。在电子票据广泛应用的情况下，企业首先要鉴别由企业内部人员录入的单据、由企业外部传来的电子发票和由银行传来的电子结算凭证等单据的真伪，具体的方式是采用电子签名的形式进行身份认证。此外，同外部进行的信息传递还要进行加密和电子认证，以保证电子凭证的安全和法律效力。网络会计信息系统从不同接口中取得的电子单据经过财务人员审核后，可以直接生成或录入记账凭证，记账凭证审核后登记电子账簿，并生成电子报表。网络会计账务处理大多是由系统自动完成的，这样一来就极大地缩小了财务人员的工作量。

2. 网络会计核算内容进一步扩展

网络会计充分扩大了会计主表、附表、附注的信息容量，更加全面地反映了企业的财务状况和经营成果。

一方面，传统会计核算仅仅是一个独立核算单位的交易或事项，但随着全球经济的网络化、一体化，供应链中各具优势的部门或企业联合在一起，相互支持、相互补充。供应链是围绕核心企业，通过对信息流、物流、资金流的控制，从采购原材料开始，制成中间产品以及最终产品，最后由销售网络把产品送到消费者手中，将供应商、制造商、分销商、零售商，直到最终用户连成一个整体的网络结构。因此，网络会计的核算内容扩展到相关客户、供应商。

另一方面，传统会计受货币计量假设的限制，反映和披露的信息绝大部分是财务性信息，大量非财务性信息并没有得到重视。在网络会计环境下，非货币性信息，例如企业创新能力、客户满意度、市场占有率、应变能力、服务质量、虚拟企业创建速度等表现企业竞争能力方面的指标，更能代表一个企业未来的获利能力。企业可以利用网络搜集和提供大量的非货币性信息。

3. 网络会计核算使无形资产的确认与计量更加完善

在网络经济时代，知识资本已然成为企业最重要的资源之一，具体包括：①市场资产，具体指企业所拥有的、与市场相关的无形资产潜力，包括品牌、客户、商誉、营销渠道、专利专营合同协议。②知识产权资产，指人们对基于创造性的知识成果给予法律保护从而享有的权利，包括专利、著作权、商标、域名、商业秘密。③人才资产，指群体技能、创造力、解决问题的能力、领导能力和企业管理技能等，所有这些都体现在企业雇员身上的才能，如基础教育状况、专业教育状况和专业资格认定、与实际工作密切相关的知识、实际工作能力、个人性格和心理素质等都构成了人才资产。④基础结构资产，是企业得以运行的技术、工作方式和程序，包括企业文化、企业组织结构与制度、网络和信息技术系统、金融关系等。对知识资本，传统会计有的已进行了核算，但对于一些非常重要而又不能用货币计量的知识资本，需要以网络会计的方式进行披露，以便决策者能够全面了解企业，正确评价企业的价值内涵。

总而言之，网络会计由于内部和外部环境的变化，彻底改变了旧的空间、时间、效率等观念，给会计工作带来了巨大的变化，是会计发展史上的一次革命，对会计理论与实务都将产生深刻的影响。

第二节 网络会计信息系统

一、网络会计信息系统概述

(一) 网络会计信息系统的定义

距1999年用友公司首次提出"网络会计"的理念至今，已经有25个年头了，然而目前我国许多企业的会计信息系统依旧停留在电算化阶段，面对日趋多样化的市场竞争环境，会计信息系统必须进行改革，才能真正实现由核算型向管理型的转变，而网络会计信息系统就是实现这一转变的重要手段。

对于一些大型企业或集团而言，其管理模式是集中管理与分散经营相结合，因而网络会计信息系统的应用应该满足不同使用者的个性化需求，使总部能够及时掌握下属企业之间的资金运作情况，管理者能随时获取其所需要的会计信息，不同层次的财务人员能通过系统方便地录入数据。此外，网络会计信息系统还应该是一个开放的会计信息系统，其功能不仅仅是记账算账，更是企业管理信息系统的一部分，与企业的相关决策支持系统有数据接口，其数据能够为企业带来更多的管理效益。

基于此，可以将网络会计信息系统定义为：依托先进的网络和计算机技术，构建的一个高度集成、应用开放的会计信息系统。其具体的目标应该是：围绕企业发展的战略目标，实行整体规划，分步实施。具体做法：一是在企业财务框架的前提下，构筑一个数据高度集成的、一体化的财务管理体系；二是从管理方式上，实现财务与业务协同，并且随着系统应用的推广，将企业的财务管理思想渗透到各个部门。

(二) 网络会计信息系统的业务流程

网络会计信息系统的业务流程可以分为三个层次，分别是内部层次对应企业内部网Intranet，外部层次对应企业外部网Extranet，公共层次对应公共互联网Internet。然而就目前信息发展程度来看，网络会计的业务处理，其确认计量主要局限于前两个层次和对应网络，第三层次对应的网络目前只涉及有限会计信息的披露。

第一，Intranet是基于Internet通信标准Web技术和设备来构造成或改建成可提供Web信息服务以及连接数据库等其他服务应用的自成独立体系的企业内部网。当有安全需要时，可以采用防火墙技术与Internet隔离，从而使Intranet的安全性和保密性得到保障。在这一层，企业内部会计人员利用网络版财务软件和内部网络将企业采购、库存、生产、销售、人事、财务等各项业务的原始数据存入原始信息数据库，作为整个系统进行加工处理的原始数据。网络版财务软件利用原始数据库中的信息并结合企业的实际情况和相关的法规制度生成适合企业实际情况的记账凭证，存入记账凭证库中。之后，企业管理者可以通过网络会计系统和网络版财务软件对其进行远程实时的加工处理，真正实现财务与业务协同，并随时将对外公开的信息传到与互联网相连接的该企业的网站上。此外，企业的内部网除了需要相应内部人员的请示，还要对各种用户的身份进行验证，以便提供不同程度的信息。内部网的使用界面将外部用户按其权限分为三类：一是普通用户，他们一般无须密码便可以登录，可以获得企业的非核心信息。二是重要用户，主要是企业的控股公司、集团内部企业和重要的债权人等。他们凭密码登录，能进一步获得所需要的企业专有信息。三是特殊用户，主要是国家税务机关、监管部门以及企业聘用的注册会计师等。这些机构履行契约或法律授予的权力，能够获得其审计或监管范围内的相关事项的详细信息，以便开展在线实时审计或实时监管。重要用户和特殊用户一般能获得企业的核心信息。

第二，企业外部网 Extranet 是一个使企业与其固定客户、合作企业相连完成共同目标的网络，以 Intranet 为基础形成，支持企业集团内部各企业之间及其与外界其他企业之间的业务流程衔接和信息互换共享。该企业的关联企业可通过 Extranet 中的 Web 网页随时查看相关信息并做出决策。

第三，Internet 作为公共互联网，传播的空间范围是最大的，越来越多的企业在 Internet 上拥有自己的网页，这成为外部人士了解企业的一个窗口。

图 1-2 为三层网络的关系简图。

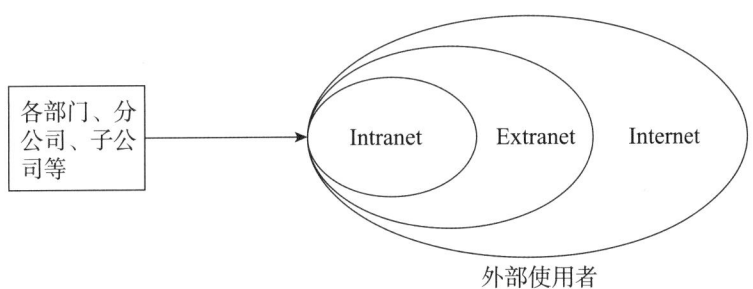

图 1-2　三层网络的关系简图

二、网络会计信息系统的层次

计算机管理系统可以划分为三个层次：电子数据处理系统、管理信息系统、决策支持系统。因此，网络会计信息系统也可以划分为会计核算信息系统、会计管理信息系统和会计决策支持系统，具体如图 1-3 所示。

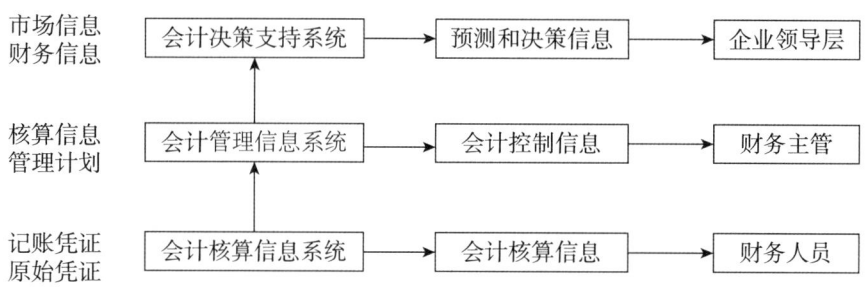

图 1-3　会计信息系统的三个层次

（一）会计核算信息系统

会计核算信息系统主要是面向基层的会计操作人员，其中各功能模块相互独立运行。会计核算信息系统一般可设置账务处理、工资核算、固定资产核算、采购核算、存货核算、销售核算、会计报表处理等功能模块，以账务处理子系统为核心，以凭证生成为接口互联，最终形成一个完整的会计数据处理系统。会计核算信息系统的功能模块如图 1-4 所示。

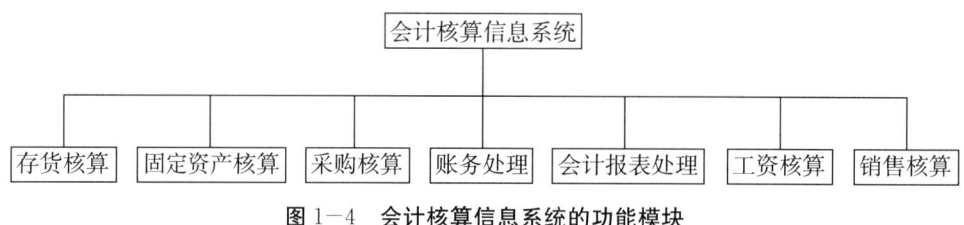

图 1-4　会计核算信息系统的功能模块

（二）会计管理信息系统

随着会计核算信息系统的深化应用，大部分企业的会计工作实现了用计算机代替手工操作，企业对会计管理信息系统的要求也相应提升，该系统在会计核算信息系统的基础上更加完善，实现了子系统间的数据共享，为管理者提供了更多的管理信息。该阶段的系统所面向的用户对象主要是企业财务部门的会计主管。

会计管理信息系统可以分为如图 1-5 所示的几个模块，由各个模块分工完成规定的各项管理要求，然后输出所需的报表和分析资料。

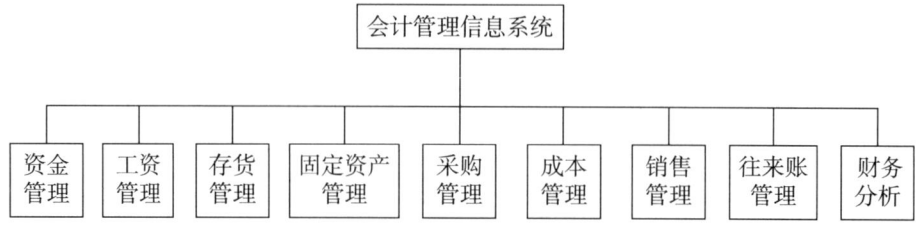

图 1-5　会计管理信息系统的功能模块

（三）会计决策支持系统

面对日益激烈的市场竞争环境，传统的决策方式已经不能满足企业管理者的需求，通过会计信息系统实现会计基础数据的转化，可以更好地为企业管理者提供直观的决策支持信息。会计决策支持系统通过使用各种模型和方法，对会计管理信息系统提供的基础数据进行加工，为企业管理层提供更多的决策支持信息。该阶段的系统所面向的主要对象是企业的管理层。

根据不同的功能，可以将会计决策支持系统分为 6 个模块，如图 1-6 所示。

（1）生产模块：该模块主要是从产品种类、生产时间、生产计划、生产成本和原材料等方面，对相关财务数据进行详细的分析。此外，分析公司产品的投入产出和成本结构，定期观察产品的预期成本与实际成本的差异，以及将本年实际成本结构与上年进行比较分析，进而把握成本结构的变动情况及其变动原因。

（2）库存模块：对企业出入库的账务、单据进行统一汇总，如实反映企业物资流向和产品仓储状况，为集团公司总成本的核算以及生产管理提供有效的库存数据。分析企业物资积压、超储或短缺状况，统计企业库存资金占用情况，从而准确把握集团公司库存结构现状，为管理层制定决策、改进库存控制水平提供依据。

（3）采购模块：处理和分析企业内部的各种采购数据信息，确定采购的时间和采购的数量，避免企业资金占用和库存积压，对于企业现金流的稳定以及采购成本的有效控制具有重要作用。

（4）销售模块：汇总分析包括销售单据在内的基础数据，基于产品的有效市场需求和市场占有率来科学、合理地对未来的销售量进行预测，为集团公司中长期决策的制定发挥有效的辅助作用。

（5）财务模块：运用一定的数据处理工具，对包括财务报表、ERP 数据库在内的各项数据信息进行有效的整合、分析和评价，有效把握企业一定时期内的现金流量和财务状况，针对企业某阶段的经营成果进行合理决策。

（6）人力资源模块：对企业员工年龄、学历、工作时间、工作量等内容进行实时记录和监控，进而为管理层分析薪资结构、员工结构提供有效的数据信息，有利于集团公司未来薪酬体系的改进和相关内部控制制度的完善。

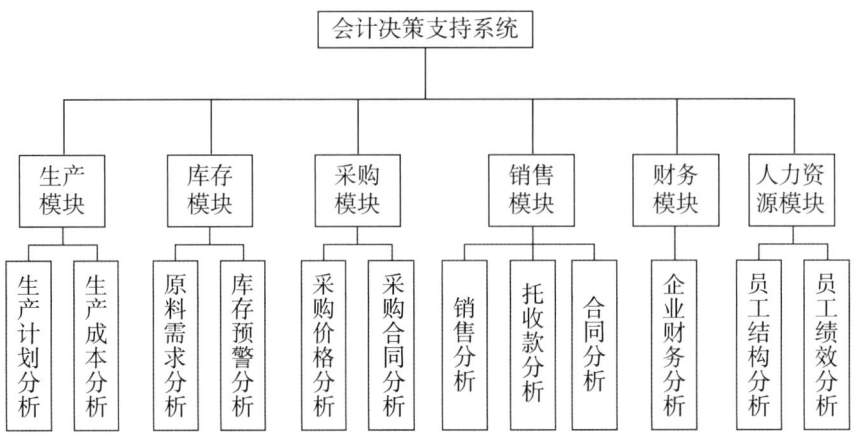

图 1-6 会计决策支持系统的功能模块

第三节 网络会计发展中面临的问题及相关建议

一、网络会计发展中面临的问题

（一）数据安全问题

1. 网络会计数据风险

互联网的开放性，令黑客的入侵、计算机病毒的感染以及企业内部人员的攻击行为，都容易导致敏感数据被窃取或被非法复制，使数据的完整性遭到破坏。网络是一把双刃剑，它使企业在利用互联网寻找潜在贸易伙伴、完成网上交易的同时，也将自己暴露于风险之中。这些风险可能来  自：①泄密，即未授权人员非法侵入企业信息系统后窃取企业的商业机密；②恶意攻击，即黑客的蓄意破坏或者病毒的感染，可能会使整个系统陷于瘫痪。

2. 会计数据存储风险

会计信息的传递和利用需要通过一定的载体才能完成，载体与信息相辅相成。新的存储方式中，新型的磁介质载体取代了纸质档案。然而磁介质载体信息具有可变性、可操作性和对系统的依赖性，且计算机软、硬件本身更新换代十分频繁，如果兼容问题得不到很好的解决，那么档案的安全和保密会面临巨大威胁。

3. 电子会计数据法律效力和认证问题

法律能否接受计算机记录的电子会计数据作为有效证据，这是一个国际性的问题。无纸化的电子会计数据能否作为审计和税务检查的有效证据，是有关部门急于解决的问题。电子信息藏匿性好，篡改不留痕迹，对其进行审核、确认存在技术方面的问题。

(二) 会计信息质量问题

在开放的网络环境中，其所容纳的会计信息非常多，这其中必然会有一些虚假的、伪劣的会计信息进入网络并进行传播。而网络由于组织的松散性、庞大性、复杂性，往往难以及时地对会计信息进行监控，因此会造成网络会计信息良莠不齐。对于会计信息需求者而言，面对浩如烟海的信息资源，往往难以分辨其真伪，这必然会影响到他们的决策，从而可能造成巨大的经济损失。

(三) 内部控制问题

内部控制是指企业为保护资产安全、保证会计记录的正确性和可靠性、提高经营管理效率、保障经营管理政策的执行而采取的全部方法和措施。基于网络系统的集成财务管理系统使会计信息在企业公共信息平台上成为开放的信息系统，不同职能部门、不同职别的内部使用者将根据授权查阅会计信息，外部使用者也可能被授权使用，从系统内部直接调阅会计信息。这就可能出现一些情况，如硬件配置不合理、软件功能欠完善、系统操作失误、内部管理人员的非法访问以及来自外部的恶意攻击等，从而加大系统内部安全控制的难度。

此外，原本在传统会计环境下，一项经济业务的每个环节都要经过某些具有相应权限的人员的审核和签章。但是在网络环境下，所有的原始资料都会存放在计算机中，因此会计人员在对电子资料进行审核时，除了要对一笔业务的不同资料记录之间进行核对，还要特别关注业务经办人、批准人、签约人等的电子签字，以保证有关责任人对业务和相应记录的完整性负责。

(四) 缺乏高层次复合型会计从业人员

网络会计环境下的会计从业人员要有一定的职业道德，掌握扎实的业务知识，如要具备财务会计、管理会计、财务管理和审计等知识，具备相关的法律、财政税收、货币银行、国际金融、国际贸易、电子商务等知识，并熟悉计算机网络，掌握网络财务常见故障的排除方法及相关的维护措施，并具有一定的创新能力。目前，这样的复合型人才在我国还非常缺乏，限制了会计信息系统在企业的普及和有效利用。

(五) 缺少针对性法规，存在不安全因素

虽然我国在进入互联网时代后，制定了《网络安全法》《互联网信息服务管理办法》《国际联网保密规定》等法律法规，但是涉及财务会计管理方面的法律法规却少之又少，尤其是各种劣质财务软件的横行、网络病毒与黑客攻击造成的财务信息丢失、财务会计信息管理系统版本的不确定性，都给网络经济背景下的财务会计管理工作带来诸多困扰。

二、网络会计发展的建议及思路

(一)完善技术和内部控制,解决网络安全问题

造成基于网络的财会系统易受攻击的原因有两点:其一是技术引起的安全问题,因为 Internet/Intranet 体系使用的是开放的 TCP/IP 协议,该协议下易于实施拦截窃取和假冒身份;其二是财务管理和业务管理的一体化,电子单据、分布式操作使得可能受到不法攻击的点位增多,对于企业内部使用者而言,如果使用权限划分不当、内部控制不严,也容易造成信息滥用和泄密。基于对以上原因的分析,可以从内部控制和技术两个角度来采取防范措施。

1. 内部控制

企业为了保护资产的安全、会计信息的准确性和可靠性,应在内部采取一系列控制措施,完善的内部控制可有效减少由内部人员道德风险、系统资源风险和计算机病毒所造成的损失。具体可以从软硬件管理和维护控制、组织机构及人员的管理和控制、系统环境及操作的管理和控制、文档资料的保护和控制以及计算机病毒预防等几个方面出发,从制度上保证会计信息系统的安全运行。

2. 技术

首先,建立会计信息系统防火墙。防火墙技术是建立在企业内部网和外部网接口处的访问控制关系,能够对外部访问实行多层认证,从而为企业设立一道电子屏障。但是防火墙仅能防范外部威胁,并不能提供实时的入侵检测能力,也不能阻止来自内部的攻击等。因此,在利用防火墙技术的同时,可以辅以漏洞扫描技术,建立实时检测机制。

其次,加密在网络中传输的会计数据文件。常用的加密方法有链路加密和端间加密。对数据库的加密可以选择整个数据库加密、硬件加密等。

最后,建立有效的主体识别和验证方法。主体识别和验证方法有两个关键之处:一是该主体应具有独立的难以伪造的信息;二是该主体应具有可靠的信息交换方式。主体可以采用口令、密码、磁卡、指纹或电子签字等标识。其中最常用的是口令。

(二)提高会计信息质量

在网络环境下提高会计信息质量可以从以下两方面着手。

1. 加强对会计信息输入、处理、输出过程的管理

输入控制的重点在于建立适当的授权和审批机制,进行输入的有效性检验,其主要目的是保证网络会计数据来源的合法性和真实性;处理控制的重点在于处理过程的现场控制,检测或者纠正数据,其主要目的是保障网络会计信息的可靠性和正确性;输出控制的重点在于数据稽核控制、授权输出控制和及时输出控制,其主要目的是确保发布的网络会计信息的一致性和完整性。

2. 加强对内联网系统外部环境的控制

首先,加强网上交易的安全控制,例如建立网上交易活动授权、确认制度,会计数据文件的接收、签发、验证制度以及交易日志的记录、审计制度等;其次,设定大众访问的权限,如严格规定提供信息的时间、内容等;最后,实施外部监控,通过对系统日志和网络数据包的实时审计与分析,随时监测来自外部的非法访问及恶意攻击行为,为打击网络犯罪、追究入侵者的法律责任提供线索和依据。

(三) 完善系统开发和日常操作控制

1. 系统开发控制

系统开发控制是为保证网络会计系统开发过程中各项活动的合法性和有效性而采取的措施。具体内容包括检验整个系统的完整性,测试系统应对非法数据的容错能力、系统的抗干扰能力和发生突发事件时的应变能力,以及系统遭到破坏后的恢复能力。做好人员和设备等资源的整合配置以及初始数据的安全导入,保证新、旧系统的转换能够有序地进行。如果发现网络系统中各类软件可能存在安全漏洞,应立即进行在线修补与升级,并将所有与软件修改有关的记录报告及时存储归档。

2. 系统日常操作控制

首先,加强系统人员的操作管理,如系统管理员主要负责系统硬件、软件的管理维护和网络资源分配,而操作人员应按照被授予权限严格作业,不得越权接触系统,以避免人为因素或操作不当给系统带来不必要的损失和风险。

其次,建立计算机资源访问授权和身份认证制度,即明确每个用户的安全级别和身份标识。

最后,建立安全稽核机制,对系统操作的事件类型、用户身份、操作时间、系统参数和状态以及系统敏感资源进行实时监控和记录。

(四) 完善人才培养机制

网络经济时代对会计人员提出了更高的要求与标准,因此会计人员首先需要树立正确的个人价值观和安全防范意识,将企业利益放在首位,在实际工作中,做好会计数据信息的保密工作。定期对计算机系统进行杀毒,及时更新会计信息系统,以保证系统的各项功能始终处于最优化状态。同时,企业可以根据财会人员的岗位职责权限,每年至少开展一次专业技能培训以及计算机、互联网技术培训,将会计的基本业务内容、会计信息系统的操作技能、计算机与互联网技术要点纳入培训计划当中,使会计人员成为业务与技能的多面手,为网络经济背景下的会计管理工作培养出更多的优秀人才。

(五) 完善相关法律法规

随着网络经济时代的到来,各种电子商务平台应运而生,在给人们的日常生活带来诸多便利的同时,资金交易风险也逐渐浮出水面。对于财务会计管理工作而言,在进行互联网平台转账时,存在许多安全隐患。面对这种局面,应当从治理源头抓起,针对网络交易和电子商务平台，制定针对性强、实效性高的法律法规，使网络交易能够有法可依、有章可循、有规可守。在制定网络财务会计的相关法规时，应当进一步明确财务会计管理的责任与义务，确定网络经济的监管部门和职责权限，将一些不法分子的恶意行径消灭在萌芽状态，维护网络空间的良好秩序。

第四节　网络会计在C集团的应用情况

一、C集团的背景介绍

C集团作为传统的家电制造厂商，正面临着互联网企业的跨界竞争，云计算、大数据、O2O等一系列新事物深刻地影响着整个家电行业。为应对"后PC"时代家电产业的变化，C集团在2013年提出了以"智能化、网络化、协同化"为重点的发展战略。其核心是以人为中心，通过广泛连接实现人、设备和服务的智能协同，做强智能终端；建设"传感器"网络，开放数据接口，为消费者提供越来越智能的终端和服务，并构建新的商业模式。围绕集团发展，财务如何更好地服务于公司战略转型的需要，更高效地支撑集团战略调整、业务决策，成为需要考虑的重要问题。

二、C集团的财务云建设

C集团的财务云按照业务处理流程可以简单概括为云采集、云处理、云产品三个步骤，具体如图1-7所示。

云产品	初级会计产品： 各类会计凭证 简单统计报表	复杂会计产品： 法定会计报表 纳税申报表	综合数据产品： 经营风险预警 企业信用评级
云处理	自动规则检查： 规则整理 规则定义 单个单据要素间检查 多单据全局检查（业务类型、单据、要素）	自动会计记账： 确定会计科目 确定借贷方向 确认计量金额 其他信息要素确认	智能产品定义： 数据要素组合 数据运算逻辑 个性化定制管理 一键快速配置
云采集	发票、报销凭证、专属附件、合同协议、报告 OCR（文字识别）	电子发票、本方支付、银行、海关、铁路、航空 三方对接	费用报销、商旅平台、服务采购 业务系统

图1-7　C集团的财务云系统

（一）云采集

云采集是指对各类经济业务活动数据的获取、加工、确认、组装和存储等活动。具体过程如下：

（1）以业务活动触发为起点，确定业务类型，在业务前端通过扫描、照相等方式收集、提交业务过程中形成的原始单据。

（2）通过光学识别系统，确定扫描、照片形成的电子纸质原始单据识别模版，对纸质单据进行全要素自动识别。

（3）将识别后的纸质单据按照模版要素进行图像切片处理，系统会按照模板要素的图像和对应的要素识别结果进行显示。

（4）需要人工纠偏的要素识别结果以任务的方式统一进入待办工作池，由纠偏人员在线上随机获取并处理完成，人工纠偏后的要素数据存入全要素数据库。

除业务过程产生的内、外部纸质单据外，对于有业务信息系统支撑的电子表单信息，以及与银行、海关、税务等第三方机构进行业务数据交互形成的电子数据，都可以通过标准接口转换成要素数据，存入全要素数据库。

（二）云处理

云处理是指对云采集环节形成的要素信息，按照事先设定的检查规则、记账规则和业务处理流程，按照流水线模式，将会计确认和会计计量的过程通过系统自动化的方式实现。为了确保数据能够及时、准确、高效、完整地处理、加工和传递，减少业务处理流程中的人工干预，实现全过程管理的自动化，云处理需要对处理动作、处理机构和处理环境进行科学设计和合理安排。

（三）云产品

财务云处理形成的产品，不仅包括自动记账输出会计凭证、自动支付和基础财务报表等简单会计产品，而且通过汇总分析等方式形成了大量综合类产品。

采集和生成的全部数据与大数据中心对接，通过构建数据模型，自动、实时地处理数据，大数据中心输出各种经过深度数据挖掘后的分析结果。通过专业的管理咨询团队，向外输出各类管理咨询服务、企业信用评估、行业分析报告等复杂会计产品。

第二章 社会会计

第一节 社会会计概述

随着生产社会化程度的提高,会计作用的范围在不断扩大,会计由微观领域逐渐拓展到宏观领域,产生了社会会计。近年来,世界各地的会计学者越来越重视对社会会计的研究,因为会计作为一种经济管理活动,当生产社会化发展到一定程度时,客观上提出了经济管理社会化的要求。与此相适应,作为经济管理的重要组成部分——会计,也必然向社会会计的方向发展,从而向社会和政府提供宏观经济信息。

一、社会会计的产生与发展

社会会计是会计从微观经济领域向宏观经济领域的拓展和延伸。马克思在《资本论》中第一次从理论上阐述了社会化大生产需要建立"社会簿记"的思想,并利用会计原理和方法对当时的社会再生产过程进行了实证经济分析,得出了可以利用复式簿记来处理宏观经济信息的结论。社会会  计的实质性发展是在 20 世纪三四十年代,英国、荷兰、挪威、美国是最早进行这方面研究工作的国家。最早明白无误地提出社会会计概念的是英国经济学家 J. R. 希克斯。他在 1942 年出版的《社会结构——经济学入门》(*The Social Framework——An Introduction to Economics*)一书的序言中曾清楚地写道:"如果我们要给它命名的话,那么它可以被叫作社会会计,因为它不是别的,正是对整个社会或国家的核算,正像企业会计是对单个企业的核算一样。"而且他在此书中还用很大篇幅具体论述了社会会计的理论和方法问题。

1939 年,凯恩斯亲自指导 R. 斯通等人将会计学中的平衡原理和复式记账引入国民收入统计为英国估算国民收入,初步建立了国民经济指标体系;美国国民收入和国民财富会计研究国际协会(Internation Association for Research in Income and Wealth Accounting)于 1949 年发表的《国民收入和社会核算账户的建立》为社会会计的产生奠定了基础;联合国组织了以 R. 斯通为首的专家小组于 1953 年正式发表了《国民账户体系及辅助报表》(System of National Accounts and Supporting Tables),1968 年修订,形成了一套逻辑严密、结构紧凑并具有多方面描述功能的国民经济核算体系,称为"国民账户体系"(System of National Accounts,SNA),就是社会会计(Social

Accounting）的主要组成部分。

目前全世界已有 150 多个国家或地区通过建立经济账户体系进行国民经济核算。未来会计的发展方向，从宏观上看，将向所有宏观领域渗透；从微观上看，但凡人类社会关注的领域，都会有会计活动的身影。在现代经济中，企业不是孤立存在的单位，而是整个国民经济乃至世界经济的组成部分，宏观背景的发展演变必然导致企业会计核算时空的拓展。

二、社会会计的概念与职能

（一）社会会计的概念

社会会计又称国民经济会计（National Economic Accounting）或宏观会计（Macro Accounting），是将会计职能延伸至宏观经济领域，以一个国家的整个国民经济为核算对象，依照复式记账法设置国民经济账户体系，并运用大量数学方法和统计方法，以货币为计量尺度，通过对国民经济中流量与存量的计量和核算，来反映和监督某一时期社会总资金运动情况和国民经济运行状况的一种经济管理活动。

社会会计的本质和内涵可以概括为以下几点：

（1）社会会计是企业会计的延伸。社会会计是更大范围、更加综合的会计，它带有与企业会计相异的特性，这种个性特征恰恰表明了会计发展的新阶段。

（2）社会会计是以整个社会或国家为主体的会计。

（3）社会会计不仅是对社会总资金运动进行事后的核算与监督，而且还能够进行预测分析，参与制定国民经济发展战略决策和国民经济计划，进行会计社会咨询服务。社会会计的直接目标是向国家政府和全体公民提供有关社会总资金运动的信息；社会会计的终极目标则是提高整个国民经济的投入产出效率，提高宏观经济效益。

（二）社会会计的职能

社会会计的职能是对整个国民经济活动从价值方面进行核算和监控。

（1）监控国民经济的运行。国家通过编制由政府收支、企业收支、消费者个人收支、国际收支组成的国民经济预算来监控宏观经济。在编制国民经济预算时和检查国民经济预算执行情况时，都需要社会会计信息。

（2）为制定宏观经济决策提供信息。政府通过宏观财政政策与货币政策来实现社会总供给与总需求的平衡。政府制定投资、开支、税收和金融等政策，也必须依据社会会计所提供的全面、系统的诸如国民收入、消费、储蓄和投资等经济数据。

（3）进行各国经济发展状况的比较。社会会计依据联合国制定和颁布的统一格式的报表和计量方法，以及有关国民收入和国民财富的计量理论，便于在国际范围内横向比较各国的生产、消费、积累的规模和水平。

三、社会会计的性质界定

关于社会会计的性质,学术界存在财政范畴说、统计范畴说、会计范畴说、边缘领域说等多种说法。蔡昌认为,社会会计应归属会计范畴,理由如下:

(1) 从社会会计的起源和发展历史看,虽然社会会计以凯恩斯的现代宏观经济理论为其理论基础,但不论其内容还是形式,都与会计有着极为密切的联系。在其早期雏形的形成过程中,参与更多的和起主导作用的是会计学家,其名称也多冠以"账户"或"会计",如"国民账户体系""国民经济会计""宏观会计"等。

(2) 从社会会计与微观会计的逻辑关系看,是先有微观会计,后有社会会计,社会会计是微观会计的延伸和拓展,是更大范围、更加综合的会计,社会会计的计量与核算以企业的账簿和报表为依据。因此,把国民账户体系归入会计范畴,如实地将其视为微观会计的延伸和拓展符合逻辑发展关系。

(3) 从社会会计的职能看,它不仅是对国民经济运行状况的事后核算和监督,而且能够进行预测分析,参与国民经济战略决策和国民经济计划,进行会计咨询服务,这与会计的基本职能相吻合。

(4) 从社会会计所运用的贯穿始终的基本方法看,体现了会计在宏观经济领域和微观经济领域的统一性。自从 R. 斯通创造性地将会计平衡原理和复式记账引入国民收入统计,社会会计就带有鲜明的会计特征。在其后的发展过程中,人们又将供给与需求、投入与产出、消费与积累、储蓄与投资等相互对应的范畴与账户体系和报表体系结合在一起,依据复式记账方法进行账务处理,借以取得反映宏观经济活动流量和存量的各项指标,使社会会计的会计特征更加鲜明,也为宏观经济与微观经济的相互贯穿奠定了基础。

四、社会会计与其他相关概念的关系

(一) 社会会计与企业会计的区别

1. 二者的目的不同

社会会计的目的在于向国家的政府机构和全体公民提供会计信息,使他们能够监控国民经济的发展和国民收入的分配过程。企业会计的目的则是向投资者、债权人以及其他经济利益相关者提供会计信息,帮助他们做出投资决策,或向企业管理者提供会计信息,帮助其做出经营管理决策。

2. 二者的核算范围不同

社会会计是核算社会资金的总体运动。企业会计是核算一个企业单位的生产经营过程的资金运动。

3. 二者的核算程序与方法不同

社会会计虽仍可采用传统会计的账户和资产负债表等形式,但其记录并不依靠个别

发生的经济活动的凭证，账户中的数据主要来源于统计数据。

（二）社会会计与社会责任会计的区别

社会会计是 20 世纪三四十年代发展起来的新型会计理论，是对传统的微观会计的发展。社会责任会计是 20 世纪六七十年代随着社会会计范围的扩展而发展起来的。社会会计与社会责任会计具有相同点，但是二者之间也有许多不同之处。

1. 社会会计与社会责任会计的相同点

（1）社会会计与社会责任会计都以"社会"作为考虑问题的角度。站在社会角度对整个国民经济进行核算是社会会计，站在社会角度考虑企业的社会效益则是社会责任会计。二者都在不同程度上体现了由于生产社会化程度不断提高带来的对管理社会化程度也应相应提高的趋势。

（2）二者的会计信息使用者相同，都是向国家机构和公民提供信息，而不是向社会某一部门提供信息。

（3）二者采用的基本原则与方法均不受传统会计的约束，具有一定的灵活性。

2. 社会会计与社会责任会计的不同点

（1）产生的时间与发展的速度不同。社会会计是以资产阶级的经济理论，主要是凯恩斯的宏观经济理论为依据建立和发展起来的。1949 年发表的《国民收入和社会核算账户的建立》奠定了社会会计产生的基础。联合国经济与社会事务部统计处于 1953 年正式发表了《国民账户和补充报表》，之后对此不断修改，制定了简称"SNA"的《国民账户体系》。社会会计一开始就受到政府与联合国的重视，几十年来已形成一套完整的体系。社会责任会计是产生于 20 世纪六七十年代的一个新的会计领域。其最初形成时，并未引起社会各界的注意，随着社会的发展，日益复杂的大量的社会问题不断涌现，如环境污染、资源耗竭、职工劳动保护、社会福利等，这些问题反映了企业与社会的关系。基于这种情况，西方国家一方面加强对企业行为的干预，强制企业执行有关社会责任方面的条例规定；另一方面加强对企业履行社会责任的监督，要求企业披露、报告这方面的情况。直到 20 世纪 80 年代，社会责任会计才受到重视，成为理论界普遍关注的问题。

（2）会计的主体与性质不同。社会会计的主体是整个社会或国家，属于宏观经济的范畴。社会责任会计是以单个经济组织（主要指企业）为主体的核算，属于微观经济领域。正因为如此，社会责任会计又被称为企业社会会计或微观社会会计。

（3）目标不同。社会会计是对社会总资金运动进行管理的一种价值管理活动。人们可以从动态和静态两方面掌握和控制资金在国民经济中的分布情况、流量和流向情况，从而可以全面了解社会总资金的运动过程。而社会责任会计的目标在于对经济资源的最优配置，创造良好的社会环境，提高社会的整体效益。显然社会责任会计的目标是计量和报告企业各项社会责任的履行情况，使会计可以为各有关社会集团提供有用的信息，从而扩大传统会计的职能。

（4）计量与研究方法不同。货币计量是社会会计的一个显著特点和前提；而社会责任会计的计量方法既有货币计量，也有非货币计量。社会会计主要采用四个主要账户——生产、消费、积累和对外，四个账户对国民经济中的资金运动及其相互关系进行反映，报表采用投入产出表、资金流量表、国际收支表和国民资产负债表等，反映社会资金的运动情况；社会责任会计的表达方法主要有：在财务报表的附件中提供有关环境问题及其解决方法的资料，扩充传统的财务报表，增设有关环境问题的账户，提供防止污染设施及排除污染方面的非货币性资料，编制社会责任年度报表，人力资源投入产出法及税金、捐款支付表，社会经济活动表，对某个企业的活动产生的所有社会效益和费用进行总括反映的报表。

（5）二者提供的指标不同。社会会计提供国民生产总值、国民收入、可支配国民收入等指标，而社会责任会计提供社会成本、社会效益、社会净收益等指标。

（6）"社会成本"概念的界定不同。社会会计的社会成本，是指整个国民经济范围内一定时期和一定生产技术条件下，生产与消费某种产品所需的平均费用。其社会成本是采用统计方法核算的，通常在各个企业、同类产品个别成本的基础上加权平均而得。社会责任会计中的社会成本是个别企业生产、销售过程中给社会带来的损失，即外部不经济。企业生产成本下降不等于社会成本下降，有时反而提高。企业减少用于污染控制方面的费用，使企业外部成本降低，但因此带来污染物的大量排放，给社会造成巨大损害，这时把生产成本转化为社会成本，社会成本有所增加。

五、国内外研究现状

国外研究方面，以社会再生产过程为核算对象的社会会计，在第二次世界大战以后被广泛应用于西方国家的经济管理活动。凯恩斯曾倡导在国民经济核算时使用会计账户，社会会计是在凯恩斯思想影响下为国家实行宏观管理而产生的。1930年，凯恩斯等人在进行国民经济核算时运用了很多会计学中的原理，此举的成功使国民核算模型如雨后春笋般在国际上被推广使用，这就为各个国家进行经济统计比较等宏观管理活动确立了通用的准则。20世纪40年代后期，英国经济学家J. R. 希克斯率先提出"社会会计"的概念，他认为社会会计是以整个社会为范畴的经济管理活动。随后，众多国外学者在理论和实务领域不断进行探索和尝试，逐渐形成了一套以国民收入统计核算为核心的社会会计研究体系。1955年，J. P. 波尔森在其著作《经济会计》中阐述了社会账户与企业账户之间的关系，波尔森认为社会会计是以社会中较大部门的活动为核算对象的，如政府、整个企业界活动等。

国内对于社会会计的探讨并不是很多，早期阎达五教授总结和探讨了关于社会会计的一些问题，将西方对社会会计的研究分为原型论和影响论。原型论，即将会计主体从微观扩大到整个国民经济范围，其理论与方法基本上以企业会计为原型进行引申、扩张。影响论，或者为西方一些会计学家所倡导的，称之为责任论，即认为社会会计是用传统的会计方法来衡量企业活动所产生的社会影响。阎达五指出，原型论下的社会会计模式是真正意义上的社会会计模式，而影响论下的社会责任会计并非完整意义上的社会会计。在社会会计的实现方式上，林万祥提出以宏观成本管理会计的方式实现社会会计,具体方法是从成本管理会计的角度出发,将其理论和方法应用于宏观经济管理,构建以成本管理会计为基本特征的宏观成本管理会计模式。另外,杨全照提出在会计学与统计学进一步结合的基础上构建社会会计体系,他指出将社会经济账户体系分为生产类、收支类、储蓄与投资类、资产负债类,将企业会计核算的资料转化为满足经济核算要求的社会账户体系。

近几年,随着物联网、大数据、云计算、移动终端等现代信息技术的发展,全球会计工作逐渐被信息技术或业务人员所替代,许多人甚至喊出了会计即将消亡的论调。数字货币的底层技术——区块链技术的迅速发展,"分布式社会账本"引起各界人士的关注,甚至有观点认为,"分布式社会账本"是自复式记账法产生以来的又一次巨大变革。现阶段对于微观领域的会计研究已经相当成熟,而社会会计尚待学术界和企业界更多人的研究与关注。

第二节 社会会计的基本内容

一、社会会计的理论依据

国民收支均衡论是凯恩斯宏观经济理论的核心部分,也是社会会计的理论依据。国民收支均衡,是指社会总供给与总需求相等。在现实经济生活中,居民、企业、政府和世界贸易市场四个组成部分是一国经济不可或缺的重要因素,也是影响社会总供给与总需求的主要因素,具体来说:

(1) 总需求=消费+储蓄+政府收入+进口;
(2) 总供给=消费+投资+政府支出+出口。

当总供给与总需求平衡时:

消费+储蓄+政府收入+进口=消费+投资+政府支出+出口。

经变形后有:

(储蓄−投资)=(出口−进口)+(政府支出−政府收入)。

以上括号内三项差额中的任何一项,都可以通过调整其他两项差额予以弥补,从而达到总供给与总需求的平衡。社会会计的主要任务就是反映国民收入的流转和收支均衡情况,据此,政府可以制定有关宏观经济政策,调节国民经济发展。

二、社会会计的账户体系与核算程序

(一) 社会会计的账户体系

根据联合国 1968 年公布的新的社会会计报表,社会会计的账户体系由五大部分组成。

1. 国民收入账

国民收入账由生产、消费、积累、国外这四大基本账户组成,各账户分别从不同角度反映经济循环过程的特定方面。通过这些基本账户可以对国民经济的有关总量及其组成部分进行汇总核算,进而说明社会总产品的有关总量及其组成部分,社会总产品如何生产,总收入如何分配和再分配,产品如何使用等。国民收入账概括地反映了社会再生产过程。

2. 投入产出表

投入产出表是用以详细分析国民经济各部门之间所需商品和劳务数量的报表。国民收入账集中反映整个国家的国民收入、消费、储蓄和投资之间的相互关系,但并不反映国民经济各部门之间产品购销等经济活动的平衡状况。编制投入产出表可以弥补国民收入账的不足。通过投入产出表可以核算、反映各产业部门之间产品的往来流量及转入非产业部门的产品流量,可以测定各个部门生产、分配和消费之间的数量关系,从而在整体上概括反映社会生产与社会需求之间的平衡关系和相互制约关系。

3. 资金流量表

资金流量表是用以分析国民经济各部门之间资金和财务关系的账表。它通过各个经济主体的资金来源和资金占用,反映整个国民经济以金融机构为媒介的资金流量的流向。它着眼于国内经济部门以及本国与国外之间货币资金的运动关系,是一种典型的对宏观价值的分析。在投入产出表中,国民经济各部门之间的物资相互平衡关系得以反映,而资金流量表则反映了国民经济各部门之间的资金和财务关系。编制资金流量表可以从资金方面分析国民收入与分配使用是否平衡、是否合理,分析投资有无足够的资金保证,分析借贷资本总的供求以及各种金融市场上资金供求是否平衡,分析债务结构变动对经济周期的影响,分析增加货币供应量和扩大信用对国民经济的影响。

4. 国民资产负债表

国民资产负债表是社会会计账户体系中唯一的静态报表,是企业资产负债表应用于整个国民经济核算的典范。它反映一个国家一定时点上的财富总额和生产能力,其基本特征就是从持有额方面来进行实物核算和资金核算。编制国民资产负债表有助于检查和协调社会会计动态账表所反映的流量,从而形成完整严密的宏观经济动静分析体系。

5. 国际收支平衡表

国际收支平衡表是用以核算国内和国外贸易经济关系的账户体系。该账户体系采用复式记账法,但所记录的是国际经济业务,包括进出口商品和劳务。在社会会计账户体系中,国际收支平衡表是对国民收入账中国外账户的详细分解,同时它还与资金流量表中的国外部分直接联系,主要功能是为政府制定贸易关税政策、决定汇率、测定外汇对通货膨胀的影响程度、决定对外投资和贷款等提供依据。

以上五大账表以国民收入账为中心,其余各种具有特殊功能的账表围绕着国民收入账展开与组合,形成了一个完整的账户体系,如图 2-1 所示。

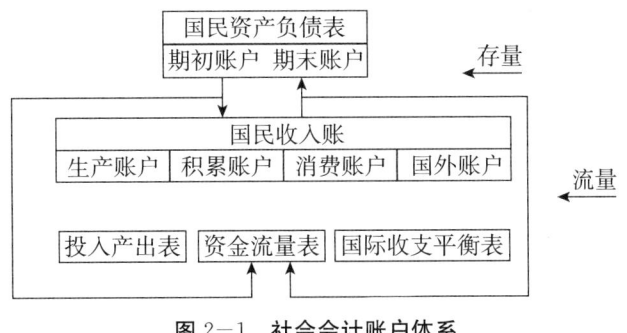

图 2—1 社会会计账户体系

(二) 社会会计的计量与核算程序

人们站在社会角度对整个国民经济进行核算,即形成宏观社会会计。通过对社会总资金运动的计量与核算,可为国民经济管理与分析提供国内生产总值、国民收入、可支配国民收入等一系列宏观指标。具体核算体系如下。

1. 社会会计要素

社会会计包含六大要素,分别是社会资产、社会负债、社会权益、总产出、总投入和增加值。社会资产反映某个时点社会拥有的经济存量,包括货币资产和实物资产等。社会负债反映被外部持有的权益,包括债券和其他产权。社会资产与社会负债的净值即为社会总的权益。总产出反映当期的生产收入总量,总投入记录各项资源消耗,增加值作为净值反映社会生产新增价值。

2. 社会会计实施与核算方法

社会会计的实施方法,是以企业会计的语言和方法为基础,程序上首先是对全社会的价值活动进行收集、分析和归纳,记入会计账户,以最终形成社会会计报表。在总体核算方法上,采用会计账户体系和复式记账的方法,登记 T 型账户并且遵循借贷平衡的原则,其数据信息来源于全社会范围宏观信息的统一收集,而非依据逐笔经济活动的原始凭证。

3. 社会会计核算程序

SNA 是社会会计庞杂体系中的核心部分,根据国民收入的核算范围,该账户体系一般按照企业、居民、政府和世界贸易市场四个部门来设置。必要时,还可以在某一部分内按经济活动的性质设置,通常由生产、消费、积累和国外四个基本账户组成。SNA 采用收付记账法,通过对会计事项或统计项目的复式记录来保持各账户之间的联系,使一个账户的收入必须同另一个账户的支出相对应。记账方面与企业会计不同的是,左方为付方,右方为收方,但这不影响国民账户核算体系的平衡关系。在上述复式记账方式的统驭下,各账户分别从不同角度反映了宏观经济运行过程的特定方面,提高了社会会计的数据质量,并使宏观经济与微观经济通过有关数据相互衔接、贯穿起来,清晰地勾勒出国民经济运行状况的全貌。社会会计独创性地引入诸多会计方法,又将国民经济体系中的各部门视为"会计科目"设置相应账户,通过各账户的对应和联系,既体现出国民经济各部门之间的相互平衡和制约关系，又能够使复式记账的优势在宏观经济管理中得以充分发挥。

第三节 社会会计的发展与展望

一、建立我国社会会计的基本构思

社会会计是国民经济管理的重要组成部分，它是对社会总资金运动进行管理的一种活动，社会会计的职能是对整个国民经济活动从价值方面予以控制和观念总结，目的是通过宏观的价值管理协调宏观与微观的经济效益关系，使两者实现最优结合并取得最大的经济效益。根据这一总的认识，具体想法如下。

（1）以国家为主体，把企业会计的方法与模式套用到整个社会，即以企业会计为原型，根据已有的会计循环模式，从收集和整理资料、登记账簿到编制报表主要采用会计自己的方法。

（2）反映和监督的内容是社会总资金运动，具体包括三个方面：首先，社会总资金在各机构部门的运动情况；其次，反映资金的耗费，确定资金运动的转移价值，即核算社会成本；最后，反映社会总资金运动的成果，出路可能是借鉴西方财务会计中的"增加值表"，即第四报表。社会会计的最终目的是为正确反映和努力提高社会经济效果服务。

（3）使社会会计尽可能地具有企业会计的及时性、全面性、系统性和真实性的特点。

（4）在核算的同时进行监督，并在必要时开展咨询服务或参与预测、决策和制订计划。社会会计应包括三个体系：社会会计核算体系、社会会计监控体系、社会会计咨询服务体系。

（5）为了有效地领导和组织社会会计工作，必须建立独立的社会会计机关，培训人员，普及社会会计知识。在这方面可以借鉴其他国家的某些经验，并根据我国情况加以研究、改进和发展。

依据马克思主义理论，着眼于社会再生产全过程，探索在我国建立社会会计的道路，把会计的对象从微观经济发展到宏观经济是具有战略意义的问题。它不仅为发展会计科学开辟了一个新的领域，更主要的是它能够加强对国民经济的日常管理，促进我国社会主义现代化建设的发展。

二、社会会计的未来展望

社会会计是社会经济发展对会计管理提出新要求的产物，必将随着社会经济环境的变迁而不断发展、完善。

（1）虽然社会会计中的国民账户体系与报告体系已初见端倪，但社会会计在确认、计量和报告方面还存在诸多弊端。国内外对社会会计核算方法的研究，无不受限于凯恩斯的"国民收入均衡论"，即以"社会总需求＝社会总供给"作为设置账户和会计核算的基础，其结果势必造成会计对宏观经济管理难以保证细致性、连续性和系统性的要求，导致宏观核算与微观核算的脱节。笔者认为，社会会计也应以"资产＝权益"这一基本会计方程式为基础，以整个国民经济为核算对象，以国民经济活动中社会总资金的来源与运用为核算重点，并按照国家主体的资金运动的具体内容进行分类和账户设置，以微观会计报表为资料进行序时核算并编制宏观会计报表，取代以往常用的汇总报表，避免在反映经济业务上的重复性和滞后性的缺陷，真正使社会会计成为微观会计的汇总、补充和延伸。

（2）建立宏观层次的"国民资本"账户，以一个国家为主体反映其国民资产净额，作为国民资产与国民负债的平衡额。该账户取代"国民资产净额"，可以更加清晰地反映国家所掌握的国民财富的总额及其增长情况，与国民收入的取得和分配联系起来。该账户的建立不仅有利于协调生产、分配、消费等国民经济活动，引导和促进社会财富的积累与创造，而且能够引导国家投资方向，保证国民财富对社会公益、福利事业、国民教育和人力资源的足额投入，从整体上提高社会宏观效益，形成良性循环的宏观经济发展态势。

（3）社会会计体现了由科学技术的发展和社会化程度不断提高而带来的对管理的要求相应提高的共同趋势，要求会计作为经济管理的重要组成部分扩大管理范围，增加管理内容。因此，适当引进宏观经济计量模型，在社会会计宏观核算的基础上构建宏观管理会计模式也是社会会计未来发展的趋势之一，将有助于对宏观经济结构和发展水平进行财务预测和分析，厘清宏观经济变量之间的关系并诠释和指导宏观领域的各种经济行为和经济现象。同时，社会会计与社会责任会计的互补与融合也是社会会计未来发展的趋势之一。社会会计与社会责任会计是互为依存、相互联系的。宏观经济效益的提高虽以微观经济效益的提高为基础，但它必须以良好的社会效益为前提。因此，要想实现宏观经济目标，必须同时实行社会会计与社会责任会计，形成一种由微观到宏观、结构严谨、权责分明的会计核算与监督系统，这也是现代会计学的发展趋势。

此外，近年来我国一些外向型组织在与国际组织交往的过程中，已经直接感受到"社会责任审计"和"社会会计"的重要性。现在的"社会责任审计"和"社会会计"不仅针对组织外部的利益相关者关系或者组织行为的外部性进行审视和评估，而且已经将组织内部利益相关者关系纳入"审计"和"会计信息"项目范畴，诸如"雇员的最低工资标准""雇员的各种保险金的缴纳状况""雇员的劳动保护及其他社会保障""社会责任报告发布"等。可见，"社会责任审计"和"社会会计"的引入，对于推动中国各类组织改革，尤其是建立现代组织制度，重视对劳动者的保护，开展社会责任管理，推进和谐劳动关系的建立，无疑都具有积极意义。

三、区块链助推社会会计价值实现

在互联网时代，区块链技术进一步成熟，会计环境发生了深刻的变化，区块链带来的数字商业模式，使社会会计迎来了新的发展契机，社会会计呈现出新形势与新变化。社会会计的发展将有助于搭建微观主体与宏观经济间的桥梁，极大地促进会计变革。如果说复式记账法的发明让商业经济走向繁荣，那么基于区块链下社会会计的创新必将让共享经济走向繁荣。

社会会计的价值体现在其为国家宏观经济管理活动提供服务，给予宏观经济决策信息支持。社会会计的实现主要依靠会计人才、信息处理工具、信息处理规程三大因素，而区块链恰恰是实现社会会计必要的工具和手段。社会会计的价值实现与否很大程度上取决于社会会计能否有效为经济决策提供及时可靠的信息。社会会计提供决策信息的主要步骤分为数据信息采集、加工整合和分析监控。

首先，从信息采集层面来看，区块链的应用降低了会计数据采集的差错率。源数据的准确性是信息加工的前提和基础，社会会计的执行需要庞大的数据源，个体层面微小错误的积累将导致宏观层面的大误差，且错误难以追究验证，因此，如何保证数据的准确性就成为社会会计推行必须解决的难题。区块链因自身特殊的链式结构，可通过区块间的相互印证追溯数据源，从源头处保障了社会会计信息的准确性。

其次，从信息整合的角度分析，区块链的应用打破了不同经济活动间的信息孤岛。信息孤岛的存在是社会会计实现的一大阻碍，社会经济活动涉及方方面面，不同的企业和主管单位缺乏信息的汇总和交流，在整体层面实物流与信息流相分离。区块链的安全性和智能化的特点，使区块链在实物管理、数字化鉴证、交易清算等诸多方面得到应用，使社会会计提供的信息不仅包括财务部分还包括非财务部分，这将有助于消除各主体间信息流的障碍，形成信息的共享机制，促进社会会计对全社会资源进行整合。

最后，从信息分析和监控视角出发，社会会计价值实现的关键环节在于其对社会总资金的监督和控制。全社会范围内的监控，仅依靠人力执行，效率低且实施难度大。区块链的核心是智能化合约，智能化地监控社会资源极大地节约了成本，提高了监管效率，最终帮助社会会计发挥其经济管理的价值。

第三章 人力资源会计

第一节 人力资源会计概述

一、人力资源会计理论的产生与发展

（一）人本思想的萌芽

理论源于实践并指导实践。人本思想的萌芽与诞生同样基于一定的社会历史条件，是人类长期的思想产物，并随着社会生产力的提高而得到不断发展。早期人类的生产力低下，因此天然地敬畏自然，崇尚神明。但随着社会经济、科技、制度等各方面的发展进步，人类逐渐掌握了利用自然、改造自然的能力，人们开始认识到"人自身的作用"，人本思想由此萌芽，并在漫长的历史发展进程中得到丰富和完善，对推动人类文明的进步和社会的变革起到了重要作用。可以说，人本思想如今已然成为一种主流的价值取向。

中国人本思想的萌芽要追溯到先秦时期，如孔子的"人能弘道，非道能弘人"，孟子的"民为贵，君为轻，社稷次之"，管仲的"终身之计，莫如树人"等，都强调了人的主动作用，人对于国家建设的重要性。与此同时，在西方世界，人本思想在古希腊时期就已出现星星之火，到文艺复兴时期，人本主义思想逐步形成，人的价值受到重视，人的个性得到解放，而启蒙运动才真正意义上代表着人本主义思想的成熟，以人为本的思想深入人心，并同科学主义一道共同构成了西方文明的基础，深刻地影响着人们的思想和行为。

（二）人力资源管理理论的产生与发展

人本思想在与管理学融合的过程中，推动了人力资源管理理论的诞生。人力资源管理虽是一门年轻的学科，但究其思想渊源则可追溯到工业革命时期，直至20世纪70年代，这一时期被称为人事管理阶段，其后人力资源管理逐渐取代人事管理。在人事管理阶段，人们对人的本质的认识经历了从"经济人"到"社会人"的转变。20世纪初，泰勒将人视为纯粹的"经济人"，提出实行劳动定额管理，该方法极大地促进了生产效率的提高，泰勒由此成为"科学管理之父"。但不可否认的是，该理论将人视为纯粹的"经济人"，忽视了人的态度、情感等社会因素对生产效率的影响，因此泰勒的科学管理

也遭到了一些质疑的声音。为了解决科学管理存在的问题，埃尔顿·梅奥在芝加哥西方电气公司的霍桑工厂进行了管理实验研究，自此揭开了对组织中人的行为研究的序幕。梅奥支持"社会人"假说，他认为满足员工的欲望，提高员工的士气将有利于生产效率的提高。在后续的研究中，如马斯洛的需求层次理论、赫茨伯格的双因素理论、麦格雷戈的X和Y理论等，都在梅奥的基础上进一步丰富了管理中人的重要性内涵。"人力资源"这一概念最早是在1954年彼得·德鲁克在《管理实践》一书中提出并加以明确。20世纪80年代后，人力资源管理理论不断成熟，并在实践中得到进一步发展，受到了学术界和企业界的广泛认可，"人力资源"也逐渐取代"人事管理"。相较于人事管理，人力资源管理的研究则更多探讨人力资源如何为企业的战略服务。

尽管管理学肯定了人作为一种资本参与生产活动的重要作用，但是回避了如何辨别人力资本，如何衡量人力资本的贡献等问题，因而经济学家接过人力资源管理理论研究的大旗，针对这些问题展开了深入的研究。20世纪60年代，舒尔茨和贝克尔创立了"人力资本理论"，进一步丰富了人力资源管理理论的内涵。人力资本理论根植于人力资源管理理论，同时结合了管理学中对人的管理和经济学中的资本投资回报，将企业中的人作为资本进行投资与管理，并根据不断变化的人力资本市场情况和投资收益率等信息，及时调整管理措施，从而获得长期的价值回报。

（三）国内外人力资源会计理论的发展历程

人力资源管理理论的发展无疑为人力资源会计理论的产生创造了必要的条件。人力资源管理理论通过与经济学、组织行为学的融合，形成了一类专门的会计学科——人力资源会计，自此为会计领域的研究提供了一个全新的视角。自1964年美国管理学家赫曼森提出"人力资源会计"这一概念以来，人力资源会计理论已经过近60年的发展，尽管仍是一门年轻的学科，但是得益于一大批会计学者坚持不懈的努力，现今已逐步建立起一套较为完整的人力资源会计理论体系。

国外的人力资源会计理论的发展历程可以分为以下5个阶段。

1. 初步形成（1960—1966年）

（1）1964年赫曼森发表《人力资产会计》，对人力资源会计进行了明确的定义，该书成为人力资源会计理论研究的起点。

（2）美国会计学会人力资源委员会从实务角度出发，对人力资源会计理论进行系统的研究，并在密歇根州立大学社会研究所进行相关的实验。

2. 理论框架搭建阶段（1966—1971年）

（1）利克特发表著作《人群组织：它的管理和价值》，阐述了人力资源的价值以及如何管理。

（2）成功构建出人力资源成本和价值模型，明确了计量的框架和方法，并通过实操验证其理论的有效性。

3. 快速发展阶段（1971—1976年）

（1）1974年费兰霍尔茨出版专著《人力资源会计》，此书成为人力资源会计专业最早且较为系统的教科书。

（2）西方国家的部分企业开始尝试运用人力资源会计，如巴里公司将人力资源作为资产在财务报表中体现。

4. 兴趣减退阶段（1976—1980年）

20世纪70年代后期，理论界和实务界对人力资源会计的兴趣从理论到实践都出现下降，人力资源会计研究逐渐陷入低潮，停滞不前。究其原因是在后续相关研究工作的过程中遇到了瓶颈，如出现研究成本较高，人力资源价值难以计量等问题，致使很多企业不愿意继续参与实验。

5. 复苏阶段（1980年至今）

自20世纪80年代以来，发达国家由工业经济逐步向知识经济转变。企业意识到人力资源极大地影响着企业的利润，而传统会计已经无法适应新的经济体制，迫切需要一个新的系统对人力资源的价值进行计量和评估，由此无论学术界还是实务界都重新燃起对人力资源会计的研究热情。

相较于国外在20世纪60年代开始对人力资源会计的研究，理论框架体系已趋完善，我国因历史现实条件的限制，相关研究工作的开展时间相对较晚，人力资源会计的概念在20世纪80年代末才引入中国。但是经过我国众多学者坚持不懈的努力，在汲取西方国家先进经验的同时结合我国具体国情，对我国的人力资源会计理论体系进行丰富和拓展。到目前为止，我国会计界在人力资源会计的理论研究方面已经取得了很大进展。

我国的人力资源会计理论研究发展历程可以分为以下4个阶段。

1. 引入阶段（1985—1997年）

20世纪80年代人力资源会计理论引入我国后，国内许多学者纷纷翻译国外的文献，开始学习研究相关理论。

2. 研究成果发表阶段（1998—2004年）

（1）刘仲文教授所著《人力资源会计》一书，标志着国内研究人力资源会计理论和计量方法开始走向系统化、全面化。

（2）这一时期的研究成果包括：刘仲文的"以生产者剩余为基础的人力资源价值会计体系"，徐国君的"行为会计学"，阎达五、徐国君的"劳动权益会计"，张文贤的"人力资源会计制度设计"，谭劲松的"智力资本会计"，等等。

3. 兴趣增长阶段（2005—2009年）

（1）从1999年论文发表的第一个小高潮起，国内学者对人力资源会计的研究兴趣逐渐增长，人力资源会计相关论文越来越多，从2005年199篇，2006年248篇，2007年221篇，2008年185篇，再到2009年142篇，共计995篇。相关研究成果在2006年出现了第二个小高潮，是1999年的5.28倍。

（2）2009年召开全国第二届人力资源会计理论与方法研讨会，明确了研究的方向，进一步推动了人力资源会计的研究工作的开展。

4. 兴趣下降阶段（2010—2014 年）

根据刘仲文（2016）调查，自 2010 至 2014 年，发表人力资源会计相关论文共计 483 篇，其中 2010 年 124 篇，2011 年 95 篇，2012 年 104 篇，2013 年 84 篇，2014 年 76 篇。自 2010 年后人力资源会计的研究工作进展缓慢，研究仍停留在之前的水平，没有更多的创新。由于受很多因素制约，学者对人力资源会计的研究热情也出现下降。

二、人力资源会计的作用与相关概念

（一）人力资源会计的作用

1. 人力资源会计在企业日常运营中起到重要作用

人力资源会计对于提高企业运行效率，帮助发现和解决企业人力资源问题起到重要作用。首先，人力资源会计以会计报表的形式，直观地展现了人力资源的实际运行成本和利润，帮助管理者了解企业当前在人力资源方面的整体情况，有利于其做出正确的决策；其次，人力资源会计能够反映出工作人员为企业创造的实际价值，在一定程度上会激励员工工作，从而为企业创造更大价值；再次，人是企业所拥有的一种关键资源，对企业的长期持续发展起到创造性的能动作用，尤其在一些高新技术企业中，人才优势是企业的核心竞争力所在，而通过人力资源会计的统计和核算工作可以体现出人力资源的具体价值；最后，人力资源会计能够迅速发现人力资源运行过程中存在的问题，管理者基于所得数据信息可以及时做出相应的调整。

2. 在知识经济时代，传统会计模式有必要进行调整

在知识经济时代，科学技术与智力资源成为关键的生产要素，因而人力资源作为知识技术的载体，在社会经济发展中发挥重要的作用。但是，在传统会计模式下，人力资源作为一种无形资源，并不在会计范畴内，这就导致企业的人力资源状况得不到真实的反映，进而可能出现企业中一些掌握着先进技术、具备丰富管理经验的优秀人才的价值得不到体现而流失的情况。尤其在一些高新技术企业中，优质的人才是其价值创造的核心要素，一旦优秀人才流失，必然会对企业造成巨大的损害。因此，科学准确地衡量人在企业工作中创造的价值，并提供有关人力资源成本价值的相关信息就显得尤为重要。一方面，这些信息能够帮助管理者合理降低人力资源的管理成本，并为人力资源收入分配提供合理的依据；另一方面，将帮助改进人才招聘录用管理、薪酬激励机制设计等方面的决策，进而吸引社会人才、留住企业人才。

（二）人力资源会计的相关概念

1. 人力资源

在理解人力资源的概念时，可以从两个角度出发：一是基于人力资源载体的层面，人力资源是具有一定劳动能力的人口的总和；二是从人力的角度，人力资源是人所具备的创造财富的能力的总和。

"现代管理学之父"彼得·德鲁克（Peter F. Drucker）对人力资源的定义进行了清晰的界定，在其所著的《管理的实践》一书中，德鲁克指出人力资源可以视为一种能够创造价值的特殊资源，人力资源就是以人为载体，由特定的投资主体进行投资并以人的活动为表现形式，将附着在人体上的价值存量作用于特定的区域，从而为投资主体带来收益的技能、经验、体力、教育、能力的总称。

国内对人力资源的概念第一次达成一致认识是1999年中国会计学会在北京召开的有关人力资源会计的研讨会，参会代表认为人力资源的本质是人的能力，因此人力资源与人本身是不同的两个概念；人力资源是商品并非指人是商品，而是说人的某种技能是商品。

还需注意的是，不能混淆人力资源、劳动力资源、人口资源这些看似相关，却有很大差异的概念。关于劳动力资源的划分当前主要有两种观点：一种认为劳动力资源是指一个国家在一定时期内，全社会拥有的在劳动年龄范围内，具有劳动能力的人口总数；另一种是按适龄劳动人口中是否有劳动能力和非适龄劳动人口是否实际参加劳动来划分。人口资源一般指一个国家或地区的人口总体。由此可见，人口资源所涵盖的范围是最广的，首先是从数量层面来讲，其次是劳动力资源，而人力资源涵盖的范围相对来说是最小的。

2. 人力资本

人力资本的内涵最早见于亚当·斯密（Adam Smith）的《国富论》，书中将人力资本定义为社会居民或成员习得的、有用的能力。但之后的研究对这种"习得的、有用的能力"的具体内涵并未进行深入的探讨。直至20世纪60年代美国经济学家舒尔茨提出"人力资本理论"，这才对人力资本的概念进行了明确的界定。舒尔茨认为，人力资本是对劳动者的知识和技能等进行投资所形成的，归属于劳动者自身的那部分价值。厉以宁教授（2020）通过回顾整个人力资本理论发展史后，指出传统的人力资本理论中，健康、教育等变量往往被定义为人力资本的代名词，而后期如非认知能力概念的引入使得人力资本的内涵更为丰富。例如周金燕（2015）指出，人力资本可以分为认知人力资本和非认知人力资本，二者分别是凝聚在劳动者身上的能带来未来收益的认知能力和非认知能力，并且这些能力可以通过教育、培训、工作等后天的方式来获得。认知能力一般包括识字能力、记忆能力、计算能力、推理能力等，而非认知能力包括对未知事物的好奇心、充分理解他人处境的同理心、较高的情商、高效的沟通和倾听技能、解决问题的团队协作能力以及秉持平等主义的价值观等。

因此，如果说人力资源指的是人的能力，那么人力资本则是对人力资源进行投资而获得的能力。二者既有区别又有联系。二者的联系在于，人力资源包含人力资本，人力资源不仅仅指自然人力（未经培训和教育便投入经济活动的人的能力），还包括非自然人力（经过培训或教育后投入经济活动的人的能力），也就是这里所说的人力资本。二者的区别在于，人力资源是将人力作为创造财富的稀缺资源，着重强调的是人的能力；而人力资本是从投入的角度进行研究，也就是人的能力形成过程和价值创造的过程。

3. 人力资产

我国《企业会计准则》对资产的定义:"资产是企业所拥有或者控制的能以货币计量的经济资源,包括各种财产、债权和其他权利。"由此可见,资产必须具备以下四个特征:第一,它是以前的交易所形成;第二,它必须为企业所拥有和控制;第三,它能够以货币进行计量;第四,它能够为企业带来未来的经济利益。显然,人力资源具备确认资产的条件。首先,在劳动力市场上,人力资源载体和企业是两个平等的利益主体和产权主体,签订契约后人力资源产权发生分解和让渡。人力资源产权分解为所有权、使用权、处分权和收益权,所有权仍归人力资源载体所有,而使用权、处分权让渡给企业。其次,人力资源可以通过货币来计量,如足球运动员的转会费可以看作球员的人力资源价值的体现。最后,在正常情况下,企业所拥有、控制的人力资源在生产经营中能够发挥其能力,体现价值,为企业带来未来的经济利益。

4. 人力资源会计

关于人力资源会计的定义,中外学者曾从不同的角度进行过多番论述,尚未形成统一的定论。美国会计学家赫曼森最早对"人力资源会计"的概念进行了界定,他认为人力资源会计是一种对组织的人力资源成本和价值进行计量、报告的会计程序和方法。美国学者弗兰霍尔茨在赫曼森的基础上,对人力资源会计的内容进行了拓展,他在1974年所著的《人力资源会计》一书中,将人力资源会计定义为:将人的成本和价值作为组织的一种资源来进行计量和报告,包含用于计量人力上的投资及其重置资本的会计,也包含用于计量人对一个组织的经济价值的会计。赫曼森和弗兰霍尔茨关于人力资源会计的认识,奠定了国外人力资源会计发展的基础,后续相关研究基本上是对二人关于人力资源会计内涵的拓展和补充。例如,Amit 和 Ankit 指出人力资源会计的目的是以货币形式描述人力资源的成本和产出,产出可以从员工的技能、知识、才干、努力、态度和实力 6 个方面进行评价。

人力资源会计在 20 世纪 80 年代末才正式引入我国,因此国内的人力资源会计研究起步稍晚,但得益于众多优秀学者的不懈努力,我国的人力资源会计研究同样取得了丰富的成果。这些学者在新的时代特点的基础上,或是对国外相对成熟的人力资源会计理论进行拓展,或是开辟崭新的道路,站在全新的视角,综合多种学科知识对人力资源会计的理论和实务研究进行探索,进而从横向、纵向两个角度拓展人力资源会计的理论体系。

国内学者杜海文认为,人力资源会计是指以货币单位或文字说明的形式来反映、报告和考核人力资源的成本与价值,其中人力资源成本会计着眼于企业对人力资源投资的资本化,而人力资源价值会计则着眼于企业对人力资源产出的资本化。刘雨川指出衡量人力资源的成本和价值,并非单纯地对人的"价格"进行量化,而是对人的智力、体力的综合衡量,确定其已经或者可能会创造出的价值水平,然后以货币的形式进行计量。

温素彬等结合大数据时代的特点,指出人力资源会计的主要功能包括:为职位分析提供更加精确的数据依据和指导;基于企业拥有的庞大数据对人员规划的数量和质量进行精准控制;在对应聘者测试甄选的环节,可以利用数据的优势扭转企业所处的信息劣势，进而使人员的甄选更加精确和快速等。

综上所述，结合国内外学者对"人力资源会计"的认识，本书将"人力资源会计"定义为：人力资源会计是以货币形式或文字形式，反映、报告组织中人力资源当前和未来的成本、产出（价值），其目的在于辅助组织内外利益相关者的决策和实现组织内人力资源的信息化管理。

人力资源会计的定义具有丰富的内涵：

（1）人力资源会计将人视为企业的一项重要资产，并对其加以计量。

（2）人力资源会计涉及的信息应该是可计量的，因而要求以货币形式来反映，但是仍然存在一些人力资源相关的重要信息，可以采用文字形式进行备注。

（3）人力资源会计的目的是帮助信息的使用者（组织内外利益相关者）进行决策，以及实现人力资源管理的信息化，提高管理的效率。

（4）人力资源会计需要反映的主要内容是组织内人力资源的成本和价值，成本不仅局限于当前的招聘成本，还有员工后续的培养费用等；同样，员工的价值也应是在综合衡量当前与未来价值后得到的一个相对科学的结果。

（5）人力资源会计最后要以会计报表或者文字的形式输出。

三、人力资源会计的基本模式

当前，学术界普遍认可人力资源会计是对人力资源成本和价值两方面的反映和计量。但是国内部分学者在此基础上，对人力资源会计计量的内容进行了重新划分，如张文贤认为人力资源会计包括人力资源成本会计、人力资源价值会计、人力资源投资会计和人力资源权益会计四种基本模式。在这四种模式中，对成本会计和价值会计两种模式进行的研究占了绝大部分，相对而言投资和权益会计的研究较少。因此，笔者认为在这四种模式中，人力资源成本会计和价值会计是最重要的模式，投资和权益会计则是对二者的补充。这种划分方法能更为科学全面地反映人力资源会计的内容和作用，下面将对这四种基本模式进行详细的解释。

（一）人力资源成本会计

弗兰霍尔茨将人力资源成本会计定义为：按照历史成本计量企业在取得、开发、配置、保持和重置其所需的人力资源过程中发生的成本，这是一种事后核算方式。按照企业人力资源管理的活动划分，人力资源成本包括：①取得成本，获取人力资源所花费的成本，包括人员的招聘、选拔、录用、安置等费用；②开发成本，为提高员工的技能使之适合组织任务的需要，对人力资源进行开发所用的成本，包括上岗教育、岗位培训和脱产培训等成本；③使用成本，是企业用于人力资源价值开发、使用的投资，如总薪酬、福利、调剂费用、办公费用、激励政策成本等；④保障成本，企业在人力资源丧失劳动能力或实用价值后用于保障人力资源的生存权而产生的成本，包括劳动事故、健康、医疗、退休、养老、失业等保障；⑤离职成本，因人员离职而产生的费用，包括离职前低效成本、离职补偿成本和因职位空缺造成损失的空职成本等。

人力资源成本会计与传统会计在对人力资源成本进行处理时，最大的不同在于：传统会计的计量是将人力资源所发生的支出全部记作当期费用处理；而人力资源会计是将支出的一部分在当期进行费用化处理，另一部分则先进行资产化处理，然后在未来各受益期内按照其为企业提供服务所产生的效益进行合理的分摊。具体而言，人力资源的取得成本、开发成本、使用成本和替代成本需要单独计量，其中属于资本性支出的应该予以资产化处理形成企业的资产，并按受益期分摊转化为费用，而属于收益性支出的则作为当期费用处理。例如，企业以支付工资报酬的形式获得了员工自身所拥有的人力资源的使用权，如果使用期限在一年内（聘用的临时工、季度工等），那么所发生的成本（包括取得成本和开发成本，其中开发成本主要指必要的岗前学习或培训）在其使用期内进行摊销，如果金额较小时也可在其发生当期一次性计入管理费用科目。如果使用期在一年或超过一年的一个营业周期以上时，所发生的成本被视为资本性支出，应先进行资产化处理，然后在未来为企业服务的各个受益期内进行合理的摊销。同时，企业支付给员工工资报酬等的支出应计入当期费用，因为这部分支出属于企业的收益性支出。

（二）人力资源价值会计

刘仲文认为，人力资源价值会计是以产出为基础，对人力资源经济价值进行核算的过程。

关于人力资源的价值，不同学者从不同视角提出了各自的观点。例如刘大为认为，人力资源价值包括：①换取价值，企业和劳动者形成雇用关系期间，劳动者可以留下工作，也可以选择离开，在雇用期间，劳动者用自身价值为企业创造利润，来换取基本生活的薪酬回报；②使用价值，企业只在员工的雇用期间，享有使用员工的知识和技能为企业带来收益的权限；③基本价值，员工保障基本生活所付出的价值，也是和企业相互认可的基本价值；④剩余价值，超出基本价值的价值，也是企业所追求的产生利润的部分；⑤个体价值，个人产生的价值，体现在基本工资和个人绩效上；⑥岗位价值，某个岗位整体创造的价值，体现在岗位工资和岗位绩效上；⑦货币价值，用数字来计量的价值；⑧非货币价值，不能用数字来计量的价值。

学者刘寰（2012）从人力资源自身成长发展的时间维度出发，将人力资源价值的构成划分为储备价值、现实价值和预期价值三个部分。储备价值是指人力资源在成长过程中通过家庭教育、学校教育、个人实践与锻炼、岗前培训等所形成的蕴藏于人力资源载体内的价值创造潜力，即前期教育和培训投入总和的贴现。现实价值是指人力资源在当前环境下所反映出的工作绩效及创新、发展能力，通过对人力资源当前工作业绩和能力素质的考察，可以推断其在过去接受教育过程中所掌握知识和技能的情况，也可以预测其在未来可能有的表现和发展程度，对现实价值的评估主要是基于以往的工作业绩和专业技能考试、面试、知识竞赛等所取得的成绩。预期价值是指人力资源在可预见的未来一段时期内所能创造的价值总和，与人员的工作效率、工作能力密切相关。

（三）人力资源投资会计

人力资源投资会计是指为了使作为人力资源载体的现实的和潜在的劳动者掌握必要

的知识、技能，从而提高人力资源素质所进行的投资。例如企业为吸引人才而支付的成本费用，为使员工掌握必要的知识和技能或为提高员工素质所发生的在职培训和脱产培训的支出，在员工保健方面的支出等。因此，人力资源投资的主体可以是国家、社会、企业、家庭和个人。

关于人力资源投资的内容，可以从社会宏观和企业微观两个角度来理解。基于宏观视角，舒尔茨认为人力资源投资的内容包括：①医疗和保健支出；②在职人员脱产、不脱产培训支出；③学校教育支出（学生直接用于初等、中等和高等教育的费用以及学生上学期间所放弃的收入）、企业以外的组织为成年人举办的学习项目；④个人和家庭为适应就业机会的变化而举行的迁移活动的支出。

从微观视角出发，人力资源投资向更多层面发展，如岳慧娟认为人力资源投资包含：①职工招聘投资，企业为招聘所需的人员进行的投资；②职工培训投资，企业对在职人员进行技术培训，以满足企业自身经营需要的投资；③医疗保健投资，医疗保健投资保护的是企业中员工的权益，企业通过这一投资可以取得间接的利益，因为员工的健康是企业一笔不可忽视的财富，同时这一投资还会增强员工对企业的归属感和凝聚力。

（四）人力资源权益会计

在人力资源权益中，"权"指的是人力资源的产权，而"益"指的是人力资源所得报酬，因此两者结合起来就是人力资源的所有者因其产权所得的收益。简言之，一方面把人力资源视为人力资本，承认人力资源与物质资源一样是有价值的经济资源；另一方面是作为人力资源所有者的劳动者与那些物质资源所有者同样享有企业的剩余价值索取权，人力资本作为一种生产要素与物质资本同样参与分配，因此确立人力资源权益可以更好地激励劳动者发挥其价值，也体现了知识经济时代人力资源的地位提升。

栾慧婷指出，在传统的会计处理中存在恒等式：资产＝负债＋所有者权益。而在确立了人力资源权益会计的概念之后，该恒等式可以扩展为：物力资产＋人力资产＝负债＋人力资源权益＋所有者权益。这就表明除物力资产外，还要确认人力资产，最重要的是劳动者能够作为人力资源权益的所有者参与到企业的收益分配中。

第二节　人力资源会计的应用

一、人力资源会计的基本假设

（一）人力资源会计假设

会计假设是对客观实际的合理认定，是企业会计在进行确认、计量和报告时的前提和基础，是对会计核算所处时间、空间环境等所作的合理设定。

人力资源会计仍然属于会计体系的一部分，因此不会脱离传统会计的

假设。但是，人力资源的价值运动规律相比传统的物质资源价值运动规律而言，又有自己独特的一面。例如，企业只拥有一定限度的人力资源的控制权和使用权，而所有权是归属于人力资源的载体，即劳动者；传统的物质资源的价值通常会随着不断使用而降低，而人力资源则具有越用越增值的特点；相比物质资源易于核算和计量，人力资源的价值通常难以精准测量，因为只有当其投入实际生产时才能体现出价值的差异。综上，人力资源的这些特点决定了人力资源会计假设在传统四大会计假设的基础上，还具备一些独有的内容。国内学者高峰对人力资源会计假设相关研究进行了系统的总结和丰富，提出了人力资源会计的会计假设。笔者认为高峰的观点具有一定代表性，下文将对其观点进行详细阐述。

（1）双重主体假设：包括企业主体和人力资源主体。

（2）会计主体的持续经营与人力资源主体的持续成长假设：企业会按照目前的规模与状态持续经营，并且人力资源主体的成长过程是持续不断的，处于不断的学习与锻炼过程中。

（3）会计主体的核算分期假设与人力资源主体的成长分期假设：会计主体的持续经营过程可以人为地划分为长度适当、间隔相等的时间片段。人力资源主体的持续成长同样也具有期间性和阶段性。

（4）双重计量标准假设：人力资源会计的核算对象的成本和收益存在很多不确定性，因此人力资源会计计量标准包括货币计量标准和非货币计量标准两种。

（二）人力资源会计假设与传统会计假设的差异

传统会计的基本假设包括会计主体假设、持续经营假设、会计分期假设和货币计量假设。

（1）传统会计的会计主体假设是指会计核算限制在一个经营或经济上具有相对稳定性和相对独立性的单位之内，一般表现为核算独立的企业。但是，人力资源会计增加了一个人力资源主体，这因为人力资源会计核算的对象是依附于员工主体的，企业只拥有人力资源一定限度的使用权和控制权，实际的所有权仍然属于员工自身。

（2）持续经营假设是假定会计主体会按照既定的目标一直经营下去，不存在破产。人力资源会计同样支持持续经营假设，但另外增加了人力资源主体的持续成长假设，这是因为人力资源主体处于不断的学习与锻炼过程中，其本身的学习能力和所拥有的知识与能力也会出现递增的态势。

（3）会计分期假设是指对会计主体的持续经营过程人为地划分为长度适当、间隔相等的时间片段，一般是以一个月或一年为单位。会计主体核算分期假设与传统会计的会计分期假设一致。但是，考虑到人力资源主体的持续成长具有期间性和阶段性，在时间上体现为不同期间的成本费用和价值增值，而阶段性体现在量上的累积会达到质的突破，员工的素质能力和业务水平会逐渐提高，最终实现创造性的飞跃，因此增加了人力资源主体的成长分期假设。

（4）在传统会计中，各项经济业务都可以以货币形式计量。而人力资源会计的核算对象的成本和收益存在很多不确定性，所以有两套计量标准，即货币计量标准和非货币计量标准。货币计量标准假设考虑的是人力资源会计核算中的确定部分，即具有可以以货币计量的支出与收益。非货币计量标准假设考虑的则是人力资源会计核算中一些无法进行确切货币计量的部分，对于这部分业务可以采取比较模糊的计量模式，如对每一个人力资源主体的素质、智力、能力与绩效结构四个方面进行合理的评价与考虑，以有效判断企业拥有的人力资源的价值增值潜力。

二、人力资源会计的确认

围绕"人力资本能否确认和如何确认"这两个问题，学者对人力资源的会计确认问题展开讨论，并形成了以下两种不同的观点。

（一）人力资本"不可确认"论

持这种观点的学者认为，人力资源具有不可确认的性质，所以不该归属于"资产"。这是因为人力资本未来的收益具有较强的不确定性。如 Kieso 指出人力资源和其他资本的估值程序不同，也难以证明它符合资产的定义条件，所以不应该将其作为资产进行计量。Mayo 认为人力资本能否计量需要解释两个问题：其一，根据人力资本理论是否可以提出计量的可行性；其二，人力资本的提倡者要阐明如何量化他们的理论观念，如何表明计量方法与其他的相关理论相一致。如果以上问题解决不了，那么人力资本计量就无法真实说明人力资本价值的影响因素。最后，人力资本的资产化还可能导致人的价值货币化，这违背了人的尊严与社会属性。

（二）人力资本"可确认"论

持该观点的学者认为人力资源是可以确认的。根据我国《企业会计准则》对资产的定义，即企业所拥有或者控制的能以货币计量的经济资源，包括各种财产、债权和其他权利，可知资产的确认应该具备 3 个条件：①资产的会计确认必须为企业所拥有和控制；②能够给企业带来未来的经济利益；③其价值必须能可靠计量。人力资源会计无疑是满足确认为资产的 2 项条件的：首先，人力资源的控制权在与企业签订劳动合同后转到企业；其次，人力资源能够交易，本身就已经说明人力资源是可以计量的。但是关于人力资本确认的方式，学者又从不同的角度提出了各自的观点。

1. 确认为资产

第一种观点是人力资本可以进行确认，且应归属于资产项目。例如学者张璐认为，人力资源的使用能够为企业创造更大的价值，带来更多的经济利益的流入，而在劳务合同期限内，人力资源事实上是为企业所控制，因而其创造的价值也应为企业所拥有。因此，人力资源是符合资产的本质特征的，应作为一项资产予以确认。

2. 确认为资产、成本或费用

仅仅将人力资源等同于资产，这显然不符合现代企业人力资源的分布情况，也无法满足信息使用者的实际需要。物质资产有流动资产与非流动资产之分，企业内的人力资产也有临时工与长期雇员之分，以及生产部门人力资产、管理部门人力资产、销售部门人力资产之分。于是一部分学者提出另一种观点：根据企业对人力资源控制权的强弱来选择将不同类型的人力资源确认为成本、费用或资产项目。

李华军指出，企业的人力资源可以分为通用型人力资源和专用型人力资源两类，企业会分别与两种人力资源签订市场型劳务合同和关系型劳动合同。这样就使得企业对这两类人力资源的控制权会有所差异，其中关系型劳动合同的控制权最强，因此专用型人力资源也就符合作为企业资产的条件，可以确认为一项资产，而企业对通用型人力资源的控制权稍弱，在会计上也就不应确认为企业的资产，而是作为企业当期"零售"的人力资源予以成本化或费用化。此外，已资产化的专用型人力资源还涉及后续的确认：分期摊销以及合同期内发生贬值需要计提相应减值准备的问题。

王跃武基本支持李华军的观点，但他认为应根据公司产权差异设置不同的会计账目。首先，对于企业控制权较强的人力资源（连续3年能够为企业服务），一方面要将其确认为企业的"人力资产"，且新设"实收资本－人力资本"（合伙制企业）或"股本－人力股"（公司制企业）账户确认权益；另一方面，这些人力资源的所有者会参与企业的利润分配，所以还需设置"利润分配－计提分享份额"（合伙制企业）或"利润分配－计提人力股股利"（公司制企业）账户来加以反映。而对于控制力较弱的人力资源，则不能视为组织人力资产的人力资源，可以进行费用化处理。此外，王跃武还提出可以设置"其他人力资源"这样的表外账户来反映企业以租赁式交易投入生产经营过程的人力资源的价值变化，以及设置"潜在人力资产"账户来反映企业拟长期或特殊聘用的员工的产权和价值的变化，待企业正式确认为"人力资产"时再从该账户转出。

3. 确认为资产、权益和负债

刘颖婷认为，人力资本这种稀缺要素的所有者在让渡其劳动的同时，应该获得在企业边界内的固定权益和企业剩余权益。于是，企业在取得人力资源时，一方面需要确认为一项资产，另一方面需要确认为一项权益和一项负债。具体如下。

初始确认：

借：无形资产——人力资源。

　　贷：长期应付款——吸收人力资源应付款。

　　　　银行存款

后续确认：

（定期摊销）

借：长期应付款——吸收人力资源应付款

　　贷：应付职工薪酬。

借：生产成本。

　　贷：无形资产——人力资源。

（员工培训）

借：无形资产——人力资源。

　　贷：银行存款

三、人力资源会计的计量

（一）计量方法的对比

人力资源会计是以"人力资产"为核算对象。但是，每个人的工作经验、知识结构体系等方面又存在极大的差异，因此如何对"人力资产"进行准确计量就成了人力资源会计研究的重点。学者们基于不同的视角提出了多种计量方法，这些观点大致可以分为两类：货币性计量和非货币性计量。以下对两类计量模式做简要列举和对比，见表3-1。

表3-1 人力资源会计计量方法

货币性计量	人力资源成本计量	历史成本法	
		重置成本法	
		机会成本法	
	人力资源价值计量	群体价值计量	非购入商誉法
			经济价值法
			未来净资产折现法
		个体价值计量	未来薪酬折现法
			调整的未来薪酬折现法
			未来收益折现法
			随机报酬法
非货币性计量	人力资源价值计量	绩效评估法	
		模糊计量法	

1. 历史成本法

历史成本法是以人力资源的取得、开发、安置、遣散等实际支出（即历史成本）为依据，按历史成本的原则进行资本化的计价方法。

优点：客观、实用，易于操作，具有可验证性。

缺点：①违背资产定义的实质（未来的经济利益）；②将人力资源成本作为一项"费用"，不能从根本上揭示人力资本的真正成本；③企业市场价值和账面价值有很大的差异，而人力资源不恰当的计量也将导致大量的企业价值信息被隐匿。

2. 重置成本法

重置成本是对某一岗位上的新员工进行重新招聘、雇用、培训和开发，使其达到既定水平所产生的全部费用。重置成本涉及两个概念：一是由现有雇员离去导致的离职成本，二是取得、开发替代者的成本。

优点：能够很好地用现有的市场价值重新计算原有人力资源的成本。

缺点：①企业所认可的某个雇员的价值可能比其相关的重置成本要高得多；②管理型人力资源由于稀缺性和非同质性，并不存在等同替代者；③难以估计在雇员之间完全替代的成本,而且不同的管理人员也许会得出差异很大的估计。

3. 机会成本法

机会成本法是以企业员工离职使企业蒙受的经济损失为依据进行计量的计价方法。

优点:①机会成本法对管理决策具有重要的参考价值,因为它用人力资源的损失来说明人力资源对企业的重要性;②机会成本比较接近人力资源的实际经济价值,能正确估计人力资源成本。

缺点:①可靠性不强,人力资源的机会成本既不代表企业的投入成本,又不代表人力资源的创造价值,脱离了传统会计模式;②计量带有一定的主观性;③核算工作量繁重。

4. 非购入商誉法

非购入商誉法最早由赫曼森提出,他认为企业过去若干年累计超过同行业平均收益的一部分或全部都可看成人力资源的贡献。用公式可以表示为

$$人力资源价值 = \frac{本企业实际净收益(净利润)}{行业投资报酬(利润)率} - 企业总资产$$

该公式表明,将行业投资报酬率与本企业实现的净收益相比所折算的资产,与企业实际占用资产之间的差额,就是人力资源的价值。

优点:不存在对未来收益估计带来的不确定性,更加客观。

缺点:如果企业的实际利润等于或低于同行业正常利润,则该企业人力资源就没有价值或为负价值,显然违背了人力资源是一种重要的经济资源的原理。

5. 经济价值法

经济价值法将企业未来各期的盈余折算为现值,然后按照人力资源投资占企业全部投资额的比例,将盈余现值总额的一部分计为人力资源价值。经济价值法首先需要预计未来各期的盈余数 e,然后计算未来盈余的现值总额 E:

$$E = \sum_{t=1}^{n} \frac{e_t}{(1+i)^t}$$

在得出 E 的数额后,可以计算出人力资源投资占全部投资的比例 R,人力资源的价值 $V = ER$。

优点:①采用未来盈余作为计量人力资源价值的基础比较符合价值的定义;②把全部盈余作为计量的基础,比非购入商誉法更加全面。

6. 未来净资产折现法

刘明辉在1996年出版的《走向21世纪的现代会计(中)》一书中对经济价值法进行了改造,提出了一种计算人力资源群体价值的"未来净值折现法"。具体计算公式如下:

$$V = \sum_{t=1}^{n} = \frac{V_t + M_t}{(1+r)^t}$$

式中,V_t 和 M_t 分别表示第 t 年该人力资源群体的必要劳动和剩余劳动所创造的价值,$V_t + M_t$ 即为第 t 年的预计净产值,r 为贴现率。如果可以预测 V_t 和 M_t 的平均增长速

度，则上述公式可以修正为

$$V = \sum_{t=1}^{n} \frac{V_0(1+g_1)^t + M_0(1+g_2)^t}{(1+r)^t}$$

式中，V_0 和 M_0 为现实年度该人力资源群体的必要劳动和剩余劳动所创造的价值，具体表现为工资总额和利润总额，g_1 和 g_2 表示人力资源群体的必要劳动和剩余劳动创造价值的增长率。

优点：既考虑了净收益又考虑了工资，以净产值代替净收益来反映人力资源的价值。

缺点：将全部净产值归于人力资源价值，有可能夸大了人力资源价值。

7. 未来薪酬折现法

巴鲁克·列夫和阿巴·施瓦茨于1971年发表了《论人力资源的经济概念在财务报告中的应用》，在此文中提出职工未来收益折现模式，他们认为一个职工的人力资源价值应该是将一个职工从录用起到退休或死亡为止预计会支付的报酬，按一定的折现率折成现值。具体计算公式如下：

$$V_n = \sum_{t=n}^{T} \frac{I(t)}{(1+r)^{t-n}}$$

式中，n 是员工为企业工作的时间，V_n 就是 n 年工龄职工的人力资源价值，$I(t)$ 代表该职工在退休前第 t 年度的预计收入，r 为适用于该职工的收益折现率，T 为退休年龄。

优点：计算简单。

缺点：①该方法以工资报酬作为计量基础，但人力资源的实际价值有与其背离的可能；②当企业的人员流动性较大时，具体的期限难以得到正确的估计；③贴现率更像是一个主观上的选择，但其却是影响人力资源价值最重要的因素。

8. 调整的未来薪酬折现法

考虑到不同企业之间的盈利水平和人力资源的素质差异，有必要通过对员工未来薪酬的现值乘上一个效率系数来进行平衡，这个效率系数主要反映企业盈利水平和本行业平均水平之间的差异。计算公式如下：

$$V(C_n) = \sum_{i=n}^{T} P_n(t+1) \sum_{i=n}^{t} \frac{S_i}{(1+r)^{t-n}}$$

式中，$V(C_n)$ 表示一个年龄为 n 的职工在未来 T 年的人力资源预期价值的现值，$P_n(t+1)$ 为该职工在第 $t+1$ 年离开企业的概率，S_i 指的是职工在第 i 个年度的平均工资函数，r 为折现率，T 为员工离开企业的实际年龄。

该方法是在未来薪酬折现法的基础上进行改进，但其仍以工资为计量基础，倘若企业的盈利水平超过同行业平均水平，计算结果将大于未来薪酬折现法的结果，高估人力资源的价值；相反，计算结果将低于未来薪酬折现法计算的结果，低估人力资源的价值。

9. 未来收益折现法

未来收益折现法又可称为随机报酬模型，最早由弗兰霍尔茨于1971年提出，他认为在评价个人对组织的价值时,需要预计个人为组织提供服务的时间期限,确定这个人可能处于的服务状态,估计这个人在未来特定时期内处在某种服务状态的概率,以及计量这个人在特定期间内处于某种状态时组织可获得的价值。具体计算公式如下:

$$V = \sum_{i=1}^{T} \frac{\sum S_i P(S_i)}{(1+r)^i}$$

式中,S_i 表示第 i 种状态下预期服务的货币表现,$P(S_i)$ 表示职工处在 S_i 状态下的概率,r 为折现率。

优点:既考虑到职工在组织内各种服务状态之间的变动情况,又考虑到职工离职的可能性,使得人力资源价值的计量更加客观。

缺点:①未把人力资源的交换价值全部释放出来,造成了实际上的低估;②其中的未来净收益具有明显不确定性,是个预测值或估计值。

10. 绩效评估法

非货币性计量主要是以人力资源的才干、能力来判断其在企业中的价值,更加偏向于按主观预测和经验判断来计量。绩效评估法是指应用一定的比率、评分或测试卡等方法对人力资源价值进行衡量、比较,以提供与人力资源管理相关的信息。

11. 模糊计量法

闫萍对该方法的具体计算步骤进行了总结:①要素分解,确定人力资源价值货币表现方法需要测评的特征要素;②权数确定,根据各个特征要素对人力资源价值影响的重要性程度确定它们的加权系数;③评定计分,各个特征要素的重要性不同,应根据它们对人力资源价值影响的主次关系确定它们的加权系数;④分值计量,对考评人员的评定结果进行等级分配率统计,并运用模糊矩阵运算,计算出其分值;⑤隶属度计算,根据计算的分值,确定其隶属度。

(二) 计量方法的选择

学者李秀枝和张亚杰指出,不同质的人力资源在创造企业价值时做出的贡献是有差异的,而导致人力资源不同质的主要原因在于其天赋和后天努力的程度存在差异,因此在对人力资源进行会计计量时,不能对所有的人力资源一概而论。试图找到一种适用于不同情形和各种人力资源的计量方法是不现实的,根据其特点选用不同的计量方法才能更好地对各种人力资源的成本和价值进行较为准确和公允的反映。

学者郭晓晓将人力资源的会计计量过程划分为初始计量、后续计量、终止计量3个阶段,将企业的人力资源分为生产作业型人力资源、技术科研型人力资源和管理决策型人力资源3类,在此基础上对计量方法的使用展开讨论。以下针对人力资源成本和价值核算的初始计量、后续计量、终止计量三个阶段,以及不同类型的人力资源所对应的计量方法进行简述。

1. 人力资源成本计量

表 3-2 为人力资源成本计量。

表 3-2 人力资源成本计量

计量阶段	计量内容	员工类型		计量方法
初始计量	(1) 企业为其岗位招募合适的人力资源所花费的成本； (2) 由于人力资源发生退休、离职、死亡等原因造成的人力资源的退出需招募新员工进行替代而发生的人力资本替换成本	生产作业型人力资源	外部招聘	历史成本法
			内部选拔	重置成本法
		技术科研型人力资源	外部招聘	历史成本法
			内部选拔	重置成本法
		管理决策型人力资源	外部招聘	机会成本法
			内部选拔	重置成本法
后续计量	对企业已经录用的人力资源后续追加投入的成本	生产作业型人力资源		历史成本法
		技术科研型人力资源		历史成本＋机会成本＋公允价值
		管理决策型人力资源		历史成本＋机会成本＋公允价值
终止计量	(1) 合约期满、退休、员工单方面解约、员工出现重大过错等情形，企业无须承担退出成本，即无须进行成本终止计量； (2) 员工非因工死亡、员工患重病、员工无过错企业单方面解约、内退、因公致伤/残等，企业需按相关规定给予员工补偿	生产作业型人力资源		历史成本法
		技术科研型人力资源		重置成本法
		管理决策型人力资源		机会成本法

(1) 初始计量阶段。

①生产作业型人力资源：对于外部招聘形成的生产作业型人力资源，对其成本进行计量就是对企业所支出的取得、开发和安置这部分人力资源的花费进行加总计算，因此采用历史成本法较为适合。而对于内部选拔形成的生产作业型人力资源，此时的人力资源初始成本是调入岗位的企业生产作业型人力资源在初始计量时的历史成本的折现值以及企业当期支付给原有人力资产的离职成本之和，因此采用重置成本法更佳。

②技术科研型人力资源：在核算其初始成本时与上述生产作业型人力资源的核算内容和方法相似。

③管理决策型人力资源：管理决策型人力资源对企业未来的发展会产生直接的影响，因此在对其进行初始计量时，如仅采用历史成本法会出现低估成本的情形，拉大人力资源成本与其实际价值的距离，反而不能全面反映企业为换取管理决策型人力资源而付出的成本；生产作业型和技术科研型人力资源都有可能被调入管理决策岗位，在这种情形下重置成本法依然适用。

(2) 后续计量阶段。

①生产作业型人力资源：后续的成本主要包括支付员工的工资薪酬和组织员工进行在职培训发生的成本。选用历史成本法将当年向生产作业型人力资源支付的工薪和应计

入当期损失的那部分培训支出相加,能够如实对企业生产作业型人力资源成本的后续支出进行计量,保证计量结果的真实性。

②技术科研型人力资源:技术科研型人力资源后续发生的成本包括工资薪酬、对其进行的绩效激励以及企业提供在职培训或脱产培训而发生的支出。对于工资和员工在职培训的支出同样可以采用历史成本法进行计量,但如果员工参与脱产培训,则应使用机会成本法进行计量更为恰当。此外,企业往往会采用多种绩效激励机制来吸引和留住人才,具体采用的方法有股权激励、分红、奖金等。当企业在对绩效激励进行成本计量时,应对不同的激励方式采用不同的方法,若企业采用分红、奖金等现金形式激励,采用历史成本法对企业付出的成本进行如实地反映是最合适的;若企业采用股权激励的方式,则可以按股票的公允价值对激励成本进行计量。由此可见,技术科研型人力资源的成本应该是相关的历史成本、机会成本与公允价值之和。

③管理决策型人力资源:与上述技术科研型人力资源的成本核算模式类似。

(3)终止计量阶段。

①生产作业型人力资源:生产作业型人力资源之间的替代性很强,如果这类员工退出,并不会对企业造成很大影响,因为企业能够很轻松地招聘到近乎一致的替代者,因此企业只需对其退出企业时需要支付的经济补偿金进行计量,这时可以采用历史成本法将企业应支付给员工的各项补偿相加计入当期损失。

②技术科研型人力资源:这类员工创造了企业的核心竞争力,具有很强的不可替代性,他们如果离职不但可能造成企业遣散成本增加,而且需要为重新招聘和培养替代者付出更多成本。因此,可以采用重置成本法对技术科研型人力资源退出企业的成本进行计量,以切实计量在现实物价水平下,对企业这部分技术科研型人力资源重新取得、开发、培训等需要发生的全部费用支出。

③管理决策型人力资源:管理决策型员工的离职会导致企业的所有者花费时间精力、物力和财力寻找新的管理决策型员工对其离职进行替代,还需要弥补管理者在离职前由于工作成绩的下降和离职后职位空缺而导致企业经济利益的损失。因此,在对这种类型的人力资源进行终止计量时可以使用机会成本法,即以经营管理型人力资源的离职使企业蒙受的经济损失为依据进行会计终止计量。

2. 人力资源价值计量

表3-3为人力资源价值计量。

表3-3 人力资源价值计量

计量阶段	计量内容	员工类型	计量方法
初始计量	(1)作为人力资源载体的个体对其本身蕴含的能力和智力有自身的价值判定; (2)外界对其价值大小的估计和认可	生产作业型人力资源	调整后的未来薪酬折现法
		技术科研型人力资源	经济价值法
		管理决策型人力资源	非购入商誉法

续表3-3

计量阶段	计量内容	员工类型	计量方法
后续计量	反映后续人力资源价值的变动情况。 人力资源价值降低： （1）将人力资源的价值在一定年限内予以摊销计入当期的成本或费用，切实反映其剩余价值； （2）由外部原因导致人力资源的市场价值低于账面价值时，应在期末对其计提减值准备 人力资源价值提升： 开展有针对性的培训	生产作业型人力资源	调整后的未来薪酬折现法
		技术科研型人力资源	经济价值法
		管理决策型人力资源	非购入商誉法
终止计量	员工离职导致企业的损失更多反映在这部分人力资源的价值无法继续为企业服务而导致的收益减少和企业价值降低，并非退出导致企业支出的增加	生产作业型人力资源	调整后的未来薪酬折现法
		技术科研型人力资源	当期价值法
		管理决策型人力资源	非购入商誉法

（1）初始计量阶段。

①生产作业型人力资源：生产作业型人力资源从事的是企业中最基本的生产活动，他们具备生产岗位所需的基本专业知识即可，因此他们个体之间的差异并不大，无须对每一个员工的价值进行单独计量，采用群体价值计量方法对整体进行测算就可以，将生产作业型人力资源在企业服务期限内的工资报酬加以调整和折现。

②技术科研型人力资源：技术科研型人力资源的主要贡献在于以创新推动企业的发展，尤其对于高新技术类企业人力资源的价值是关系到企业生存和发展的首要因素。然而企业技术的创新通常是全体科研人员集体智慧的结晶而非个人独自努力的结果，因此采用群体价值计量方法比较恰当，可以选用经济价值法对企业中的技术科研型人力资源在其服务期限内所实现的收益的预测值加以估计，按人力资源投资率计算出归属于这部分人力资源投资实现的部分，再对其结果进行折现，将它的现值作为技术科研型人力资源的初始价值。

③管理决策型人力资源：管理决策型人力资源为企业做出的贡献取决于全体员工的总产出。将企业在管理决策型人力资源的服务期限内预期超过同行业平均盈利的部分，按照人力资源投资额在总投资额中的比例，在人力资产和非人力资产之间加以分配，将归属人力资产的部分去掉生产作业型人力资产和技术科研型人力资产拥有的份额，剩余的就可以归属于管理决策型人力资产，而这部分价值就可作为管理决策型人力资源价值的初始计量金额。

（2）后续计量阶段。

①生产作业型人力资源：首先，生产作业型人力资源的初始价值在其就职于企业的年限中会分摊到每一年。分摊的思路有两种：其一是同初始计量相同，采用调整

后的未来工资报酬折现法对其未来服务期限内的工资报酬予以调整和折现，计量结果与初始价值计量结果的差额就是当期应摊销的价值，这种方法的缺陷在于忽略了经济发展导致薪酬水平的提高，进而使当期价值摊销额比实际的情况小，企业计入成本的数额偏小；其二是对生产作业型人力资源在当期创造的新价值与初始价值的差作为剩余价值在年后予以摊销。第二种方法的问题在于随着薪酬的提升，可能会出现初始价值提前摊销完毕，进而使得剩余价值的计量越来越不准确。因此，采用调整后的未来工资报酬折现法更为适合。其次，若企业当年为生产作业型员工投入资金进行了在职培训等相关课程，则还应计量增加了的人力资源价值，对此可以使用经济价值法进行计量，即年终时生产作业型人力资源的价值就等于上年末的价值减去本年摊销的金额再加上新增的价值。

②技术科研型人力资源：技术科研型人力资源的价值主要体现在其创意和构想等方面，在于其满足消费者的需求并将构想和创意变为实物的能力。因此，除了在每个期末对技术科研型人力资源的剩余价值进行摊销，还需考虑科技发展、消费者偏好变化等外部因素导致技术科研型人力资源的市场价值低于账面价值的情况，这时就需要在期末计提减值准备。对于该类型人力资源，在初始计量时采用的是经济价值法，而到期末时同样可以采取该方法对到期消耗的价值进行计量，即应对这部分人力资产从下一期开始至合同期满这段时期预计企业实现收益按人力资源投资率计算出的属于人力资源投资实现的部分的现值作为技术科研型人力资源的剩余价值，并将初始价值或上一期期末剩余价值与本期期末计算的剩余价值的差作为摊销金额予以摊销。此外，对于培训带来的人力资源价值提升，同样可以使用经济价值法对这部分价值增值进行计量。

③管理决策型人力资源：管理决策型人力资源的价值会随着时间流逝、管理经验积累和参与学习培训而提高。因此，不必在期末对管理决策型人力资源的价值进行摊销。此外，考虑到管理决策型人力资源创造价值是通过全体劳动者实现的，于是在会计期末对管理决策型人力资源的价值进行后续计量时，仍应立足于其在企业剩余服务期限内能通过企业其余人力资源为企业带来的价值量，所以采用非购入商誉法对后续价值进行积累会比较合适。

（3）终止计量阶段。

①生产作业型人力资源：在企业能够预计到人力资源退出企业的情形中（如合约期满、退休），生产作业型人力资源的初始价值已经在其合约期内摊销完毕了，因此只需在会计上终止确认即可。但是当企业不能预计员工会退出企业时，可能会出现人力资源价值尚未消耗完，还有剩余价值的情况。因此，需要对这部分生产作业型人力资源在会计终止确认时的价值进行计量并最终确认为损失。在终止确认这部分人力资产时，他们就无法再为企业服务了，因此要将剩余价值减至零。对这部分人力资产剩余价值计量时需要将其初始价值减去在其退出企业之前每个年度消耗的价值来计量，如果人力资源离职时未满一个会计年度，则应先按调整后的未来工资报酬法计算出本年离职前已消耗的价值，再将剩余价值计入损失。

②技术科研型人力资源：若企业能预计员工的退出，则只需在会计上进行终止确认，但当企业无法预计员工的退出时，则会给企业带来很大的损失，这时可以采用当期

价值计量法对技术科研型人力资源在企业最后转移的价值进行计量,剩余价值与这部分价值之差就是企业技术科研型人力资源退出企业时应计入损失的那部分价值。若差为负,则不确认价值的损失。

③管理决策型人力资源:管理决策型人力资源的账面价值是其初始计量时的价值与后续计量时发生减值的部分的差额。无论管理决策型人力资源退出企业的情形企业能否预期,这部分人力资源的价值都是大于零的。管理决策型人力资源退出企业后就无法继续为企业服务,因此,企业应在这类人力资源退出企业时,将其账面剩余价值计入损失。

(三)人力资源会计的记录

1. 人力资源会计账户设置

尽管相较于人力资源会计计量模式,各国学者关于人力资源会计账户体系的设置的研究相对较少,但大致可以分为基于两种核算模式(费用化核算模式、资本化核算模式)的人力资源会计账户体系设置。

(1)基于费用化核算模式的账户设置。

首先将人力资源成本确认为五个成本项目(取得成本、开发成本、使用成本、保障成本、离职成本),然后按照会计准则费用化的要求,将归集的人力资源成本项目分别分配到相关的成本项目。

①"人力资源取得成本"账户。这个成本账户的设置主要是用来归集企业在获取人力资源时发生的成本支出费用和在分配取得成本时转出的数额,在归集取得成本的支出时是计入该账户的借方,而分配取得成本时是从贷方再转入相关的成本费用账户,在分配的过程中余额一般在借方,表示暂时没有摊销的数额。

②"人力资源开发成本"账户。设置该账户的主要目的是归集开发人力资源时发生的支出费用,在发生时计入该账户的借方,而该账户的贷方是用来将归集的人力资源开发成本转入相关成本费用账户,期末余额在借方。

③"人力资源使用成本"账户。该账户的设置是用来记录归集的人力资源使用时发生的一系列支出费用,在发生时通过账户的借方来归集发生额,但是由于使用成本一般是按月计发的,所以该账户也是按月记录,在分配人力资源的使用成本时,再由该账户的贷方转入相关的成本费用账户,该账户期末一般不会有余额。

④"人力资源保障成本"账户。该账户是在每月预提人力资源的保障支出时用来归集和分配其发生额的一个账户,发生时计入账户的借方,再将归集的成本支出从账户贷方转出,账户期末一般没有余额,全部归集到相关成本费用账户。

⑤"人力资源离职成本"账户。该账户的设置是为了归集人力资源离职成本的各项支出,借方用来归集发生额,贷方是在分配成本费用时的转出额,该账户期末余额一般在借方。

(2)基于资本化核算模式的账户设置。

人力资源成本会计资本化核算模式是将人力资源的全部支出视为一种投资,即将人力资源的各个成本项目全部资本化并计入"人力资产"账户,这种方法的优点是能够一目了然地了解企业对人力资产的投资数额和累计数额,便于考核企业的人力资产投资收益比。

①首先按照人力资源的成本项目应设置人力资源取得成本、人力资源开发成本、人力资源使用成本、人力资源保障成本、人力资源离职成本五个总账账户，这五个账户分别有两个功能，即成本归集功能和资产化功能。

人力资源取得成本的成本归集功能是指该账户归集企业取得人力资源时发生的成本费用。资产化功能是指将归集的人力资源取得成本予以资产化。归集成本费用是通过该账户的借方来完成，资产化功能是通过该账户的贷方转入"人力资产"账户这个过程来完成。期末借方一般会有余额，表示暂时没有转入人力资产账户的数额。为了详细反映企业为了取得人力资源所发生的投资明细，可以设置取得成本明细账。

人力资源开发成本的一个功能是归集企业在培训员工时发生的成本费用，另一个功能是将归集的开发成本资产化，即将归集的人力资源培训时的成本进一步资产化。归集成本费用是通过该账户的借方来完成，资产化功能是通过该账户的贷方将开发成本转入"人力资产"账户这个过程来完成。期末借方一般会有余额，表示暂时没有转入人力资产账户的开发成本的数额，也可根据投资明细设置明细账。

人力资源使用成本的一个功能是归集企业在使用人力资源时发生的工资福利费用等支出，另一个功能是将归集的使用成本资产化，即将归集的工资福利费用等支出进一步资产化。归集成本费用是通过该账户的借方来完成，资产化功能是通过该账户的贷方将使用成本转入"人力资产"账户这个过程来完成，由于使用成本一般按月计发，期末一般无余额。该账户也可根据投资明细设置明细账。

人力资源保障成本的一个功能是归集预提养老金和养老保险时发生的成本费用，另一个功能是资产化，即将预提的人力资源保障支出进一步资产化。归集成本费用是通过该账户的借方来完成，资产化功能是通过该账户的贷方将保障成本转入"人力资产"账户这个过程来完成。由于保障支出一般是按月计提，所以该账户期末一般无余额。该账户也可根据投资明细设置明细账。

人力资源离职成本的一个功能是归集企业补偿给离职员工的补偿费用或者是收到辞职员工的违约金等费用，如果是补偿金就应该通过该账户的借方来反映，如果是违约金则计入该账户的贷方；另一个功能是将归集的开发成本资产化，即将归集的离职成本进一步资产化，资产化功能是通过该账户的贷方将离职成本转入"人力资产"账户这个过程来完成。期末借方一般会有余额，表示暂时没有转入人力资产账户的离职成本的数额。该账户也可根据投资明细设置明细账。

②"人力资产"总账账户。"人力资产"账户是资产类账户，用于反映人力资源的取得、开发、使用、保障和离职等方面的投资引起的人力资产增减变化情况。人力资产增加数记入借方，反映人力资源各成本项目资产化数额的增加数；贷方只有在员工退出企业时才会有发生额，一方面用来冲销摊销数额，另一方面用来抵减未摊销数额。

③"人力资产摊销"账户。该账户贷方用来记录摊销期间将人力资产摊销到基本生产、制造费用等成本费用的每期摊销额；借方平时没有发生额，只有在员工退出企业时冲减已经摊销的人力资产数额。

④"人力资产损益"账户。该账户的借方主要是归集在员工退出企业时没有摊销完毕的由人力资产账户转入的数额，如果存在人力资产多摊销的情况，则记入该账户的贷

方,最后将贷方数额转入本年利润账户,该账户期末没有余额。

2. 人力资源会计的账务程序设计

(1) 基于费用化核算模式的账务处理程序。

①企业将每月职工的工资和预提福利费用等相关使用成本支出、保障成本支出,以及人力资源离职支出,分别计入人力资源成本的相关成本费用账户,用来反映人力资源成本的总体支出情况。其账务处理如下:

借:人力资源成本——取得成本
　　　　——开发成本
　　　　——使用成本
　　　　——保障成本
　　　　——离职成本
　　　贷:银行存款
应付职工薪酬等

②将归集的人力资源成本在发生时按照会计准则的分配要求再分别计入相关的"生产成本""制造费用""管理费用"等相关账户,其账务处理如下:

借:生产成本——人力资源费用
制造费用——人力资源费用
管理费用——人力资源费用
　　　贷:人力资源成本——取得成本
　　　　——开发成本
　　　　——使用成本
　　　　——保障成本
　　　　——离职成本

总的来看,基于费用化核算模式的账务处理程序相对简单,它是在严格按照当前会计准则要求的基础上对账务核算程序的一个小小的调整,增加了人力资源成本会计核算的相关信息,具体的账务处理程序如图3-1所示。

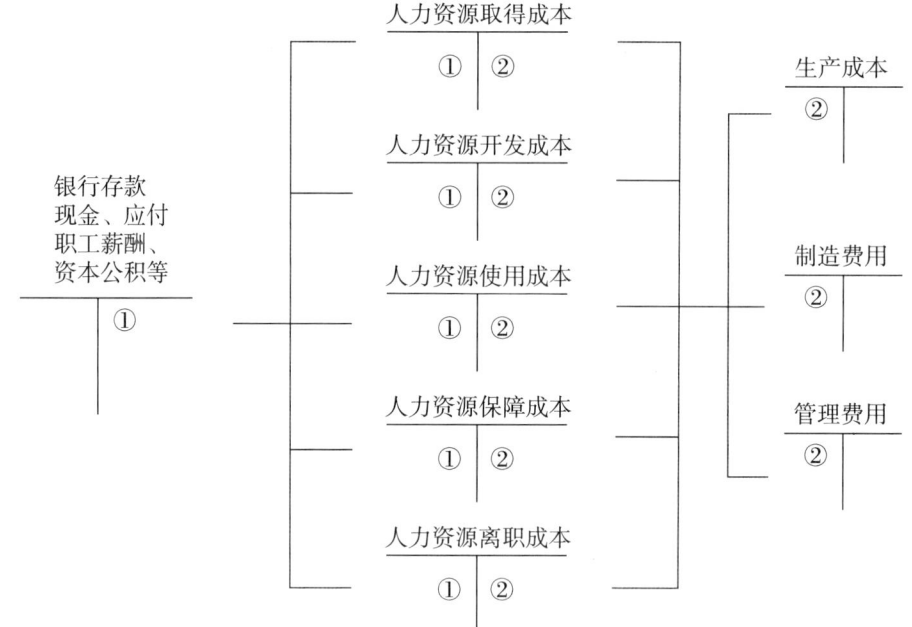

图 3-1 基于费用化核算模式的人力资源成本会计账务处理程序

（2）基于资本化核算模式的账务处理程序。

①核算人力资源的取得成本、开发成本、使用成本、保障成本、离职成本，具体可作如下分录。

借：人力资源成本——取得成本
　　　　　　　　——开发成本
　　　　　　　　——使用成本
　　　　　　　　——保障成本
　　　　　　　　——离职成本
　　贷：银行存款
应付职工薪酬等

②期末结转人力资源成本时可作如下分录。

借：人力资产
　　贷：人力资源成本——取得成本（不定期）
　　　　　　　　——开发成本（不定期）
　　　　　　　　——使用成本（每月）
　　　　　　　　——保障成本（每月）
　　　　　　　　——离职成本（不定期）

③每月摊销人力资产成本时，需要将本期应分摊人力资产记入相关的生产成本和费用账户。

借：生产成本
制造费用

管理费用
　　贷：人力资源摊销

④期末注销人力资产已摊销数额和人力资产的原入账价值，对于人力资产的未摊销数额或者多摊销数额应该转入人力资产损益账户。具体会计分录如下。

当期末存在未摊销完的数额时：
借：人力资产摊销（已摊销）
　　人力资产损益（未摊销）
　　贷：人力资产（原值）

当期末存在多摊销数额时：
借：人力资产摊销（已摊销）
　　贷：人力资产（原值）
　　　　人力资产损益（多摊销）

相较于基于费用化的账务处理程序，基于资产化核算模式的账务处理程序设置有利于企业更全面地考察人力资源成本的投资情况和分配使用情况。具体的账务处理程序如图 3-2 所示（人力资产未摊销完毕的情况）。

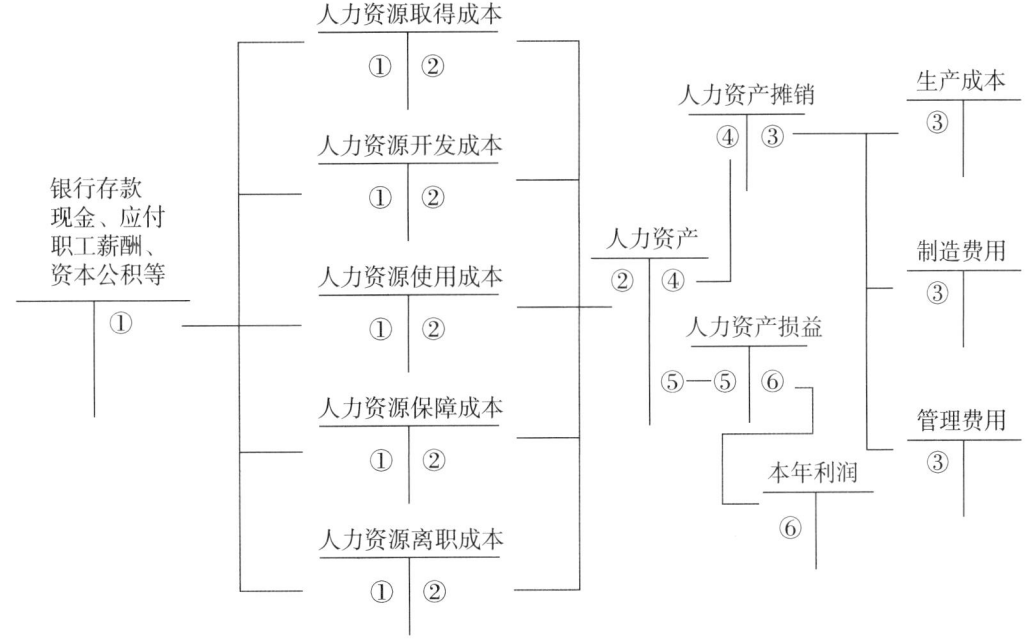

图 3-2　基于资本化核算模式的人力资源成本会计账务处理程序

四、人力资源会计信息的披露

人力资源会计存在的目的是满足信息使用者对人力资源会计信息的需求，帮助信息使用者全面了解企业的人力资源状况，进而做出正确的决策。可以说，人力资源会计的应用有利于避免企业管理者的短期行为，也有利于国家进行宏观调控，提高人力资源的投资效益。因此，对人力资源会计信息进行披露是非常有必要的。

（一）披露的内容

1. 人力资源价值信息的披露

人力资源价值按人力资源载体运用自身能力为企业所创造价值的外在表现分为补偿价值和剩余价值两部分。补偿价值是支付给劳动者的工资报酬，剩余价值是劳动者的剩余劳动所创造的价值，人力资源的使用价值就是二者之和。此处人力资源价值信息披露的重点内容包括计量的方法、计量的结果等。

2. 人力资源成本信息的披露

人力资源成本是企业在取得和开发人力资源时所发生的支出。需要披露的内容包括人力资源的取得成本、开发成本、使用成本、离职成本等信息。

3. 人力资源权益信息的披露

企业员工作为人力资源的所有者而享有的参与企业收益分配的相应权益就是人力资源权益。需要披露的内容包括企业人力资产、应付人力资源固定补偿价值（企业为人力资源所有者支付的固定补偿额）、人力资本和人力资源参与企业收益分配等方面的信息。

4. 人力资源其他信息的披露

人力资源的其他信息主要指非财务信息，但并非所有的非财务信息都有必要披露，只需要对那些影响使用者进行决策的关键信息加以披露即可。其内容主要包括以下几点：

（1）董事、监事、高级管理人员及公司重要员工的基本情况、工作经历、薪酬、关联关系、股权转让、人员变动情况及在其他单位的兼职情况。

（2）公司员工的数量、构成（包括学历、专业、职称和年龄构成）及基本工资。

（3）公司人力资源流失的风险及对公司未来发展的影响。

（4）人力资源的开发、利用情况及投入产出情况。

（5）人力资源的培训情况。

（6）公司主要管理人员的领导风格和对待风险的态度。

（7）影响员工工作效率的因素、公司对人力资源的重视程度。

（8）与人力资源相关的各种机制等。

（二）披露的模式

围绕如何进行人力资源会计信息的披露这一问题，当前主要有两种观点：其一，通过编制独立的人力资源会计信息报告的方式来进行；其二，通过将目前的企业财务报告进行相应调整来披露有关的人力资源会计信息，同时采用附注或附表的方式进行表外披露，对不能在财务报告里反映的有关人力资源会计的信息采用情况说明书的方式进行披露。

鉴于目前对人力资源会计还未形成统一的认识，人力资源会计理论还有待进一步深入研究，人力资源会计核算工作在会计实务中还没有得到广泛应用，理论研究和实务中还存在很多没有解决的争论，因此笔者更倾向于第二种观点，即调整当前的报告来披露有关人力资源的会计信息，并采用附注或附表等形式来进行表外披露。

1. 表内披露

（1）资产负债表。在资产负债表中加入"人力资产投资""人力资产摊销""人力资产""人力资本""人力资本公积"项目（人力资源资产负债表的格式见附表 1）。

（2）损益表。在损益表中可以加上关于企业人力资源单独核算的部分，如人力资源费用摊销等（人力资源资产损益表的格式见附表 2）。

（3）现金流量表。增加"人力资源投资活动产生的现金流量"项目，将人力资源投资部分单独列示出来进行披露（人力资源资产现金流量表的格式见附表 3）。

（4）利润分配表。编制利润分配表的依据是"利润分配"的明细项目。特地将这个表拿出来单独编制的原因是，现在有很多投资者非常关注企业的利润走向和企业管理人员的既得利益。在此表中增加"应付人力资本所有者利润"项目，将应分配的利润增加了一项分给人力资源所有者的部分（人力资源利润分配表的格式见附表 4）。

2. 表外披露

（1）附表。

增设"人力资源变动表"，用于详细说明一定会计期间内人力资源各项成本的变动情况，在实务处理中可以按职能部门或职工类别列示。

增设"人力资源基本情况表"，用于说明人力资源的数量、质量、结构分布等情况。

增设"人力资源分类成本表"，主要按人力资源项目分类列示，反映各类人力资源的成本情况。

（2）附注。

在对外报表的附注中从动态和静态两种角度揭示报告期内人力资源变动情况。基于动态视角，说明报告期内追加的人力资源投资总额、所占比重等信息；基于静态视角，可以说明员工各项基本信息，如学历构成、职称等。

（三）人力资源会计信息披露的困境

我国人力资源会计信息披露面临的主要问题可以归纳为以下两个方面。

1. 外部条件不成熟

首先是缺乏成熟的人力资源会计理论作为指导，理论界对人力资源的确认和计量模式尚未形成一致、明确的定论。其次是相关法律并没有对人力资源会计相关内容做出详细的规定，导致在实际操作中面临重重困境。尽管证监会发布的《公开发行证券的公司信息披露内容与格式准则》中规定上市公司应披露董事、监事和高级管理人员的情况，但在我国财政部正式制定的会计法律法规中，并没有对人力资源会计信息披露进行具体规定，仅在《财务报表列报》应用指南中指明：一般情况下，企业应在报表附注中披露与人力资源成本有关的职工薪酬信息。这就导致企业在对人力资源会计信息进行披露时面临一些难题：是采用编制独立的人力资源会计信息报告的方式来进行披露，还是采用对现有的财务报告进行必要改进的方式来进行披露，披露什么内容、披露到什么程度和披露的规范格式等。

2. 内部能力欠缺，即企业自身对人力资源会计披露的动力不足

现今我国大多数企业的人力资源会计信息只对内披露，并不要求对外公布，虽然《企业会计准则》将部分人力资源会计信息纳入强制披露的范围，但由于企业自身对人力资源会计信息进行披露的认识不够，缺乏动力，往往出现敷衍了事的现象。李春花和李振山对企业缺乏披露人力资源会计信息的动力的主要原因进行了归纳：一方面，大多数企业把追求利润最大化作为企业的目标，这就要求尽可能地降低其披露的成本，尤其对于一些大型企业而言，其人力资源会计信息非常庞杂，如果要准确地对人力资源会计信息进行披露，那么必然会消耗大量的人力、物力和财力，因而当披露成本较高时，企业更倾向于放弃对人力资源会计信息的披露；另一方面，考虑到人力资源本身的特殊性，其创造潜力的发挥有很高的不确定性，企业如果选择将这些信息对外披露会面临一定的风险，如股票价格风险、法律风险等。

第三节　人力资源会计发展中面临的问题及相关建议

一、人力资源会计发展中面临的问题

（一）人力资源会计的资产难以确认

会计核算的首要前提是对相关资产的确认。然而，目前学术界对于人力资源能否作为资产进行确认并没有达成一致的意见，这就直接导致人力资源会计的核算不能顺利进行。这种分歧产生的主要原因在于人力资源的特殊性，因而很难将其归为无形资产或者有形资产，导致了人力资源在会计上的确认难题，可是确认又是会计工作的首要环节，它决定着计量和报告等工作能否顺利进行。

（二）人力资源会计的计量方法存在局限性

人力资源会计在发展中最大的困难是其计量问题难以解决。会计专家和学者在计量方面做过许多尝试，提出了许多计量方法，但是这些方法都只解决了部分问题，没有形成一个权威的、可行的方法。有的学者认为应该使用货币精确计量人力资源价值，而有的学者觉得应该同时运用定性和定量的方式核算人力资源价值。至今学术界也没有形成一个统一的标准，这导致人力资源会计面临着计量困境。

（三）人力资源会计的剩余价值分配不明确

企业对于人力资源的认定，需要一个渐进过程，其进行确认的前提是对人力资源的逐步投入。在此过程中，应同时对人力资源的主观能动性和存量给予关注。主观能动性主要是指对企业员工的激励。对于人力资源是否能够获得企业剩余收益的分

配权尚无定论。企业不能按照一定的比例来对人力资源进行分配，这将使得实际应取得的收益与分配额不匹配，导致人力资源主观能动性降低。随着时间的推移，人力资源的价值随之增加，企业能获得的收益也随之增加。尽管当前部分企业通过一些措施对剩余收益进行分配，如实行股票期权、给予职工持股等，但产权终究是物质资源与人力资源的收益分配基础，应通过相关定价来决定分配。根据以上可知，在不能明确界定产权范围的前提下，正确地计量人力资源价值较为困难。因此，人力资源会计应用的难题又增加了，即能否针对人力资源来分配其剩余收益，以及如何分配剩余收益等问题。

（四）人力资源会计的信息披露问题

当前，人力资源会计的研究还处于初级阶段，对于如何在会计报表中列报人力资源信息缺乏统一的报告模式。为了能使会计报表使用者明确地获得有用信息，需在传统会计报表中将会计信息完整体现。然而，在大多数企业的财务报表中，其列示的人力资源信息只有几个简单的数字，显然这种做法很可能导致关键信息不能有效提供。

此外，由于人力资源信息列报和披露本身的复杂性，大多数企业没有将此类信息披露作为财务报表的重要部分，许多传统观念尚未转变，尚未全面接受和掌握人力资源会计的相关理论知识，这也是人力资源会计在我国发展遇到的一个重大挑战。

二、人力资源会计发展的建议及思路

尽管我国人力资源会计的发展还处于初级阶段，许多理论问题需要完善，且人力资源会计在实际应用中也面临重重困难，但笔者认为人力资源会计仍然是科学、合理、具有现实价值的，因此针对人力资源会计当前发展存在的问题提出一些建议作为参考。

（一）加大人力资源会计的理论研究

在传统会计理论中，我们并未将人力资源作为企业的一项资产，这也是人力资源会计与传统会计的差别所在。因此，在谈到人力资源会计时，我们首先想的是人力资源能不能作为企业的一项资产，这是人力资源会计能否存在和发展的前提条件。然而，传统会计对资产的界定却难以明确地运用到人力资源上来，人力资源不同于物质资产，它具有自己鲜明的特点，有一定的抽象性。因此，人力资源会计要想得到发展和应用，必须在理论研究上下一番功夫。

（二）改进计量方法，完善人力资源会计的核算体系

人力资源会计在我国一直难以走向实务，相关的理论也不够完善，企业更是缺乏相关的知识和意识。在这种情况下，如果采用比较复杂的计量方法，企业一时难以消化和理解，计算出来的数据大多不够准确而且耗费的成本较高。因此，考虑到成本效益原则，企业对于一般的人力资产可以采用历史成本法计算其价值，以相关的人力资源进入

企业所耗费的招聘和培训等支出为依据。此方法比较容易操作，相关的数据也容易获得，数据比较客观直接。

对于企业的核心人力资产，应该由企业专门的评估机构进行价值评估，不能简单地采用历史成本法，因为这部分资产是企业的关键。当企业获得某项权益被界定为重要的人力资产后，可同时作为企业的投资，记入人力资本项目。首先，人力资产投入企业，企业根据专业的评估获得其评估价值，借方记"人力资产"（取得时），贷方记"人力资本"；其次，鉴于人力资产和无形资产具有某种相似性，可以从无形资产的会计处理中得到启示，将对人力资产的投资看作企业获得一项特殊的无形资产，相关的会计处理也可以参照无形资产的会计处理。

在人力资产进入企业后无疑会获得一定的培训和学习机会，这是人力资产的提升过程。此时对人力资产的相关会计处理可以参照固定资产，对于一些短期、小额的零星培训支出，可以在发生当期计入管理费用，借方记"管理费用"，贷方记"银行存款"等科目；而如果是一些较大的培训和学习支出，并且这部分支出能极大地增加人力资产的技能，那么企业可以将该部分支出予以资本化计入人力资产的价值中，借方记"人力资产"，贷方记"银行存款"等科目。

（三）明确人力资本剩余权益的分配

首先，需要完善相关的法律法规。人力资源对企业剩余收益的分配是以人力资本产权为依据的，企业的分配制度要想实现有法可依，人力资本产权必须得到法律的认可和保护。然而现行的法律制度是建立在物权基础上的，主要体现对物质资本的保护，而关于人力资本所有权问题的相关法律少之又少，人力资本产权等权利在法律方面的界定比较模糊。因此，对于人力资本产权问题以及人力资源所有者在企业中的权益分配问题，都需要得到相关法律给予明确的解释。完善的法律法规制度的建立，能够更好地规范各行为主体之间的权利义务关系，使各行为主体之间能够更加有效地合作，企业与人力资源之间的权益分配更加明确。

（四）加强人力资源会计实践理论的建设

人力资源会计的理论工作者需要加深与企业的合作，推动我国人力资源会计实践的进程。可以适当地进行试点工作，选取的试点应该由小及大，由简单到复杂，试点可以选择学校、医院、事业单位等机构，此类型的机构有着比较完善的档案管理体系，能够在进行人力资源会计核算的时候，提供较为准确、可靠、有效的依据。通过对机构的人力资源会计机制的试点，不断地总结在实践中的不足之处，并且及时加以调整，形成一套行之有效的人力资源会计体系，能够较好地运用到各种形式、各种规模的企业，更好地了解企业人力资源的现状，更好地指导企业的发展。

第四节 人力资源会计在 H 集团的应用情况

一、H 集团的背景介绍

H 集团是一家从事通信产品的研究、开发、生产和销售服务的民营科技企业。该公司于 1987 年创建，目前不仅是全球信息通信解决方案供应商中的佼佼者，更是全球电信基站设备的第二大供应商。

在 H 集团的核心价值观中，人力资源占据着重要的地位。H 集团认为，认真负责的优秀员工、管理有效的人力资源是公司最大的财富。员工不断更新的知识、不断磨炼的意志和团队合作的精神是公司事业可持续成长的内在要求。H 集团强调人力资本不断增值的目标优先于财务资本增值的目标。具有共同的价值观和各具专长的自律员工，是公司的人力资本。员工不断提高的精神境界、团队合作的技巧、逐渐娴熟的技能和经验、积极主动的学习态度是公司各种资源增值的基础。

二、人力资源会计在 H 集团的应用情况

H 集团对人力资源会计的应用主要体现在以下几方面。

（一）在报表中反映人力资源项目

通过研读 H 集团近年的年报，可以发现该公司是将员工的薪金、利润分享、奖金、带薪年假、对定额供款退休计划的供款以及非货币性福利的成本在雇员提供相关服务的年度内作为负债进行确认，并在非流动负债部分中增加了"应付雇员福利"，对相关信息进行披露（表 3−4）。

表 3−4 合并资产负债表——应付雇员福利（单位：百万元人民币）

年份	2019 年	2018 年
应付雇员福利	98375	98164

（摘自 H 集团 2019 年年报）

在合并现金流量表中，H 集团把支付给供应商及雇员的现金计入了企业经营活动现金流量，并对雇员费用进行了详细的列示，包括支付给员工的工资、薪金、其他福利、时间单位计划（在集团范围内实行的基于员工绩效的利润分享和奖金计划）、员工离职计划等（表 3−5）。

表 3−5 合并现金流量表——支付给供应商及雇员的现金（单位：百万元人民币）

年份	2019 年	2018 年
支付给供应商及雇员的现金	929482	7688796

续表3—5

年份	2019年	2018年
雇员费用	168329	146584
工资、薪金及其他福利	134937	112403
时间单位成本	14048	16906
离职后计划及其他	19344	17275
设定收益计划	4713	3771
定额供款计划及其他	14631	13504

(摘自H集团2019年年报)

(二) H集团十分重视人力资源

H集团设置了人力资源委员会、内部人才市场以及战略预备队,给员工提供很多培训和学习的机会,帮助职工迅速成长和发展;在给予员工基本工资的前提下,还通过时间单位计划、股权激励等措施最大限度地提高职工的工作积极性。针对这种支出,会计处理时,将其直接计入成本费用项目作为人力资源的开发使用成本。此外,作为一家以创新和研发为生命线的企业,H集团始终坚持将每年10%以上的销售收入投入研究与开发。H集团2019年年报显示,集团内部从事研究开发的人员约9.6万名,占到公司总人数的49%,当年的研发费用达到了1317亿元。

由此可见,H集团在日常经营活动中对人力资源推动企业发展的重要作用给予了充分的肯定,并且在企业的研发和创新方面,非常重视对人力资源的投入。

三、人力资源会计在H集团的应用分析

从上述H集团对人力资源会计的应用描述以及雇员费用明细表中,可以看到H集团对员工费用方面进行了计量与核算,在公司的报表中对人力资源会计进行了记录与报告,并在公司设置了相关的机构负责人力资源的管理工作,且通过2018年和2019年两个年度内雇员费用的比较,可以看出H集团对公司人力资源开发使用的成本在各方面都有所增加,表明H集团对人力资源的使用加大了投资力度。

H集团的这些举措将公司人力资源的成本进行了量化,促使其可以在公司的报表中得以更好地披露,方便了对人力资源的管理,可以更好地发挥人力资源的积极性,在公司的日常经营中能够为企业进行决策提供人力资源方面的信息,正确合理地运用人力资源,发挥其价值,促进企业更好地发展,提高企业的管理效益,同时还能够通过对人力资源情况的记录与报告,让外界更好地了解企业的发展,增强企业的社会知名度。

但是也可以看出,H集团对人力资源的计量与核算比较片面,还没有全面地对人力资源的取得、开发等方面进行详细的计量与核算,在对人力资源信息的披露方面,也不够全面翔实,内容较少。

人力资源在H集团的应用为公司的发展带来了积极影响,但是其发展也存在一定的不足之处。人力资源会计在其公司的应用还有必要进一步发展。

附 录

附表 1 人力资源资产负债表

编制单位　　　　　　　　　　年　月　日　　　　　　　　　　　　单位：元

资产	年初余额	年末余额	负债及所有者权益	年初余额	年末余额
流动资产 …… 长期投资 …… 长期投资合计 人力资源投资 人力资产 减：人力资产摊销 人力资产净值 固定资产 …… 资产合计			流动负债 …… 长期负债 …… 长期人力资源应付款 长期负债合计 …… 所有者权益 人力资本 实收资本 资本公积 人力资本公积 盈余公积 负债及所有者权益合计		

附表 2 人力资源损益表

编制单位：　　　　　　　　　　年　　　　　　　　　　　　　　单位：元

项目	本期数	本年累计数
一、主营业务收入 主营业务收入净额 …… 二、主营业务利润 加： 减：财务费用 管理费用 人力资源费用 三、营业利润 …… 四、利润总额 减：所得税 五、净利润 加：人力资源损益 六、人力资源观念的利润		

附表3　人力资源现金流量表

编制单位：　　　　　　　　　　年　　　　　　　　　　单位：元

项目	金额
一、经营活动产生的现金流量 ……	
二、投资活动产生的现金流量 ……	
三、人力资源投资活动产生的现金流量 ……	
四、筹资活动产生的现金流量 ……	
五、汇率变动对现金的影响	
六、现金及现金等价物净增加额	

附表4　人力资源利润分配表

编制单位：　　　　　　　　　　年　　　　　　　　　　单位：元

项目	本年实际	上年实际
一、净利润 加：年初未分配利润 ……		
二、可供分配的利润 减：提取法定盈余公积 ……		
三、可供股东分配的利润 减：应付优先股股利 　　提取任意盈余公积 　　应付人力资本所有者利润 　　应付物力资本所有者利润 　　转作股本的股利		
四、未分配利润		

附表5 人力资源相关支出明细表

编制单位： 　　　　　　　　　　　　　　年　　　　　　　　　　　　　　单位：元

项目	期初数	期末数	行政部	财务部	营销部	……	合计
一、取得成本							
1. 招聘成本							
2. 上岗培训							
……							
小计							
二、使用成本							
1. 直接成本							
工资报酬							
个人福利							
2. 间接成本							
集体福利							
保险							
在职培训							
……							
小计							
三、离职成本							
1. 赔偿成本							
2. 离职补偿							
……							
小计							
……							
合计							

附表6 人力资源流动表

编制单位： 　　　　　　　　　　　　　　年　　　　　　　　　　　　　　单位：元

部门	期初数	期末数	本期新招	本期离职	离职率	现有人员服务年限				
						新招	半年以下	一年以下	三年以下	…	平均年限
行政部											
财务部											
营销部											
……											

第四章 环境会计

第一节 环境会计概述

一、环境会计的产生

20世纪70年代,西方发达国家因追求经济增长而忽略环境保护,从而爆发了严重的生态问题,促使西方国家环保运动兴起,许多国家政府采取严厉的法律手段和经济手段对企业滥用资源及环境破坏行为进行干预。随着环境与经济的关系日益受到关注,"Green"一词在社会经济发展中有了特殊的含义,也开始进入会计研究领域,西方国家提出了"Green Accounting",西方会计理论界将环境与会计理论相结合,构成环境会计理论,其中,学者格雷、罗宾斯坦以及霍金森博士等是该领域最具代表性的人物,他们分别定义了"绿色会计",这时期的课题大都围绕资源的耗费及补偿。1971年,一些企业开始有意识地自觉地披露其在社会责任(包括环境责任)方面的信息,由此引起了一些学者对该课题更深层次的探讨,在关注自然资源耗费的同时,还关注企业排放以及企业推动社会环保等相关信息的披露,环境责任成为企业社会责任的一个部分,环境会计开始萌芽,但只限于社会会计的框架,所以形成了社会与环境会计的提法,即将组织经济活动的社会与环境影响传递给社会中特定利益关系集团和社会整体的过程。

在经济发展史上,将经济与环境相结合不是一个新兴的提议,但在过去的很长一段时间内,将环境会计作为一个较成熟的学科分支并把它归入国家的会计体系在整个世界都还处于萌芽阶段。其中,最早发现建立环境会计制度必要性的是加拿大经济学家安东尼,他于20世纪50年代提出了这个想法。20世纪70年代,以《会计学月刊》上比蒙斯的《控制污染的社会成本转换研究》与马林的《污染的会计问题》发表为开端,以美国为首的西方国家对这种新型的会计开始进行研究。

我国在20世纪70年代末才对环境会计有了初步的认识,由于环境会计不是学术研究主流,近几年才越发受到重视。葛家澍(1992)系统介绍了绿色会计的内涵、绿色会计在国际上的发展,标志着我国对环境会计研究的开始。2001年6月,中国会计学会成立了环境会计专业委员会,同年召开了首次学术研讨会,说明我国学术界对环境会计研究的重视。

二、环境会计的概念与职能

(一)环境会计的概念

环境会计,此处环境仅指自然环境。按照《现代会计百科词典》收录的词条:环境会计是从社会利益角度计量和报道企业、事业、机关等单位的社会活动对环境影响及管理情况的一项管理活动。

(二)环境会计相关定义

1. 环境会计其他表述

环保会计是"考察环境污染和环境保护的环境会计"。环保是环境保护的简称,《现代汉语词典》的解释是:有关防止自然环境恶化,改善环境使之适于人类劳动和生活的工作。企业对自然资源的影响分为有益贡献和有害污染。环保一般仅指防止有害污染方面,抹杀了企业对环境的有益贡献,故环保会计的说法并不确切。

绿色会计是指在为了交易和促进公共福利,为了创造未来用途的财富以及保护资源时,根据资源管理者和资源所有者一致同意的惯例来核算、计量这些资源情况的管理活动。绿色会计是一种浪漫文学手法的形容方式,作为会计研究新领域的专业术语并不恰当。

2. 环境会计与传统会计的区别

环境会计是一种管理活动。根据会计管理活动论,会计的本质是一种经济管理活动。由此可见,环境会计并未背离会计的本质,它作为会计学的一个分支,将其核算对象从传统有形的、可较容易用货币直接计量的、有特定归属的各类资源扩展到进行生产活动时所涉及的全部社会资源,如空气、臭氧、海洋等。显然对这些资源,货币不能直接发挥其计量作用。会计以社会的资金运动为核算对象,资金的有形运动则表现为商品与服务的流通,传统财务会计核算的商品凝聚了人类劳动,其价值是在交换过程中体现,环境资源等只有使用价值,没有交换形成的价值,因此不属于传统会计核算的范围。这些商品与服务基本都以货币反映,会计便通过货币计量来反映、控制与监督经济活动。而在用环境会计计量时,则需要先将那些资源进行转换,所以那些非人类劳动、非交换的资源不在其核算之列。

传统会计不予反映的正是环境会计所着重核算的。而且必须说明,其实对资源进行计量的目的更多的是反映经济活动对资源的使用情况以及使用资源对环境影响的程度。然而这种反映最终得用货币来表现,因为数据是最能说明问题的。与服务于个体组织、追求组织经济利润最大化的传统会计相比,环境会计侧重于给政府、行业及社会公众等提供相关信息,主要目标是调整环境与经济两种效益的旧的对立关系,以期形成全新的共同发展模式。

(三) 环境会计的职能

会计的两大基本职能是核算与监督。核算是会计的首要职能，主要是以货币为度量，对经济活动进行确认、计量、报告等提供真实可靠的会计信息。监督是会计的另一项基本职能，主要是利用会计核算的相关信息，对组织经济活动进行审查、指导，保证会计目标实现。环境会计作为会计的一个分支，其基本职能也是核算和监督，但与传统会计相比，其核算、监督职能的外延有所扩展。

1. 对核算职能的扩展

传统财务会计核算主体是企业的经济活动以及因此造成的各项经济业务对企业资产等的影响。环境会计的核算内容涉及环境资源，主要包含不经交换的自然资源形成的价值；开发、利用自然资源导致资源数量减少的费用，废弃物排放费用，会计主体因其行为对外部环境产生不经济效应的补救措施，也可以说是组织环境保护发生的人力、物力、财力等。总之，环境会计核算对象可以划分为环境资产、环境效益、环境费用三大类。

传统的会计计量以货币为主要的计量单位，而自然资源和环境等不具备货币化的条件，但作为企业资本的一部分，应当准确地予以计量核算。此外，企业环境效益的社会效益方面等也无法直接以货币形式衡量，但这些又是核算一个企业、衡量企业发展程度不可或缺的组成部分，因此环境会计采用的货币计量与非货币计量相结合，同时加以文字描述的计量方式为会计核算做了很好的补充，最大限度发挥了会计的核算职能。

2. 对监督职能的扩展

传统会计的监督主要是以国家的法律、政策、制度等为准，侧重于从经济活动角度出发，没有将经济活动产生的非经济问题等纳入研究范围内，造成会计信息披露不充分，使得企业可能为了片面地追求其经济利益而忽略其社会责任。

环境会计要求在提供经济信息的基础上提供必要的环境信息，使政府及信息使用者准确掌握企业执行环境政策、环境法律法规的状况，规范企业行为，提高企业履行社会责任的意识。

企业环境资产、环境效益、环境费用情况的披露可以为环境保护部门提供信息，增强宏观环保决策能力，同时企业环境信息是对其进行环保考核与奖罚的依据，可以监督企业对环保方面的相应经济活动。

环境会计对企业有关信息的披露为企业的外部投资者提供企业履行环境保护责任的必要信息，判断企业发展前景，增强投资者的决策能力。环境会计是对传统会计监督职能的扩展和补充，使社会和国家更好地监督企业行为，促进整个社会的资源消耗的良性循环，达到经济效益、环境效益和社会效益的协调，实现经济的可持续发展。

环境会计的本质是为可持续发展管理提供信息的活动，提供信息的活动体现了环境会计的核算，即反映职能，可持续发展管理体现了环境会计的控制职能，所以环境会计的基本职能是反映与控制职能。

三、国内外研究现状

环境会计是会计学研究与实践发展的重要主题之一,可持续发展、环境经济学和会计学理论为环境会计的研究提供了丰富的理论基础。国外在环境会计相关国际规则、法律和政策,以及环境会计框架、环境会计核算,或有关事项处理和环境信息披露等方面开展了较多研究,且大量成果已付诸环境管理实践;国内研究尚处于探索和起步阶段,在建立环境会计管理框架和核算细则、信息披露方面开展的相关研究较多。国外研究相对全面并且注重实践层面,国内研究在环境核算体系上还缺乏统一性,在核算方法和规则上还缺乏一致性和可操作性,相关法律、法规和会计理论与实践的系统性不强,近几年有关环境信息披露的相关研究增多,学者更多地注意到环境会计的实际运用。我国还需要进一步完善符合中国国情的环境会计理论体系,特别是需要在环境会计要素核算方法、补充和完善相应法律法规支撑体系以及环境会计披露体系等方面开展深入研究。

我国环境会计研究相对滞后,在环境会计实务方面发展缓慢,我国环境会计发展特点如下:观念上,企业的环境责任的道德理念尚未真正形成,对环境会计在建立健全中国环境信息公开化制度中的重要作用缺乏认识;研究上,科学合理、系统完整并符合中国国情的企业环境会计理论和方法体系尚未建立起来;实务上,企业没有建立起完整的环境会计信息系统,信息披露严重不足且缺乏可比性和可靠性;制度上,目前仍缺乏可操作性的环境会计制度和环境会计准则。

尽管环境会计研究始于 20 世纪 70 年代,但是国际上关于环境会计的大量研究始于 20 世纪 90 年代,1998 年联合国国际会计和报告标准政府间专家工作组(ISAR)第 15 次会议讨论通过了《环境成本和负债的会计与财务报告》,这是目前国际上第一份关于环境会计和报告的系统而完整的指南。该报告对环境、资产、负债、或有负债、环境成本、环境资产、环境负债、资本化、义务等与环境有关的主要会计概念进行了定义,并对环境成本和环境负债的确认、计量和披露进行了规范,同时将这些环境成本和负债界定为影响或者可能影响企业的财务状况与成果的、从而在财务报告中报告的成本与负债,旨在把它认为对财务报告中的环境交易和事项的最佳的会计处理方法提供给企业、监管机构和准则制定机构。此外,世界银行也积极建议修改会计体系,增设环境账户,以真实反映经济增长业绩。国际标准化组织(ISO)也陆续颁布 ISO14000 系列环境管理标准,涉及许多财务上的问题,对协调各国在环境会计制度建设方面起到了重要作用。

除此以外,各国会计准则委员会开始制定适合本国的环境会计相关准则,以美国、加拿大、日本、德国、英国有关环境成本的确认和计量、环境负债的确认和计量、环境信息披露等环境会计体系最为完备。与国外的环境会计规范相比,我国现有的法律规范对环境会计核算、报告体系的制定重视程度不高,企业报告之间缺乏可比性。

（一）国外研究

1. 美洲

（1）美国。

美国从 20 世纪 70 年代以来就十分重视环境会计信息披露。在企业环境信息披露的过程中，美国环保署、财务会计准则委员会、证监会、注册会计师协会等政府机构和专业团体发挥了很大的作用，多部门联手工作，国家行政命令与各方监管同时作用。

（2）加拿大。

加拿大鼓励环境会计理论发展，环境会计在企业中的应用随之发展起来。在推行环境会计的初期，与企业生产时间相结合的过程中遇到了来自企业特别是传统会计的巨大阻力，越来越多的企业注意到环境会计对经济效益提高的好处，在企业会计核算中加入环境会计核算，使加拿大环境会计得以发展。加拿大是较早进行环境会计研究和实施并行的国家，其环境会计理论和实务研究一直处于世界前列。

2. 欧洲

（1）英国。

英国的环境报告一直是作为企业社会责任报告的一部分对外披露，社会责任报告是英国企业会计信息披露的重要组成部分。环境保护理念深入人心，政府和社会公众开始关注企业经营行为对环境的影响，对企业提出了环境信息披露的要求。为了规范企业环境信息的披露，英国环境部于 1997 年颁布了政府文件《环境报告与财务部门：走向良好实务》。该文件具有很强的适用性，虽然并不强制企业遵守，但作为政府部门的一份文件，客观上起到了规范环境会计的作用。

（2）荷兰。

荷兰对环境会计和环境会计信息披露的研究起步较早。荷兰环境部一直主张引入强制性的环境报告制度，强制企业进行环境信息披露，并对本国大型企业规定了编制环境报告的义务。所编制的环境报告书形式有两种：一类是面向政府部门的，另一类是面向社会公众的。两类报告的内容和格式有所不同，允许交叉使用。

（3）德国。

德国在研究和实践企业内部环境会计方面具有比较明显的优势。德国的环境会计体系主要包括五类：物质能量流动会计、土地会计、环境评估会计、环境保护支出会计和可持续发展成本会计。最近的目标是研究对于环境自身的评估以及环境对于经济的影响，土地的综合使用情况将成为下一步核算的重点。

（4）法国。

1978 年法国开始建立环境会计体系，以实物量和货币量两种计量单位计量该国自然资源的存储量和变化量。像绝大多数国家一样，法国的国家资产负债表也是以货币单位计量该国所有固定资产和流动资产的价值。该国环境会计的核算对象已经扩展到土地、底层土和森林等在内的自然资源。法国的环境会计体系正在更新而且试图与欧洲环境经济信息系统接轨。

3. 大洋洲

澳大利亚环境会计的发展代表了该地区的情况。澳大利亚最初发展环境会计是为了支持其国家生态可持续发展战略。澳大利亚环境会计体系的核算内容主要包括自然资源的货币量估价、各部门环境保护支出的估价、能源等自然资源实物量的估价、各部门对环境影响的压力指标的计算以及环境污染和资源消耗的货币估价等。澳大利亚的国家会计系统被分成若干部分以反映其自然资源的使用情况。这样，受影响的主要包括两个方面：一是资产负债表，当自然资源被消耗或有所增长时，要分别对以上两种情况加以确认；二是对投入产出会计的估价，具有保护环境目的的支出被单独分离了出来，以核算某项经济活动的环境保护成本。

4. 亚洲

（1）日本。

日本环境会计的发展在亚洲最具有代表性。日本环境会计的研究起步较晚，但发展很快。日本政府从 20 世纪 90 年代开始，提出"循环性经济社会"的发展战略，并大力倡导企业引进环境会计的基本理念，其环境省在推动环境会计实施和环境信息披露方面起了不容忽视的作用。从发展趋势来看，日本的内部环境会计的成本研究呈现新的变化，开始研究和探讨企业的上游成本和下游成本，逐步开始了企业产品的生命周期研究。种种迹象表明，日本的环境会计正向着普及化、规范化的方向发展，成为亚洲各国开展环境会计研究和实践的样板，且随着环境会计实务的发展，环境会计有了进一步的细分，其中物质流成本会计在日本得到了迅速发展。

（2）韩国。

韩国的环境会计研究起步于 20 世纪 90 年代中期，随着环境污染预防成本的增加，一些公司开始研究环境会计。这主要是因为环境污染预防成本的增加使得企业产品成本持续升高，严重影响了市场竞争力，另外由于政府环保法规的规制能力不断增强，使得金融机构等外部债权人更关注企业环境风险和业绩，迫于压力公司不得不寻找成本效益化方法来提高环境业绩。2002 年韩国环境部颁布了环境报告指南，以帮助公司发布环境信息，鼓励公司在经营过程中实施环境管理。

（二）国内研究

我国环境会计的发展大致经历了四个阶段：在 2000 年之前处于问题提出的阶段，即环境会计的概念及思潮的引入期，会计理论体系尚不完善，如何将会计的基本假设与经济体系及实务完整结合并将环境会计融入其中尚不明确；2000—2005 年处于理论框架探索的阶段，主要针对环境会计的确认计量、记录报告、核算监督等方面进行了探讨和归纳，逐步形成了环境会计的基本体系；2006—2010 年处于难点探讨与制度研究的阶段，也是微观及企业环境会计迅速发展阶段，关注环境会计的信息披露，以及企业环保意识、环境成本相应的问题及措施等；2011 年至今为环境会计实施研究的阶段，环境会计相关概念逐渐增加，与博弈论、生态经济及企业价值等概念结合成为研究热点，关注环境会计的实务,注重企业环境信息披露实务探索。针对煤炭、钢铁等重污染行业的环境会计研究较多,环境会计对企业的经济价值显现。

早期的研究以环境会计目标、环境会计基本假设、核算对象等为主要研究对象。程艳妙(2004)在货币计量假设的基础上提出多重计量假设,认为其有三层含义:其一是可同时采用货币和非货币两种计量形式;其二是货币计量形式内部也应同时采用多重计量的属性,如可同时采用历史成本和重置成本等不同计量属性;其三是币值稳定不变应为采用货币形式进行计量的基本前提。除此之外,还有很多学者在传统四大假设的前提下提出独属于环境会计的假设,以便更好地适应环境会计核算需求。以李心合(2002)等为代表的学者提出将环境收益确认为环境会计要素,即"四要素论"(环境资产、环境成本、环境负债、环境收益)。但有的学者认为"四要素论"仅仅是理论上可行,缺失权益要素会使资产负债表失去意义。周法莲(1999)、陈炜煜(2000)借鉴了传统会计核算对象的思想,认为环境会计核算对象包括企业的环境活动和与环境活动有关的经济活动,涉及自然资源、环境的开发维护及使用成本,以及环境资源的收益和价值补偿过程。也有一些学者认为利益主体不同,因此需要从宏观和微观两个角度区分核算对象。杨世忠等(2010)提出了持续管控假设(可持续发展假设),认为在自然环境和社会环境永续存在的前提下,会计主体可以持续不断存在。闫华红、方叶子(2016)从成本确认、计量、核算方法以及信息披露这几个方面着手,建立一套规范化、标准化的环境成本核算机制。

环境信息披露是环境会计工作中重要的组成部分,一直以来也是环境会计研究的一个热点问题,国外学者早在20世纪就开始了关于环境信息披露的研究。我国对环境会计对象、假设等理论基础的研究不断深入,加上社会公众对企业环境信息披露的迫切需求,使环境问题越发得到重视,企业在享受社会资源、获得财富的同时应该承担起相应的责任,要求企业披露相关环境数据的呼声渐高。在现阶段对环境会计信息披露的讨论中,多领域结合研究等成为研究的热点,主要集中于对不同行业环境会计信息披露的研究以及将环境会计信息披露与企业价值、资源配置、企业管理等相联系。同时还将环境会计与自然资源资产管理、物质流生产过程相结合。碳会计这一门新兴的环境会计学分支,随着国家碳排放权建立完善,也将成为新的环境会计的研究热点,但由于碳会计本身具备的特殊性,又不同于传统的环境会计,故不在本章中赘述。

沈洪涛(2014)认为企业环境会计是传统会计的一部分,但又不同于传统会计,环境会计的重点应该是绿色环保相关的信息。黄慧(2016)认为,一般企业是通过年度财务报告附注的方式对环境会计信息进行披露,对于特殊企业,特别是重污染企业需要强制性披露关于环保的信息。李静(2017)指出,中国的环境会计信息披露主要为被动披露,披露效果受政府政策和监管等的影响。对于企业来说,政府管制力度越大,企业的环境信息披露的可靠性越强,质量也越高。此后,学者从不同行业出发对此进行了研究。王海婧(2018)指出在医药制造行业,环境会计信息披露不全面,如在财务报告中披露在建工程等信息,对环保资产、环保负债等专项方面提及较少,披露的形式也较为随意。因此,需要政府加强管制和完善相关法规来增强监督,规范环境会计信息披露。唐文慧(2019)指出在化工行业,行业有关环境信息披露的相关法律法规不够完善,政府管制强度不高,使得信息披露行为缺乏主动性和有效的监督。包华瑜(2019)指出在煤炭行业,环境会计信息能按要求披露,但由于相关法规不健全,也没有相应的环境会计监督机制,使得政府管制力度不够,披露质量不高。

此外,关于环境会计与自然资源资产探索研究,国内众多学者纷纷从各个角度提出了自己对自然资源资产负债表编制理论基础的设想。以封志明(2014)、耿建新(2015)、李金华(2016)等为代表的大多数学者认为,应以《环境经济核算体系2012:中心框架》《国民账户体系2008》为理论基础,借鉴其核心理念与基本原则,并分析国家资产负债表与自然资源资产负债表在基本概念、核算内容、报表体系等方面的异同及相互关系,结合国家资产负债表的编制经验,提出了编制自然资源资产负债表的初步构想。肖序(2015)等结合了会计学、经济学和制度学,从编制依据(SNA、SEEA账户,国家资产负债表,绿色GDP核算)、价值理论(自然资源价值理论、自然资源稀缺理论)、制度(自然资源产权理论、自然资源管理制度、自然资源用途管制制度)三个角度阐释了自然资源资产负债表编制的理论基础。

环境会计与物质流成本会计结合,随着环境会计的发展,学界逐渐清楚认识到环境会计与企业整个生产流程物质流动息息相关,偏向于对环境成本进行计量。物质流成本会计仍属于管理会计范围,只有物质流成本会计和环境会计与传统会计融合,应用于实务操作,才能推动企业向"绿色会计"方向发展。

第二节　环境会计核算相关内容

一、环境会计的基本假设及原则

(一)环境会计的基本假设

环境会计的基本假设可以承袭传统会计的四条基本假设,结合环境会计的独特性质,对基本假设融入新的内容。

1. 会计主体假设

在会计学中,会计主体是指会计工作的空间范围,具体指单独进行生产经营或业务活动,而且在经济上独立或相对独立的企业、事业、机关、团体等单位。

环境会计涉及的会计主体主要体现在对两个方面的扩展:第一,企业所控制的经济资源的含义扩大,不仅包含人造资源,还扩展至生态环境资源;第二,从环境法律角度界定的扩大制造者责任标准,使核算报告范围由企业经营活动边界扩大到制造者责任。环境会计主体假设不仅要求会计主体报告其自身的经济活动,还应将承担的社会责任和自身行为导致的外部不经济信息包含在内。

2. 不断发展的持续经营假设

传统的持续经营假设认为,一个经营主体将持续它的经营活动直到实现了它的计划和受托的责任为止。环境会计核算赋予的持续经营含义更为广泛，应是建立在环境责任风险履行基础上的持续经营。现有持续经营核算涉及资产负债、收益、费用和成本，并未包括对社会造成影响的外部环境成本，也未扩展到对环境造成影响的相关资产减值、污染治理、损害赔偿等，在环境会计中应用持续经营假设，就不仅要考虑和报告企业内部的经济性，还需结合环境法规颁布实施及制定趋势可能导致的企业环境责任和风险来判断企业的可持续经营。

3. 会计分期假设

由于持续经营假设已把会计主体当作一个长期存在的经营单位看待，而信息使用者为了短期决策经常需要有关企业某一期间内财务状况和经营成果的种种信息，因此，需要人为地将其经营期间划分为不同的会计期间，从而提出会计分期假设。这一假设同样适合于环境会计制度，该制度要求企业定期进行环境会计核算并对外报告环境会计信息，以便企业利益相关者评估企业的环境业绩和经济效果。

4. 多重计量假设

多重计量假设是对货币计量假设的拓展，使用多重计量模式是由环境会计核算对象的特殊性决定的。在环境会计核算实务中，很大部分计量内容具有模糊非量化特征，若采用单一货币单位，不能客观反映环境会计信息。因此，环境会计计量应该采用多种方式，主要采用以货币计量为主，辅以实物计量等非货币计量方式，必要时也可采用文字说明。

5. 环境资源稀缺性假设

资源稀缺性是经济学基本假设之一。在环境会计核算中，环境资源稀缺性假设是指现有条件下，良好的环境资源是稀缺的。环境资源可以划分为两项：一是环境，二是资源，其中资源包括自然资源和人造资源。一般而言，自然资源随着人力资本的产生而减少，而有些自然资源是短时期内不可再生且不可替代的，因而环境会计在计量过程中要体现两种资源转换过程。

（二）环境会计的原则

1. 相关性原则

环境会计信息的相关性主要体现在环境会计信息要与信息使用者的信息需求，以及投资人、债权人和其他人士所做的经济决策相关。首先要了解企业推定的信息使用者的信息需求并认真研究这些需要，在此基础上确定信息披露的内容和形式。环境会计信息能反映企业过去一段时间内与环境有关的各种业绩和问题；信息具有预测价值，能够据以应对企业未来面临的环境状况；信息具有及时性，应注意披露的时间界限。环境会计信息更强调突出其信息相关性特征，有助于决策的制定。

2. 可靠性原则

可靠性原则是指环境会计信息应该能真实地反映企业与环境有关的各种情况，环境会计信息必须能如实反映环境事项的本来面貌，有事实或有法律支持的逻辑推断，不能是虚假或伪造的；信息必须具备可验证性；环境会计信息应该具有中立性，要同时综合考虑各方的利益，为此，不单会计人员作为信息提供者要中立，对会计信息承担验证之责的审计人员要中立，信息披露规则的制定者也必须足够中立。

3. 可比性原则

可比性原则是指面对同样的情况和事件，会计上所做的反映和披露应该是相同的。要使会计信息具有可比性，企业在执行新制度的第一年都必须按照新制度和财政部有关政策衔接文件的规定，对会计政策变更采用追溯调整法。就环境会计信息而言，要使其具有可比性，主要涉及横向可比和纵向可比。执行新环境法规或会计法规要求各企业都按照统一的方法来处理会计政策变更和会计方法的改变，要使同一企业在执行新环境法规或会计法规前后的环境会计信息具有可比性。

4. 可理解性原则

企业披露的环境会计信息应该让使用者容易理解，因为环境会计面对的是一些新生事物，要求采用简明扼要的格式编制会计报表，使信息易于理解，易为一般用户所接受，并对那些不可避免使用的专业术语和概念进行解释。

5. 重要性原则

重要性原则是指在对所有与环境会计有关的信息进行全面反映的基础上，对于重要的信息应该详细揭示。判断环境会计中某事项重要与否，不仅要考虑经济影响，更要考虑对环境影响的程度。

6. 经济效益与环保效果统筹协调原则

现代企业不只是经济主体，更是社会主体，在努力实现营利性经济目标的同时，还必须按现行环境法规的要求处理好与环境保护的关系，提高资源利用效率，减少污染废弃物排放，将环境保护与经济效益统筹起来。因此，环境会计的内容必然要同时涉及这两个方面，确认、计量和报告两方面的信息，尤其是在环保效果的计量方面，需采用标准化的理化计量单位，报告环境污染程度对企业财务状况及经营成果的影响。

7. 外部影响内部化原则

根据现行环境法律法规的有关规定，排污者所承担的环境经济责任不仅仅限于企业内部，而应按照环境影响寿命周期的时间量度确定，包括企业产品在售后的使用、回收及处理等环节的责任，这意味着企业需承担更多的外部环境成本。外部性并不会直接对企业的业绩指标产生任何影响，传统会计不会予以披露，环境会计核算以企业环境责任、义务的履行为主线，采用一定的方法对诸如产品使用的环境损害赔偿、产品使用后废弃物的回收处理等的成本费用予以确认和计量，进而在此基础上适当地将外部影响纳入环境会计信息披露范围，完整地对待企业的效益和业绩。

8. 强制与自愿相结合原则

传统会计偏爱信息披露上的强制性，自愿披露较少，传统会计披露体系已较完善，鉴于我国环境会计披露相关规则尚不成熟，且环境会计信息披露存在较大的复杂性和多样性，故强调环境会计信息披露的强制性与自愿性相结合，对部分行业应该实行强制披露。

二、环境会计要素与计量

（一）环境会计的要素

从国内的有关研究资料看，我国会计界对环境会计要素，主要有"三要素论""四要素论""五要素论""六要素论"四类观点。

"三要素论"主要观点：孙兴华等（2000）认为，环境会计要素包括环境成本、环境收入和环境会计收益；王辛平等（2000）认为，环境会计要素包括自然资源的损耗、环境保护支出和环境保护收益；刘永祥（2001）认为，环境会计要素包括环境资产、环境效益和环境费用；李心合（2002）认为，环境会计要素包括环境资产、环境成本和环境负债。

"四要素论"的主要观点：一般认为，环境会计要素包括环境支出、环境收益、环境资产和环境负债；朱学义（1999）认为，环境会计要素包括资源价值、环境成本、环境收益和环境利润；李宏英（1999）认为，环境会计要素包括环境污染损失、自然资源损耗、环境保护支出和环境保护收益。

"五要素论"的主要观点：李武立（2000）认为，环境会计要素是对环境会计对象所做的基本分类，分为资产、负债、成本、损失、收益五类，只不过它们应包含资源环境内容。

"六要素论"的主要观点：陆玉明（1998）认为，环境会计核算对象包括环境资产、环境负债、环境收益、环境费用、环境收入、环境利润。

环境会计要素分类的确定经历了一个逐渐与传统会计要素趋同的过程。随着环境会计的发展和环境会计准则与制度的制定和完善，环境会计要素与传统会计要素在类别上并无区别。

从环境会计要素论看，环境成本在环境会计要素中处于中心位置，其他环境会计要素的产生都是以环境成本为前提的。环境资产价值减值要以增加环境成本支出为标志；环境资产的计价以环境成本资本化为前提；环境负债的形成是一种未来支出，仍以环境成本的确认为条件；环境收益的产生更是以环境成本的投入为基础。因此，可以将环境会计要素划分为环境成本、环境负债、环境资产和环境收益。

1. 环境成本

根据联合国国际会计和报告标准第15次会议的《环境会计和报告的立场公告》对环境成本的定义，环境成本是"出于对环境负责的原则，为管理企业活动对环境造成的影响而采取或被要求采取的措施的成本，以及因企业执行环境目标和要求所付出的其他成本"，罚款、罚金和赔偿等方面的成本虽被视为与环境相关的成本，但不属于这一环境成本的定义范围。

从企业的经营活动与环境影响的关系这个角度来看，环境成本的项目主要分为以下五类：

（1）环境保护运行成本，是指企业的经营范围内为控制主要生产环节产生的环境影响而发生的环境保护成本。

（2）环境管理成本，是指企业在管理活动中花费的环境保护成本。

（3）环境研发成本，是指企业在环保研发过程中花费的环境保护成本。

（4）环保采购和销售环节成本，是指企业在采购或销售环节控制环境影响所花费的环境保护成本。

（5）环保其他支出，是指企业内与环境相关的其他环境保护成本。

2. 环境负债

环境负债是企业未来将要发生的环境支出的会计确认。将传统会计中负债的定义用于环境领域，环境负债可以理解为："由于某一会计主体以往的经营活动或其他事项对环境已经造成了破坏和影响，因而其应当承担的需要以资产或劳务偿付的现有义务。"

我国《企业会计制度（2001）》有关或有负债的解释是："或有负债是指过去的交易或事项形成的潜在义务，其存在须通过未来不确定事项的发生或不发生予以证实；或过去的交易或事项形成的现时义务，履行该义务不是很可能导致经济利益流出企业，或该义务不是很可能导致经济利益流出企业，或该义务的金额不能可靠地计量。"根据上述内容，可将或有环境负债定义为：因企业过去环境损害事项所形成的，有赖于通过未来不确定结果的发生或不发生予以证实的潜在义务；或不是很可能导致经济利益流出或金额不能可靠计量的现时环境义务。

3. 环境资产

会计学者乔世震认为，环境资产有狭义和广义之分。狭义的环境资产是指对企业生产经营活动和环境活动发挥有效作用的企业环境资产。对狭义环境资产的界定应符合两个标准：一是环境资产的所有权或使用权归企业所有；二是环境资产的存在对企业是必要的。广义的环境资产除包括对企业生产经营活动和环境活动发挥有效作用的企业环境资产外，还包括对本企业不构成特别影响的其他环境优势，如水资源供应优势、交通便利优势、空气质量优势、城市绿化优势等。

（1）环境流动资产，包括企业出于环境保护目的而购入的原材料、辅助材料、零部件、半成品、商品、应收债权及在途购货款。

（2）环境固定资产，包括环境保护和污染治理设备。

（3）环境无形资产，包括环境污染治理专利技术及非专利技术。

（4）环境递延资产，是指企业预付、受益期超过一年或正常营业周期（两者孰长）的环境支出。

4. 环境收益

环境收益是指在一定时期内，企业进行环境保护和环境治理所形成的经济利益的流入，是采取环境保护措施所得到的经济利益减去环境费用后的结果，可分为显性环境收益和隐性环境收益。显性环境收益是指企业因保护环境或治理环境污染所带来的直接经济利益的流入，隐性环境收益是指企业因保护环境或治理环境污染所节约的资源消耗等。

(二) 环境会计的计量

1. 环境会计计量方法的特点

(1) 计量尺度多元化。

部分环境要素不具备买卖特性，无法用货币进行衡量。这种时候要采用非货币单位进行计量，因此环境会计计量是以货币计量为主的多种方式计量。

(2) 采用模糊数学进行计量。

环境要素中存在许多模糊现象，如环境资源效用的模糊、环境资源稀缺的模糊等，难以采用精确数学方法计量，当复杂性超过一定界限时，模糊性凸显，模糊数学计量可在环境会计计量中发挥应有的作用。

环境会计计量的基础可以采用机会成本、边际成本、替代成本等。环境资源有多大效用很难计量，对于难以直接估值的资源价值，可以采用机会成本衡量其潜在效用。基数效用论认为效用有总效用和边际效用，从环境会计的角度看，边际成本应包括边际直接成本、边际外部成本和边际用户成本。环境资源效用的最大化应包含用于满足人类的可持续发展的最大化，利用贴现率计算未来的效用。

2. 环境会计的计量模式

在传统会计的计量中，不同的计量单位与计量属性相结合就形成了不同的计量模式。计量属性分为历史成本、公允价值、现时市价、可变现净值和未来现金流量现值五种属性。采用最多的计量属性是历史成本。由于环境是基于传统会计而来，是对企业在经营生产过程中发生的有关环境事项的业务进行计量的，环境会计的计量对象的范围更小。环境会计仍以货币作为主要计量单位，环境会计的计量属性比传统会计的计量属性繁杂得多，除传统计量属性外，还有其特有的计量属性，如污染当量。

3. 环境会计的计量方法

与传统会计要素的计量相比，环境会计要素的计量更为复杂。因为很多环境要素的价值是无法量化的，在短期内它是没有价值的，需要拓宽环境会计计量方法。环境会计计量方法大体上可以分为两种：一种是市场价值法，另一种是替代市场法。

(1) 市场价值法。市场价值法是根据产品的市场价格评估测算企业日常经营生产过程中的环境资产、负债等。市场价值法又可以分为以下几种形式：

①人力资本法。人力资本是现代企业最有创造力的资源之一，环境质量脱离环境质量标准对人力资本质量有重大影响，这种影响不仅表现为因劳动者发病率与死亡率变化而给生产直接带来的损失或收益，而且表现为医疗费用开支的变化等。核心是围绕着人体健康这个因素。计量的范围仅包括因环境质量脱离其标准而导致的医疗费用支出的变化，以及因发病率和死亡率的升降所导致的收入变化。

②机会成本法。在市场价格不确定的条件下，如果要评估测算某自然资源使用的成本，那么就可以根据其所耗费的替代用途的收入来进行估算。传统会计核算中，学者更注重会计实际成本，而忽视机会成本。环境资源是有限的，机会成本可以衡量那些市场上价格不明确的自然资源，或是衡量环境污染所造成的经济损失。

③恢复及维护成本法。在被评估的环境质量低于环境标准时,将环境质量恢复到标准状况所需要的费用就是恢复费用,或是为了维护某环境资源的质量处于标准之上,所需要支出的补偿费。

(2) 替代市场法。在实际中,一部分商品和劳务的价格,只可间接地、片面地体现人们对于环境背离其标准的评价,只有用其他商品的价格来估计环境的价值,这种方法就是替代市场法。替代市场法使用的信息往往反映了多种因素产生的综合后果,环境因素只是其中之一,因此估值不一定准确。主要有下列几种替代市场法:

①资产价值法。资产价值法是指把环境质量作为资产价值的影响因素之一,当其他因素恒定时,仅考虑环境质量的不同而使资产价值受影响作为环境质量所带来的损失或收益。

②工资差额法。在其他条件近似相同,而只有环境质量不同时,利用劳动者工资的差额来度量环境质量的好坏所导致的经济损失或者收益就是工资差额法。最明显的例子是化工类企业生产工人的工资。

③预防支出法。通常指人们为了规避环境变坏的风险,所愿意支付的预防性开支,作为环境质量变坏的最低成本。该方法有个最大的前提是,人们对潜在的环境危害有足够的了解。

总的来说,替代市场法对环境信息的要求更高,很不容易得到客观、完整的信息。

三、环境会计的核算体系

(一) 环境会计核算账户设置

环境会计账户是根据设计的环境会计科目在账簿中开设的账户,用来系统、连续地记录各项环境会计业务,提供有用的环境会计信息。环境会计科目是对环境会计要素(即核算对象)的具体内容进行分类的项目,环境会计核算账户见表4-1。

表4-1 环境会计核算账户

一级科目	二级科目
环境成本	环境保护运行成本
	管理成本
	研发成本
	采购及销售成本
	其他成本

续表4-1

一级科目	二级科目
环境资产	环境流动资产
	环境固定资产
	环境无形资产
	环境资源性资产
	环境递延资产
环境负债	应付环境补偿费
	应付资源补偿费
	应交环境税费
环境效益	环保收益
	资源收益
累计折旧	环境固定资产
累计折耗	—

环境成本账户属于成本费用类账户，用于核算企业预防、维护、治理环境发生的各项支出和因环境污染而负担的损失。允许资本化的环境成本转入环境资本账户，费用化的环境成本转入"本年利润"，该账户期末无余额。环境资产属于资产类账户，用于核算企业与环境有关的款项。环境负债属于负债类账户，用于经营活动或其他事项对环境造成的破坏和影响而应付给其他企业、组织或个人的款项。环境效益账户属于损益类账户，用于核算企业进行环境保护和治理环境污染产生的环境收益和自然环境资产产生的环境收益，下设两个明细科目，其中环保收益用于核算企业进行环境保护和治理环境污染而取得的环境收益。资源收益核算对拥有或控制的资源进行开发、利用等实现的环境收益。累计折旧下设环境固定资产科目，用于核算环境固定资产的累计折旧额。累计折耗用于贷方计提的折耗及因其他原因增加的资源的折耗额。

（二）主要账务处理

企业环境会计核算主要包括两个方面的内容：对企业所使用的自然资源的核算以及对企业进行环境保护和污染治理的核算。

1. 单独设计一套环境会计核算账户

（1）对企业所使用的自然资源的核算。

国家拥有某企业的矿产资源，并作为国家股投入企业，该企业将其作为环境资产进行核算，并于本期开采一部分矿产资源用于资源产品生产，根据资源的评估价值入账。

借：环境资产——某资源
　　贷：实收资本——环境资本
同时反映资源折耗：
借：生产成本

贷：累计折耗——某资源

某企业获取政府的许可开采某矿产资源，但环保部门要求该企业支付矿产资源补偿费，未交的补偿费作为企业的环境负债。

借：环境成本——其他成本
　　贷：环境负债——应交矿产资源补偿费

当实际支付了矿产资源补偿费时：

借：环境负债——应交矿产资源补偿费
　　贷：银行存款

某企业将自产的矿产资源用于资源产品生产，应交纳资源税：

借：生产成本
　　贷：环境负债——应交资源税

某企业对资源进行开发、利用、配置、储存、替代等实现的收益：

借：银行存款或环境资产——环境流动资产
　　贷：环境效益——资源收益

（2）对企业进行环境保护和污染治理的核算。

本期购入一台环保设备，用银行存款支付其价款。

借：环境资产——环境固定资产
　　贷：银行存款

本期计提环保设备折旧：

借：环境成本——环境保护运行成本
　　贷：累计折旧——环境固定资产

检查环境资产，发现资产发生价值减值：

借：环境成本——管理成本
　　贷：固定资产减值准备——环境固定资产减值准备

无形资产减值准备——环境无形资产减值准备

交纳排污费、企业环境保护机构日常管理费用和人员工资、员工日常教育支出、城市建设规划费等时：

借：环境成本——管理成本（排污费、管理费、教育支出等）
　　贷：银行存款

企业为降低产品带来的污染自行研究环保技术发生的研究开发支出：

借：环境成本——研发成本
　　贷：银行存款等

当环保技术研究开发成功时，应予以资本化：

借：环境资产——环境无形资产
　　贷：环境成本——研发成本

摊销资本化后环保技术的成本：

借：环境资产——环境无形资产
　　贷：环境成本——研发成本

摊销资本化后环保技术的成本：
利用"三废"生产产品发生的成本：
借：环境成本——环境保护运行成本
　　贷：银行存款等
期末将与产品相关的废弃物回收利用成本按配比原则计入相关产品的生产成本中。
借：生产成本——某产品
　　贷：环境成本——采购及销售成本
因造成环境污染所交纳的费用、罚款、赔偿等：
借：环境成本——其他成本
　　贷：应付环境补偿费或银行存款
企业由于采取某项环保措施并进行有助于环保的技术开发，收到政府环保部门发放的奖金、补贴等：
借：银行存款
　　贷：环境效益——环保收益
由于利用"三废"生产产品，当期获得流转税的减免：
借：税金及附加
　　贷：环境效益——环保收益
利用"三废"生产产品当期获得减免所得税的退还：
借：银行存款
　　贷：环境效益——环保收益
利用"三废"生产产品取得的销售收入：
借：银行存款等
　　贷：环境效益——环保收益
　　　　应交税费——应交增值税（销项税额）
将从政府取得的排污权对外出售取得的收入：
借：银行存款
　　贷：环境效益——环保收益

该模式在不改变传统会计核算模式的前提下，单独设计一套环境会计核算账户，可以使环境会计账目清晰展现，但单独核算会使传统会计与环境会计两者之间的衔接不够紧密，更适合环境会计核算业务较多、金额较大，且相关活动较多的企业。

2. 设置"中心"账户和"卫星"账户

"中心"账户和"卫星"账户核算模式，是对环境会计显性部分和隐形部分分别核算。显性部分用"中心"账户核算，就是在传统会计核算的基础上，在有关一级科目下设置与会计要素核算相关的二级科目，对环境会计进行核算。隐性部分用"卫星"账户核算，主要涉及价值量和实物量的核算。

（1）"中心"账户设置见表 4-2。

表 4−2 "中心"账户设置

资产类	原材料、库存商品、工程物资等——分设"环境材料""环保产品"和"环保工程物资"等明细科目
	固定资产（减值、折旧）——设"环保固定资产"等科目
	无形资产（减值、折旧）——设"环保无形资产"等科目
	在建工程——设"环保在建工程"
	应收票据、账款——设"应收环保款"科目
	其他应收款——设"应收环保款"科目
	长期待摊费用——设"环境保护支出""资源取得费用"等科目
	设置"资源资产"科目，从无形资产科目中独立出来
	设置"累计折耗"科目
负债类	短期、长期借款——设"环保借款"科目
	应付票据、账款——设"应付环保款"科目
	预收账款——设"预收环保款"科目
	应交税费——设"应交环保税费"科目
	其他应付款——设"应付排污/治理费""应付环境赔偿"等科目
	长期应付款——设"应付环保费"科目
	预计负债——设"环境保护或有负债"科目
成本类	生产成本——设"环保材料与人工""资源材料"和"环境保护辅助生产"等科目
	制造费用——设"环境保护支出"科目
损益类	管理费用——设"环境保护支出"科目
	主营业务收入——设"环境收益"科目
	其他业务收入——设"环境收益"科目
	政府补助——设"环保补贴"科目
	营业外收入——设"环保收入"科目
	营业外支出——设"环保支出"科目
所有者权益类	实收资本（股本）——设"环境投资"科目
	资本公积——设"环保拨款"等科目
	盈余公积——设"法定环保基金"科目
	利润分配——设"提取法定环保基金"科目
	本年利润——设"环境利润"科目

（2）"卫星"账户。

环境会计核算隐形部分包含机会成本，该部分难以计量，因此不应该纳入"中心"账户核算中，而将该部分纳入"卫星"账户核算中，可以采用文字描述等对该部分内容进行核算。

四、环境会计信息披露

企业环境会计信息披露就是企业公开运营过程中形成的一切与环境有关的信息。企业环境会计信息披露不仅是企业向公众公开信息,深层次的原因是企业希望通过相关信息的披露向公众传递自己良好环境绩效的信号。

企业依赖自然环境的存在而存在,制造产品、提供服务需要来自自然环境资源的支持,过程中所耗费的人力成本也需要物质支撑,在产品、服务的生产和使用过程中,会产生废弃物,同样需要自然界消化,自然环境既受企业生产经营活动的影响,也同样会影响企业。企业行为对自然环境的影响程度,非企业内部人员无法直接观察到企业的实际行为和后果,政府及公众要了解企业消耗了多少自然资源和排放了多少废弃物,外部资金提供者也需要根据企业的环境信息来判断企业的经营风险,因此企业的环境会计信息披露成为各方关注的焦点。

2016年《关于构建绿色金融体系的指导意见》颁发,计划分步骤建立强制性上市公司披露环境会计信息制度:第一步,修订上市公司定期报告内容和格式准则,要求进行自愿披露;第二步,对所有上市公司实现半强制披露要求,强制要求重点排污单位披露环境会计信息,未披露的需做出解释;第三步,强制要求所有上市公司进行环境会计信息披露。

(一)企业环境会计信息披露的形式及选择

1. 环境会计信息披露的形式

企业在进行环境会计相关信息披露的时候,应增加货币信息与非货币信息的合理安排,且披露的形式可以较为丰富,如采用环境报告、会计报表或财务情况说明书等。目前,我国上市企业主要采取独立报告模式和补充报告模式两种环境会计信息披露模式。前者是指企业运用独立的环境报告书进行信息披露,分为环境报告书和社会责任书两种形式。披露的主要内容包括企业在管理中采用的环境措施和环境政策以及生产过程中的资源消耗情况、环境财务信息、污染处理数据以及环境保护活动等,采用文字撰写、图形展示、表格对比等形式,对相关货币信息和非货币信息进行总结。补充报告模式则是在现有的财务报告体系中把环境会计信息通过表内列项披露或表外披露的方式进行补充。

2. 环境会计信息披露形式的选择

企业可以通过多种渠道进行环境信息披露:①公司年报。②独立编制的环境报告或公司社会责任报告。③随着互联网的普及,越来越多的企业在自己的网站以及其他重要网站上披露环境会计信息。④许多企业利用新闻发布会或媒体采访的机会,披露相关的环境会计信息。⑤当企业进行再融资等活动时,按照中国的规定,重污染行业的企业必须在证监会指定的媒体或网站上进行环境会计信息的披露。

年报是企业与外界沟通最重要的通道,具备法律责任和强制性,备受各方重视。但年报篇幅有限,往往不能充分展示企业的环境会计信息。有的企业的环境报告没有与年报同时披露,致使一些利益相关者未曾注意和阅读,降低了报告效力。公告也具有法律责任,但公告没有定期性和强制性,并且公告的成本也比较高昂,篇幅不会太长。报纸杂志具有第三方发布消息所具有的客观性,并且可以做到图文并茂,许多企业的环境报告或公告通过报纸杂志向外披露。但报纸杂志的发行范围有限,且成本也比较高。企业网站现在发挥着越来越大的作用,企业网站具有信息获得便利、信息量大的特点。利益相关者一般只要浏览企业网站,就可以获得大量企业发布的环境信息。企业网站虽然信息量大,但其内容是逐渐积累的结果,不同时点得到的结果不一样,因此只适于做横截面分析。新闻发布会或媒体采访报道也能披露一些企业的环境会计信息,但由于这些活动具有偶发性特征,产生的作用有限。

披露渠道可能会影响对披露内容的取舍。在报刊上披露的年报篇幅有限,而在互联网等媒介上披露的信息,理论上篇幅可以无限长。从当前各国的研究文献看,在公司年报中披露的环境会计信息普遍表现出三个特点:①主要集中在重污染型行业;②大企业披露较多;③主要反映出关于环境的正面和积极的信息,即披露的信息基本上是关于企业在运营中有利于环保的消息。

企业会根据策略动机来选择披露渠道。当企业着眼于公开资本市场参与者时,环境信息主要在年度报告中披露,以减少信息不对称和逆向选择的风险。而当企业着眼于非公开资本市场参与者时,环境信息主要在独立报告和网站上披露,以降低政治成本。当然,资本市场参与者可以从其他来源收集环境信息,但他们一般不愿意依靠未经审计、不受管制和格式不规范的披露来进行投资决策。他们发现,当企业面临短期的环境危机时,多在企业的网站进行披露;而在长期环境声誉较差的情况下,企业多选择在年度报告中进行环境信息的披露。

(二)企业披露的内容

为了满足各利益相关者对企业环境信息的使用需求,环境信息的披露不仅要包括具体的环境指标和环境影响的财务信息,还应该包括企业概况与环境方针,环境会计信息,环境绩效与评价、指标,环境审计报告等内容。西方跨国公司使用的独立环境报告模式的具体内容一般包括:①企业简介与环境方针;②环境标准指标和公司的实际环境绩效指标(废弃物、产品包装、产品对环境的影响、污染排放、再循环使用等信息);③环境会计信息(环境支出、环境负债、环境治理准备金、环境收入等);④环保行为带来的其他经济影响信息(环境治理的投资收益、外部机构给予企业的奖励等);⑤环境审计报告。

目前我国环境会计具体准则空缺,采用独立环境报告模式报告环境会计信息的企业并不多。从披露比较规范的上市公司的实践来看,独立的环境会计报告报式未完善,随着对上市公司披露要求的提高,高污染、高耗能企业强制披露,企业年报成为环境信息披露的重要方式。

全球报告倡议组织(GRI)的《可持续发展报告指南》(G4版本)要求企业的环境会计信息披露需要关注"流程",还需要报告对机构业务及关键利益相关方具有实质性的披露，实质性要求意味着企业应该披露对经济、环境和社会具有重要影响的方面，或实质上影响利益相关方评价和决策的方面。披露者可以选择核心披露方案或全面披露方案。核心披露方案是只披露环境绩效内容；全面披露方案是指在核心披露方案的基础上，还要披露战略与分析、治理、商业伦理与诚信的标准等，以及与确定的实质性方面相关的所有指标，更全面地说明环境绩效。

企业环境会计信息应该披露与各类输入物（如能源和水）和输出物（废气、废水、废弃物）有关的影响，此外还包括与生物多样性、交通运输、产品与服务相关的影响，以及环境开支和合规情况标准项，具体包括以下几方面。

1. 物料

企业使用的物料总量，包括原材料、相关的过程物料、半加工产品或部件，以及最终产品中除原材料之外所有形式的物料和部件、包装物料。对于每类物料，阐述是购自外部供应商还是从内部获得，对每类物料进行可再生来源还是不可再生来源分类。

2. 能源

能源主要涉及企业内外部的能源消耗量、能源强度、减少的能源消耗量以及产品和服务所需能源的降低。

编制要领：机构可首先评估哪些活动会在机构外部产生能源消耗，然后评估消耗的总量。本指标不包括 G4-EN3 指标已报告的能源消耗。在确定这些活动的相关性时，说明这些活动的能源消耗是否：①对预期的机构外部的能源消耗总量有显著影响。②机构的活动或者影响可能降低消耗。③机构面临的与气候变化风险相关的风险敞口，如财务、监管、供应链、产品与客户、诉讼和声誉风险等。④关键利益相关方（如客户、供应商、投资者）认为具有实质性。⑤由以前在内部进行但现已外包的活动产生，或者其他同业机构一般在内部进行的活动产生。⑥已在具体行业的指导中被确认为具有显著性。⑦符合机构或同业机构制定的其他相关性判定标准。确定属于以下类别和活动的上下游能源消耗。上游：购买的货物和服务、生产资料、燃料和能源相关的活动（不在指标 G4-EN3 中包含的活动）、上游的运输和分销、经营活动中产生的废物、商务差旅、员工通勤、上游资产租赁等；下游：下游的运输和分销、所售产品的加工、所售产品的使用、所售产品的最终处置、下游资产租赁、特许经营、投资等。机构可分别从不可再生和可再生能源两个方面报告能源消耗。机构需要报告计算和测量能源消耗所用的标准、方法和假设，并引述所用的计算工具。若需遵循不同的标准和方法，说明做出选择的方式。

企业报告的能源强度主要包括：①报告能源强度比。②说明机构用于计算该比率的度量标准（比率的分母）。③说明该强度比率所涵盖的能源类型：燃料、电力、供暖、蒸汽或以上全部。④说明计算该比率时，计算的是机构内部的能源消耗量，还是机构外部的能源消耗量，还是两者都包括。编制要领是计算或估计因节能和提高能效措施节约的能源。本指标不含由产能减少或外包而减少的能耗。措施至少包括流程改造、设备改造或翻新、员工行为的改变、经营变化。指出能源节约量的计算方法是估计、建模还是直接测量。如果是估计或建模，需披露所用方法。机构需结合不同的能源类型，报告能耗减少量；分别就燃料、电力、供暖、制冷、蒸汽等方面，报告能耗减少量。机构可以选择按照节能措施或措施的类别，分别报告能耗减少量。采取了多种节能措施的机构可优先报告在报告期内执行的举措，以及可显著降低能耗的措施。机构的相关举措及目标在能源方面的管理方法披露（DMA）中进行描述。机构需要报告计算和测量能源消耗减少量所用的标准、方法和假设，并引述所用的计算工具。若需遵循不同的标准和方法，要说明做出选择的方式。

3. 水

按源头说明总耗水量：说明获取来源，总耗水量，因机构取水受到重大影响的水源、循环及再利用水的百分比及总量，说明水资源的获取来源以及该获取来源的水资源总量。

因取水而受重大影响的水源：说明因机构取水受到重大影响的水源总数、水源地的规模、水源地的价值。

循环再利用水的百分比及总量：循环再利用水的总量、循环再利用水占总用水量的百分比。

4. 生物多样性

机构所在地：机构在环境保护区域或其他有重要生物多样性价值的地区或其毗邻地区，拥有、租赁或管理的运营点，包括已正式宣布的未来运营所在地。

机构经营活动：机构的活动、产品及服务在生物多样性方面对保护区域或其他具有重要生物多样性价值的地区的重大影响。

受机构运营影响地区：受保护或经修复的栖息地及经修复区的面积或位置，监督实施修复和保护措施以外的区域。

5. 废气排放

废气排放方面的指标包括温室气体排放指标，以及臭氧消耗性物质，如氮氧化物、硫氧化物及其他主要有害气体的排放指标。《温室气体议定书》规定，机构应当报告其拥有或控制的运营点的排放能源直接排放和机构购买或取得的、用于内部消耗的电力、供暖、制冷或蒸汽的生产造成的排放能源间接排放。在机构外部产生的所有间接排放，包括上下游机构的排放。

温室气体直接排放量：包括企业物理或化学加工过程的排放量，原料、产品、人员等运输过程中的排放量，由设备接口、封装等造成的逃逸性排放量。

能源间接温室气体排放量：用于机构自身消耗的电力、供暖、制冷和生产造成的温室气体间接排放。

其他间接温室气体排放量：包括上下游的排放量对机构的排放总量有显著影响，机构自身废弃物分解时的排放量等。

温室气体排放强度：说明机构在特定度量标准下的温室气体排放情况，用绝对排放量除以机构特定度量标准。

温室气体排放构成：臭氧消耗物排放、氮氧化物、硫氧化物以及其他排放量。

6. 污水和废弃物

按水质及排放目的地分类污水排放总量：排放目的地、水质、再利用情况。

按类别及处理方法分类废弃物总重量：说明有害和无害废弃物的总重量，再利用、循环、堆料、回收等处理方法。

严重泄漏的总次数及总量：若存在严重泄漏，除在财务报表中披露外，还需要在环境会计信息披露中进行再次披露。

7. 产品和服务

降低产品和服务环境影响的程度：说明在报告期间，为减缓产品和服务对环境最显著的影响采取的具体措施。

按类别说明回收售出产品及其包装物料的百分比。

8. 交通运输

为机构运营而运输产品、其他货物、物料以及员工交通所产生的重大环境影响。

9. 整体情况

按类别说明总环保支出及投资说明总环保支出，预防和环境管理成本。

10. 供应商的环境评估

主要说明使用环境标准筛选的新供应商比例，对供应商环境重大实际和潜在的负面影响进行披露。

11. 环境问题申诉机制

说明经由正式申诉机制提交、处理和解决的环境影响申诉的数量。

（三）企业环境会计披露样表

现行环境会计制度体系明确了企业负担的环境保护责任，尤其是对环境影响大的企业，报告形式见表4-3和表4-4。

表4-3 ××企业环境会计信息披露表

年（表一）

项目	控制标准	本期数额	上期数额
环境支出部分			
1. 进入管理费用的数额			
（1）提高征收标准的排污费			
（2）加倍征收的排污费			
（3）绿化费			
（4）土地损失赔偿费			
（5）矿产资源补偿费			
（6）与环境有关的劳动保护费			

续表4－3

项目	控制标准	本期数额	上期数额
（7）其他			
2. 进入营业外支出的数额			
（1）排污费滞纳金			
（2）违反环保法规罚款			
其中：废水			
废气			
废料			
3. 与"三同时"要求相关费用			
（1）计入在建工程的数额			
（2）接受罚款的数额			
（3）其他			
4. 与环境有关的其他支出			
环境支出合计			
环境保护收益部分			
1. 税收减免			
（1）减免的所得税			
（2）免征的增值税			
（3）返还的增值税			
（5）其他			
2. 其他环保收益			
（1）接受赠款			
（2）其他直接收益			
3. 与环境保护有关的其他收益			
环境保护收益合计			
环境负债部分			
1. 流动负债部分			
（1）应付排污费			
（2）应付环保罚款			
（3）其他环境负债			
2. 长期负债部分			
（1）预计环境恢复支出			

续表4-3

项目	控制标准	本期数额	上期数额
（2）预计废料处理支出			
（3）环境设施建造			
环境负债合计			
环境保护设备部分			
设备原价			
减：累计折旧			
设备净额			
环境保护设备合计			
环境保护设备拥有率			

表4-4 环境效益表

年（表二）

分析指标	标准数据	实际数据	与标准差异原因	与上年差异原因
绿色产品占有率				
主要污染物排放达标率				
其中：废水				
废气				
废料				
厂界绿化率				
污染治理达标率				
"三废"产品利用率				
环保设备投资收益率				
其他指标				

（四）上市公司环境会计信息披露

上市公司环境会计信息披露规范是环境会计披露制度发展的重要一环，上市公司进行环境信息披露的法律依据包括《证券法》《环境保护法》《大气污染防治法》《上市公司信息披露管理办法》（证监会令第40号）、《企业事业单位环境信息公开办法》《排污许可管理办法（试行）》《环境信息公开办法（试行）》《公开发行证券的公司信息披露内容与格式准则第2号——年度报告的内容与格式（2017年修订）》《公开发行证券的公司信息披露内容与格式准则第3号——半年度报告的内容与格式（2017年修订）》等。目前的环境法律法规主要针对重点排污单位的环境信息公开义务做出了强制规定，强制性上市公司披露环境会计信息制度尚未全面建立。上市公司或其关联公司中，如存在重点排污单位，应严格加强环境会计信息披露工作。

公司基本的环境会计信息应当在日常经营中通过年度报告、半年度报告等形式及时进行披露。主要包括以下几个方面：

（1）基础信息，包括建设项目基本情况、生产经营和管理服务的主要内容、产品及规模等。

（2）排污信息，包括主要污染物及特征污染物的名称、排放方式、排放口数量和分布情况、排放浓度和总量、超标情况，以及执行的污染物排放标准、核定的排放总量。

（3）防治污染设施的建设和运行情况。

（4）建设项目环境影响评价及其他环境保护行政许可情况。

（5）突发环境事件应急预案。

（6）其他应当依法公开的环境信息。

已经领取排污许可证的上市公司，应当按照排污许可证规定的关于执行报告内容和频次的要求，编制排污许可证执行报告。排污单位的年度执行报告应当每年在全国排污许可证管理信息平台上填报、提交并公开，同时向核发环保部门提交通过全国排污许可证管理信息平台印制的书面执行报告。年度执行报告包括以下几个方面：

（1）排污单位基本生产信息。

（2）污染防治设施运行情况。

（3）自行监测执行情况。

（4）环境管理台账记录执行情况。

（5）信息公开情况。

（6）排污单位内部环境管理体系建设与运行情况。

（7）根据自行监测结果说明污染物实际排放浓度和排放量及达标判定分析。

（8）排污单位超标排放或者污染防治设施异常情况的说明。

（9）其他排污许可证规定的内容执行情况等。

环境会计信息披露途径：上市公司年度报告、中期报告。中国证券监督管理委员会发布证监会公告〔2017〕17号、18号文，明确要求上市公司应在公司年度报告和半年度报告中披露其主要环境会计信息，如不披露，需充分说明原因。企业重要环境事件发生后，应及时进行临时报告，并对外发布公告。

对于日常的基础环境会计信息，企业可以通过其网站、企业事业单位环境会计信息公开平台或者当地报刊等便于公众知晓的方式公开，同时可以采取以下一种或者几种方式予以公开：①公告或者公开发行的信息专刊；②广播、电视等新闻媒体；③信息公开服务、监督热线电话；④本单位的资料索取点、信息公开栏、信息亭、电子屏幕、电子触摸屏等场所或者设施；⑤其他便于公众及时、准确获取信息的方式。我国的环境会计信息披露制度总体而言越发完善，环境会计信息披露也会有进一步制式规范。

第三节 环境会计的发展与展望

一、环境会计发展存在的问题

在环境会计领域,我国学者在推动其理论发展、环境会计核算、环境信息披露方面做出了巨大的贡献。但由于我国关于环境会计的研究起步较晚且环境保护与治理体制不太完善,使得我国环境会计发展进程明显落后于西方国家。

(一)环境会计法律规章不完善

我国针对环境会计制定了多种规章和准则,但是这些规章和准则中很少有与环境问题相关的条例,制度存在漏洞,环境会计核算与环境会计信息披露将会出现片面的情况,无法有效地评定企业的经营活动对环境的影响。

对环境会计的处理也与常规财务混淆,没有严格按照相关的规定来进行环境会计处理,使得环境会计信息不够真实有效,使得环境会计信息的进一步披露受到影响。

(二)环境会计自身发展存在难题

由于我国市场经济处于初级阶段,没有合理的市场指标来反映市场对于污染排放的敏感性,而且难以准确地分析环境成本和费用,导致环境成本构成及因素分析缺乏相关的数据。再者,我国在环境保护方面的法律法规等有待完善。

在环境信息披露方面,我国还没有形成一套统一的、标准的环境会计理论体系和统一的环境会计信息披露标准,环境会计信息披露的质量相对较低。

(三)企业还没有引起足够的重视

我国环境会计信息披露的相关规定尚未明确,各企业可能会按照自己的理解准则进行信息披露,可能在年报附注中披露,也可能在社会责任报告中作为环境部分进行披露,有些重视的企业可能会单独使用环境会计信息披露报告进行披露,披露方式参差不齐且披露的信息不全面,也不规范,各企业披露的信息缺乏可比性。

现行的企业会计制度没有统一的标准。很多企业处理环境会计信息带有很强的随意性。同时,部分企业出于对同行业的竞争压力,把对环境会计信息披露作为向外界传递好信息的途径,可能只会披露出有利于自己的环境绩效的信息,而对自己不利的信息只字不提,环境会计信息质量大打折扣,想通过环境会计信息披露了解我国整体环境状况就不太可靠了,不利于环境会计整体发展。

二、环境会计发展展望

(一) 完善相关制度,培养环境会计人才

注重对环境会计准则进行合理的位置设定。要以最快的速度制定环境会计规则准则,这样才能使环境会计得到有效的操作和应用。同时要加强利益监督,为环境会计的发展奠定扎实的基础。另外,要制定具体的环境会计信息披露制度,利用信息披露制度更好地提高社会的关注度,加强社会监督的力度,从而使环境会计可以在经济新常态下更好更快地发展。

制订具体的宣传方案,在各个领域进行环境保护宣传,呼吁社会共同参与到环境会计的发展中。针对环境会计人才进行系统的培训,提高环境会计人员的综合素质,加强人才保障力度。为了能够培养出更加可靠的人才,相关的会计专业院校应进行环境会计课程的设置,使得毕业生能够更快地融合到工作环境中。另外,还需要提高环境会计教育的水平,加强实践课程,使得在校学生能够掌握相关技术。

(二) 积累有关环境会计推广的经验

减少环境会计发展的阻碍因素,从对环境影响大的企业强制披露开始,积累相关的推广经验,加大政府对这些企业环境会计信息披露的支持力度。要想使得企业也能够有效地应用环境会计,就需要构建相应的环境会计核算体系,最大限度地减少企业的损失,构建更合理的环境会计核算体系和环境会计信息披露标准。

(三) 强制披露与鼓励披露相结合

在制度规范初期,对于那些对环境影响大的企业实行强制披露,同时鼓励企业主动披露相关环境会计信息。重点是强制性披露,首先要明确强制披露的公司,逐步扩大到所有上市公司,对非上市公司中的重污染企业也应强制披露;其次是规定披露的内容,保证披露内容完整统一;再次是规范披露形式和格式,保证环境会计披露信息具有可比性;最后是建立和完善信息披露的监管制度和奖惩机制,使企业有压力和动力进行环境会计信息披露。

第五章　社会责任会计

第一节　社会责任会计概述

一、社会责任会计的产生

（一）社会责任会计产生的现实依据

社会责任会计的研究源于20世纪60年代末70年代初的西方资本主义国家，其产生的现实依据可以体现在以下两个方面：一方面，环境与资源问题随着科技进步、社会生产力的提高和物质产品的极大丰富，一些诸如生态平衡、环境污染、城市建设、能源危机、文化教育等社会问题接踵而至，其中，环境问题是引发社会责任会计的直接原因。另一方面，企业的竞争和发展虽然在一定程度上实现了经济繁荣，但由于忽视了社会和公众利益，造成了社会诚信、劳动者的安全和健康等多方面的隐患。这些隐患已成为日益严重的社会问题，威胁着人类的生存和健康，阻碍了社会生产力的发展进程。因此应该有效配置社会资源，通过企业合理承担量化的社会责任，履行社会义务，进而创造一个健康、有序、诚信、文明的经济发展环境。

此外，只要在经济运行过程中协调企业与社会的关系，社会责任会计就有产生与发展的必要，即经济运行决定了社会责任会计的出现。无论社会责任会计的内容，还是社会责任会计信息的披露及产生方法，都是在一定的经济运行环境下，人们对社会责任予以计量、反映的一种认识。

相关法律法规的出台也在一定程度上促进了社会责任会计的产生。1982年5月，联合国环境规划署特别会议在内罗毕通过了《内罗毕宣言》，其目标是"处理好生产、人口、环境、资源之间的关系，建立符合生态规律的生产方式和生活方式，制定有远见的总体战略对策，才能达到保护生态、改善环境和发展经济的目的"。我国也相继制定和修改了《中华人民共和国矿产资源法》《中华人民共和国环境保护法》等环境、资源法规，在经济与环境、资源的可持续发展方面基本上做到了有法可依。建立社会责任会计，通过会计的专门方法来确认和计量企业经营活动所带来的资源、环境等社会成本及社会效益，并将这些信息提供给法院、生态环境局、工商行政管理局等执法监督部门，作为这些部门检查、监督企业执法情况的依据，对确保我国有关法律、法规发挥应有的作用，具有十分重要的意义。

(二) 社会责任会计产生的理论依据

社会责任会计这一学科的理论渊源甚为久远。

1. 相关概念的产生

西斯蒙蒂在其1819年出版的《政治经济学新原理》中首次提出了"社会成本"概念。克拉克在其1923年出版的《管理成本经济学》中提出了"社会成本簿记"和"社会价值"概念。马歇尔提出了"外部经济"概念。以上无论是"社会成本""社会成本簿记"，还是"社会价值""外部经济"，其共同特征都是与"社会"或"外部"相联系，从而使这些传统的概念从"企业"扩展到"社会""外部"，为会计从"企业"拓展到"社会"奠定了概念基础。

2. 相关理论及其成熟

社会责任会计的理论基础是西方经济学派新的企业对社会的责任观念。这种会计的服务对象不是股东，而是各个社会集团。这里的企业社会责任，是指企业在处理与社会的相互关系时所应承担的义务。福利经济学派提出的企业社会责任观念认为，履行社会责任是企业义不容辞的一项义务，而且只有在实现诸如环境保护、增进人们福利等社会目标之后，还能获得令人满意的利润，才能说明企业履行了社会责任。马歇尔的"外部经济"理论、庇古的"外部效应"理论和科思的社会成本理论等为社会责任会计的产生奠定了经济学基础。会计受托责任是社会责任会计的前提。随着现代会计受托责任范围及其具体内容的不断拓展，其受托责任包括以体现企业经济效益为主的经济责任和以体现社会效益为主的社会责任两个方面，这充分展示了会计的未来发展方向。社会责任会计试图反映和揭示企业社会效益和社会价值的形成、实现和分配过程。

3. 相关学科的兴起

(1) 生态经济学。生态经济学是介于生态学和经济学之间的一门新兴学科，它的研究对象是生态系统和经济系统复合而成的经济生态系统的结构及其运动规律。

(2) 环境经济学。环境经济学是在经济发展所导致的环境破坏和污染日趋严重，而传统的经济学理论已难以解决环境污染和资源枯竭问题的条件下应运而生的一门新兴经济分支学科。

(3) 社会学。社会学是研究社会、社会发展和社会问题的一门学科。从社会学角度分析，企业不仅是一种经济存在，而且是一种社会关系的集合体。随着社会伦理观和价值观的完善，企业不仅要提高经济效益，还要提高社会效益，并承担必要的社会责任，这样传统会计必然会延伸到社会责任会计。

二、社会责任会计的概念

西方国家有些会计学者对社会责任会计的理论体系进行了较为广泛的研究。由于认识角度不同，因而对社会责任会计的表述有一些差异。

(一) 社会责任会计的分类

1. 从控制的对象和主体上，分为微观社会责任会计和宏观社会责任会计

微观社会责任会计以企业为控制对象，是指企业经济活动对社会带来的影响的计量报告。其典型表述为：社会责任会计是社会发展到一定阶段的必然产物，它与政治、社会、经济相联系，利用会计特有的方法，对企业的社会贡献、经济贡献、社会成本、私人成本等加以确认、计量，并以报表形式披露，给政府和其他社会部门投资者提供有用的财务、非财务信息。

宏观社会责任会计以国民经济为控制对象，是指整理、衡量及分析政府和企业行为所引起的社会和经济后果。其典型表述为：社会责任会计是指从宏观经济观念出发，对企业经济活动的社会影响进行计量和报告的会计。它本质上属于宏观会计的范畴，是20世纪70年代所产生的一个新的会计分支。

2. 从反映的内容上，分为狭义社会责任会计和广义社会责任会计

狭义社会责任会计只反映企业的社会责任。其典型表述为：通常所说的社会责任会计是从微观角度来说的，即以企业与社会之间的相互关系为中心，采用会计特有的方法和技术，对企业主体的经营活动所带来的社会贡献和社会损害进行反映和控制的会计。

广义社会责任会计既反映经济责任又反映社会责任。其典型表述为：社会责任会计是把企业与社会间的相互关系当作社会责任并以此为中心对企业行为所引起的社会和经济结果进行的反映、衡量、控制、分析和揭示。

(二) 社会责任会计与其他相关概念之间的关系

1. 社会责任会计与传统会计的关系

社会责任会计是在传统会计模式的基础上产生的一种新的会计模式，它是以企业责任为核算对象而开展的会计，从社会效益的角度，对企业经营活动的社会影响和环境影响进行计量与报告，将其提供给企业的管理人员、政府、商业伙伴、社会公众的会计程序与会计方法。社会责任会计的最终目标是实现企业利益和社会发展的双赢，即经济效益目标与社会效益目标同时实现，而非传统会计学中的仅实现企业利益最大化。

2. 社会责任会计与环境会计的关系

(1) 社会责任会计与环境会计的区别。

①理论构建的基础不同。社会责任会计的理论体系建立在"经济—社会"二维系统的基础上。企业在实现经济利益的同时必须承担所有的社会责任，包括保护环境的责任，从长远的观点来看，企业社会责任的履行情况决定了企业未来经济效益实现的良性循环。但环境因素仅作为社会子系统中的变量，对企业的经济活动而言属于外生变量。而环境会计的理论体系是建立在"经济—社会—生态"三维系统的基础上。它从生态效率的角度出发，对企业活动所产生的社会成本和环境成本进行计量，试图提高企业环境资源的利用率，以达到保护环境的目的，促进经济、社会、生态协调发展。在这里环境

因素不是外部变量,而是其子系统。

②核算内容与范围不同。社会责任会计除了计量和反映企业的经济效益,还要求企业向社会公众披露企业履行社会责任的情况,让社会公众了解企业对社会做出多少贡献,包括企业在扩大就业范围、维护职工利益,减少环境污染、保护环境,改善社区生活环境,提高产品的性能和安全性,参与社会公益活动等方面所做的努力和取得的成果。环境会计通过充分强调环境资源的有限性和稀缺性,并赋以价值和价格,对企业有关的资源环境、废弃物以及与生态环境的关系等进行反映和控制,具体包括环境污染损失、环境保护支出和环境保护收益。因此,社会责任会计的核算内容包括社会关系的各方面因素,而环境会计着重反映环境因素,其侧重点不同,范围也不一样。

(2)社会责任会计与环境会计的联系。

①社会责任会计与环境会计都是在经济发展与社会各方面协调发展出现矛盾的基础上,在传统会计无法揭示经济活动对社会其他方面的影响的状况下产生的,它们的出现是对传统会计的挑战,是对现代会计模式的有益探索和创新,是社会经济发展的必然产物。

②虽然它们的理论和实务同样都还很不完善,在实践中还存在各种各样的问题,但都一直处于不断发展的过程中。

③在核算体系中都沿用了传统会计的理论和方法,但同时又具有自己的特色性与灵活性。

④二者同样计量和反映环境因素。

三、国内外社会责任会计理论与实践研究现状

(一)国外社会责任会计理论研究

英国著名学者欧利文·谢尔顿(Oliver Sheldon)在1924年出版的 *The Philosophy of Management* 一书中首次提出了"公司社会责任"概念,他将公司社会责任与公司经营者满足产业内外各种人需要的责任联系起来,并认为公司的社会责任应当包括道德。但是,由于人们对企业社会责任没有足够认识,他的观点当时并未引起普遍关注。"企业社会责任之父"伯文(Howard R. Bowen)在1953年出版的著作《商人的社会责任》一书中,对企业社会责任的描述才使得这一概念第一次有了较为清晰确切的定义。伯文认为,商人应根据社会合理的目标和价值来经营企业,企业的行为决策应向政府政策靠拢。企业的行为动机不仅仅是出于经济与利益的目的,而应考虑到企业对社会带来的影响。1960年,Davis Keith对"责任定律"进行了界定,他指出,企业要适度承担社会责任,不承担社会责任或者承担过多的社会责任都会对企业带来消极影响。如果管理者只关注企业的短期利益,会阻碍企业的发展。短期来看,承担社会责任会增加企业当期成本,但从长期发展来看,企业承担社会责任的成本会在未来得到补偿甚至获得更多的收益,但补偿会体现出一定的滞后性。

1968年，企业社会责任的理论研究进入新阶段。美国会计学家 David F. Linones 发表了题为 Social—Economic Accounting 的文章，首次提出社会责任会计的内涵。他认为社会责任会计衡量和分析了政府及企业行为对社会公共部门所产生的经济和社会效果。企业的管理者不仅需要对企业负责，还需要对社会承担受托责任，企业的资产属于社会财富的一部分，承担着载体的作用，企业家代为管理社会财富，就应当使社会财富效用最大化，最大限度地发挥对社会的积极作用。这篇文章引起了美国社会对社会责任会计的热烈讨论。

1979年，Carroll 在《公司绩效的三位概念模型》中提出了广义的社会责任概念。他认为企业的社会责任应该包括法律责任、经济责任、自愿责任和道德责任四个方面，将企业社会责任划分为三个维度，分别是社会责任、社会响应和社会问题。

2008年，Juan L. Nicolau 提出，承担社会责任可以为企业带来超额利润。1981年，李·H·瑞德堡和杰佛里·S·阿潘比较了不同国家社会责任会计在核算内容、计量方法及披露形式等方面存在的差异。企业对环境、社会关系的关注，还可以提升企业所处地区的整体经济、环境和生活水平等。

Harlan 从利益相关者视角提出，企业撰写社会责任报告时，可按照利益相关者的需求差异对社会责任会计信息进行分类。2010年，Lina Dagiliene 用年报的形式研究分析了企业社会责任会计披露的方法。通过这样的形式进行披露，可使利益相关者更有效地获取相关的信息。2014年，Belen F. Feijoo、Silvia Romero、SilviaRuiz 从可持续发展的视角分析，认为企业向利益相关者传递社会责任信号最有效的方式是可持续发展报告，企业应当通过报告的形式向外界详细披露社会责任的履行情况。

（二）国外社会责任会计实践研究

1974年2月，美国会计人员协会的企业社会绩效委员会在《管理会计》杂志上发表了第一篇关于社会责任会计的专题研究报告，报告中将社会绩效分为四个主要范围：人力资源、社会关系、产品或服务贡献、自然资源和环境贡献。

美国是社会责任会计的发源地，社会责任会计在产生之初就得到了美国注册会计师协会（AICPA）、美国会计师协会（NAA）、美国会计学会（AAA）三大协会的大力支持：AICPA 发表了《企业社会业绩》研究报告，为社会责任会计建立了初步的计量系统；NAA 成立了企业社会行动会计委员会，界定了社会责任会计的范围、目的、程序和沟通方式等内容；AAA 成立了多个委员会，推动了社会责任会计的理论研究。

法国政府也在1977年制定了社会责任披露方面的法律，从法律层面对社会责任会计披露的模式、框架进行了细化，并规定了94个强制披露指标，多侧重于对职工福利和环境的保护。

英国会计准则委员会在1980年出版的《公司报告》一书中，鼓励企业编制社会责任报告。英国政府原则上建议自愿披露，但同时也规定了强制披露范围，实质上是自愿披露与强制披露相结合。

20世纪末期，西方各国都出现了关于社会责任会计的多边组织，这些多边组织在社会责任会计的评价体系和认证制度方面做了很多努力，并切实起到了推动作用。

经济优先权委员会（Council on Economic Priorities，CEP）是一个长期研究社会责任及环境保护的国际非政府组织，一直积极支持并参与制定社会责任标准的活动。2001年12月12日，经过深入的公开咨询和研究，CEP发布了全球第一个可用于第三方认证的社会责任会计国际标准，即SA 8000标准修订版（SA 8000：2001）。

（三）国内社会责任会计理论研究

我国关于企业社会责任的研究起步较晚，从20世纪90年代开始，我国学者着手对企业社会责任进行系统研究。1985年，华惠毅发表的《企业社会责任——访南华公司催化剂厂》中，首次出现"社会责任"一词，比西方国家迟了半个多世纪。1990年，袁家方在《企业社会责任》一书中首先对"企业社会责任"的概念做出解释，他认为企业社会责任是企业在维持自身利益和发展的同时，面对社会问题和社会需要，为维护国家和人类的根本利益，必须履行的责任和义务。该定义体现了一定的时代特色，具有重要的历史意义。

随着经济的快速发展，我国对企业社会责任的认识更加深入。1998年，李炳毅、李东红提出，企业不能被动承担社会责任，而应将社会责任加入企业的经营理念中，体现在企业的战略管理中，纳入企业的战略规划中。刘俊海（1999）认为，企业的社会责任就是企业在追求自身生存和发展时，应从社会整体利益出发，重视员工、消费者、环境及社会公共利益等，不应以股东盈利作为自己的唯一目的。卢代富（2002）认为，企业社会责任是企业在谋求股东利润最大化之外，所承担的维护和增进社会公益的义务。与此同时，一些社会机构也积极参与到企业社会责任的研究中。笔者认同《中国企业管理年鉴》对企业社会责任的界定："企业出于对自身长远发展的考虑，必须关心、承担的责任，既有强制性的法律方面的责任，也有自觉的道义方面的责任。"

2006年，我国全面落实科学发展观、构建和谐社会战略思想的提出，在企业和社会公众中引起了强烈关注，履行社会责任的活动以及相关的研究文献也不断增加，越来越多的企业、组织关注并参与到企业社会责任的理论及实践研究中去。随着新《公司法》的修订实施和国资委、深沪两大证券交易所等的积极倡导，各类企业开始编制并披露社会责任报告。但由于社会责任机制体制设计不完善，缺少行业规范，绝大多数社会责任报告中披露的信息没有太大的使用价值。

杨海林、张集琼、王光（2010）对我国2006—2009年的社会责任报告进行了深入分析，结果显示，社会责任披露主体以国有企业和沿海地区企业居多，报告内容基本为企业对自己的标榜，多为空话套话，无论是格式还是内容都没有统一的标准。尽管愿意披露社会责任的企业越来越多，但是一份合格的、客观的、有可利用价值的报告并不多见。

赵馨燕（2013）对我国社会责任会计理论研究进行整理分析，认为我国国情不适合采用自愿披露社会责任的形式，且我国政府没有给予足够的监督和指导，需要政府强制要求披露企业社会责任，建立有效机制和措施提升社会责任会计信息披露质量，改进社会责任会计现状。

杨敏（2014）通过博弈分析，认为企业履行社会责任、披露社会责任会计信息的行为很大程度上受到利益相关者的影响。顺利推行社会责任会计，披露社会责任会计信息是我国经济发展、社会进步和企业发展的必然趋势。

彭红利（2015）认为，国有企业在履行社会责任中应发挥"排头兵"的作用，他提出通过建立"政府—企业—社会"三位一体联动的企业履行社会责任长效机制，促进政府、企业和社会的有效合作与良性互动，实现和谐共赢。

杨蕊、吴贤龙（2015）运用聚类分析对53家能源类上市公司社会责任会计信息披露水平进行评价，研究结果为整个能源类上市公司社会责任会计信息披露水平整体中等偏低，这基本吻合我国企业社会责任会计信息披露起步阶段的状况。

冯丽艳、肖翔、赵天骄（2016）认为，自愿披露制度不影响经济绩效对企业社会责任信息披露的影响效应，良好的经济绩效可以促进企业提高社会责任信息披露水平，但在强制披露要求下，企业会降低对经济目标的关注，经济绩效对企业社会责任信息披露的影响效应会减弱。

李德平（2019）分析发现，企业在经营发展过程中应当履行的各项社会职责和义务，其内涵主要包括产品的安全生产、质量保证、环境保护、节约资源、提高社会公众的就业率、保证员工合理合法的薪酬和国家规定的各项福利等权益，还包括关心和帮助社会弱势群体、积极支持社会公益团体和慈善机构的工作等。

刘咏梅（2020）认为，社会责任会计的目标是促进企业可持续发展，为各利益相关者提供企业社会责任履行情况的信息以帮助其做出正确决策。目前我国在社会责任会计信息披露上还存在着信息披露内容不充分、内容差异大、企业和其他相关者对社会责任不够重视、有关法律制度不健全、披露模式有限等问题亟待解决。

（四）国内社会责任会计实践研究

企业社会责任发展中心于2009年在《WTO经济导刊》中发表的《中国企业社会责任报告研究（2001—2009）》，是首次发布中国企业社会责任报告整体发展状况的研究报告。这份研究报告指出，中国企业社会责任报告受到社会公众空前重视，呈现"井喷"式增长态势。但报告内容水平不高，报告指标覆盖率和国际化程度不高，信息披露的广度和深度仍存在不足，与利益相关方要求和公司价值体现尚有一定差距。

2009年11月，中国社会科学院学部企业社会责任研究中心发布了我国第一本企业社会责任报告便携手册《中国企业社会责任报告编制指南（CASS—CSR 1.0）》。为进一步规范我国企业社会责任报告编制工作，该中心又制定并发布了我国第一份社会责任报告评价标准《中国企业社会责任报告评级标准（2010）》，并邀请我国企业社会责任实践者、研究者以及各行业专家共同组成一个开放的"中国企业社会责任报告评级专家委员会"，负责对企业发布的社会责任报告进行评级。2011年，该中心在广泛听取各界专家意见的基础上发布了《中国企业社会责任报告编制指南（CASS—CSR 2.0）》，随之更新发布了《中国企业社会责任报告评级标准（2011）》；2013年3月，该中心再次对评级标准进行修订、优化和完善，发布《中国企业社会责任报告评级标准（2012）》。通过完整性、可比性、可读性、实质性、创新性、平衡性六大指标对报告进行量化打分，并对六大指标赋予了不同的权重。此外，报告评价采取星级制，对评价方式做出了细致的规定。这一系列的行为推动提升了我国企业社会责任信息披露的质量水平。

（五）社会责任会计国内外研究评述

综上所述，西方各国有关社会责任会计的研究总体进展远远超过我国。社会责任会计从西方国家诞生至今，产生了许多优秀的研究成果，推动了社会责任会计理论体系的建立，为我国社会责任会计的研究提供了参考。很多国家也在法律法规、制度上对企业社会责任做出了具体的规定，为我国社会责任会计的实践提供借鉴。虽然西方国家无论是在理论研究还是在实践经验上都走在了世界前列，取得了较为优异的成绩，但仍有不足之处：体系尚未完全建立，实践方面也还需要时间的考验。

我国对社会责任会计的研究呈上升趋势，研究内容也越来越丰富，理论研究现状可总结为研究范围覆盖较全面，研究深度有待加强。我国社会责任会计研究在理论基础、披露、计量等方面都有涉及，但优秀的研究成果大多集中在概念及可行性研究方面，关于披露、计量等方面很少有重大突破。实证研究也不足，理论与实践的结合有待进一步加强。另外，相关法律尚未完善，政府对社会责任会计体系的构建有着重要作用，相关法律的建立可以推进社会责任会计的规范和进步。

虽然我国社会责任会计还不成熟，但相信社会责任会计将会成为未来发展的必然趋势，在会计学中的地位也会日益凸显。

第二节 社会责任会计核算相关内容

一、社会责任会计的目标

大多数学者，如宋献中、秦勇等认为，社会责任会计的目标应分为两个层次，即基本目标和具体目标。基本目标是提高社会效益，协调社会效益与经济效益的关系，通过计量、计算社会成本和社会效益，实现企业净社会贡献额的最大化。具体目标是真实而公正地向外部及内部信息使用者
提供社会责任信息，将其广泛地用于政府、公共利益团体、新闻媒体、法律机构等一切与企业发生联系的团体或个人（甚至包括职工和消费者）的经济、法律、个人消费、就业及新闻导向等方方面面的决策。

综合以上两种目标，社会责任会计的目标可以概括如下：①确认和计量会计主体在一定时间内的社会净贡献；②帮助决定企业的经济运行是否直接影响相关资源，是否与共同的社会准则全面一致；③以适当的方法，尽可能多地为社会各部门提供有关企业的目标、政策和计划以及对社会的义务和贡献等方面的信息。

还有一部分学者，如蔡昌、张亚梅等，从传统会计目标的拓展出发来阐述这一问题。他们认为，"随着现代社会经济的迅速发展，福利经济学派新的企业社会责任观念逐渐取代古典经济学家的企业社会责任观念，传统的会计计量和报告目标显得过于狭窄，它并不能反映各社会团体的利益，为其他有关方面提供有用的会计信息"，由此提出"社会责任会计的目标是计量和报告企业各项社会责任的履行情况，使会计可以为各有关社会集团同时提供有用的会计信息,从而扩大传统的会计职能"。

二、社会责任会计的基本假设及原则

(一)社会责任会计的基本假设

宋献中、吴俊、王雪芳等绝大部分学者认为,作为会计的一个分支,社会责任会计的基本假设必须遵循传统会计的假设,在继承的基础上进行修订,但也有部分学者对此提出了创新。

1. 会计主体假设

假定社会责任会计的主体是企业,一般是指相对独立的盈利企业,社会责任会计记录和报告的是该主体对其他社会各分子所产生的影响。同时,在社会责任会计理论下,会计主体应当根据特定的个人、集体或组织的经济权益来确定,它反映了财务报表使用者的利益。

2. 持续经营和会计分期假设

正是由于企业持续经营,社会责任会计才有必要记录、计算社会效益和社会成本,社会责任会计所采用的方法是以企业继续生存为前提的。社会责任会计工作的目的就是及时反映企业履行社会责任的情况,对企业日常发生的活动所引起的社会效益和社会成本进行定期计算、分类、汇总,以满足决策者的需要。

3. 多种计量单位并有的假设

社会责任会计不能单纯利用货币计量单位进行计价,它必须广泛使用劳动量、实物量和其他计量形式,对企业的社会效益和社会成本进行全面的记录、计算。

4. 环境价值假设

按照马克思的劳动价值理论,只有用于交换的劳动产品才具有价值,环境资源只有使用价值,没有通过交换形成价值和价格,于是企业只承认那些能以货币计量、能用价格确认和交换的东西,即仅对直接消耗的生产要素付费,而没有将对环境的消耗、破坏纳入传统的会计核算范围中。但要进行社会责任会计核算,首先必须承认环境资源是有价值的。也就是说,社会责任会计不适用于劳动价值理论,但适用于边际价值理论。

(二)社会责任会计的基本原则

社会责任会计的一般原则是对会计活动一般规律的认识,是开展会计工作的前提,是指导会计实务的规范。遵循一定的原则,是开展社会责任会计核算的基础。绝大多数学者认为社会责任会计的原则有以下几条。

1. 社会性原则

要求企业站在整个社会的角度而不是自身的角度来反映经济活动,对企业进行考评，在核算中应把社会净贡献作为首要指标。

2. 真实性原则

企业应客观、如实地按事物本来的面目反映一切会计事项，不得有歪曲或主观成分，会计事项是可供检验的。

3. 政策性原则

会计活动应遵循国家根据宏观调控的需要制定的一系列政策，并对政策的执行情况有所反映。

4. 一致性原则

企业不能为达到某一临时性目的而擅自改变会计处理程序、方法等，以利于进行不同会计期间的纵向比较。

此外，还有部分学者进行了补充，认为其还应该包括：①强制和自愿相结合的原则。必须对企业最低限度的披露做出明确的和强制性的规定，对主动披露尽可能多的社会信息的企业，社会公众和政府应予以支持和鼓励。②充分揭示原则。要求企业将一切有关社会责任履行情况的信息报告给信息使用者，力求全面，不要隐瞒企业某些对社会不利的信息。因为每增加一个相关信息都会减少决策的盲目性，相应减少风险。③谁投资谁受益，谁污染谁治理，谁破坏谁恢复原则。根据这一原则，就可以明确各责任主体的责任，把环境保护与治理结合起来，而不是"先污染后治理"，采用一次"算总账"的方式来解决问题。④企业效益与社会效益相结合原则与及时反馈原则。社会责任会计应及时揭示企业社会责任的履行情况，并加以反馈。特别是在企业履行情况出现问题时，可以及时进行控制和决策，以保证企业的信誉，维护企业的社会效益。

三、社会责任会计的核算要素内容及计量方法

（一）社会责任会计的核算要素

国内对社会责任会计要素的研究主要有"四要素论""五要素论""六要素论"三种观点。

胡素华（2008）构建了社会责任会计的概念框架，认为社会责任会计的会计要素主要包括四个方面：社会交易、社会资产、社会负债和社会损益。李素枝、谭翀、刘胜花（2009）认为，社会责任会计要素可借鉴传统会计要素形式进行分类，但又有所区别，提出了社会责任资产、社会责任负债、社会责任收入与社会责任成本四大要素。张亚梅（2001）则提出了社会责任会计核算的五个要素，包括社会成本、社会效益、社会产权、社会资产和社会资产净额。陈东升、阳秋林（2008）初步讨论了建立社会责任会计准则的可行性，并提出了社会资产、社会负债、社会成本、社会收益、社会净资产等社会责任会计概念。

张隆兴、何红渠等绝大多数学者认为，社会成本效益法下会计制度的设计，可确定六个社会经济要素：①社会收入，指企业进行经济活动所增加的社会资源或给社会带来

的收入，是企业经营活动带来的积极外部效应，即对社会的贡献。②社会成本，指企业实现社会经济业务所消耗的资源或给社会带来的损失。③社会收益，指企业在一定时期内实现的对社会贡献的净额。④社会资产，指企业为了实现社会目标，进行社会经济业务活动时所投入的资源和获得的成果。⑤社会求偿权，指各社会集团对企业的求偿权，通过设立账户核算各社会集团在企业中的权益。⑥社会资产净额，指企业对社会所做贡献和各社会集团对企业求偿权进行对比后的差额，此指标反映企业履行社会责任的情况。

部分学者在前人研究的基础上，提出了新的看法。例如孟焰提出"社会经济业务"要素，指企业对社会经济资源的应用和提供程度，它会影响各相关社会集团的绝对或相对利益，并可以产生社会收益或社会成本。张亚梅提出"社会产权"要素，是指各社会团体在企业中所拥有的要求权，这种要求权不是法定的，因此它与传统会计的股东产权的性质是不同的。但通过建立社会团体产权账户就可以确认各社会团体在企业中所拥有的权益，通过社会团体产权的计量，可以为社会目标的制定和社会责任履行情况的评价确定一个必要的依据。

（二）社会责任会计的核算内容

在核算内容方面，吴俊、刘长翠、田昆儒等众多学者从企业利益相关理论出发，探讨企业社会责任所应当包含的具体内容，并在此基础上结合我国实际国情，提出我国社会责任会计反映、核算的内容应当包括以下六个方面：①企业对员工履行的责任；②企业对生态环境维护的责任；③企业对社会及本地区的责任；④企业对消费者应履行的社会责任；⑤企业应履行的其他社会责任；⑥企业收益方面的责任以及企业对政府履行的义务。

此外，宋献中（1997）、刘秀琴（2003）认为，社会责任会计核算的内容包括社会效益和社会成本的组成项目。前者包括质量效益、环境效益、充分就业效益、社会保险及教育效益、外援效益和其他效益，后者则包括社会物耗成本、社会人工成本、土地使用成本、资源耗损成本、资金使用成本、环境污染成本、社会管理费用、工伤及职业病成本和其他社会成本。岳彦芳、袁晋芳（2005）认为，社会责任成本包括环境成本、资源成本、消费者责任成本、社区公益成本和其他责任成本。

（三）社会责任会计的计量方法

会计是一门以计量为手段来实现其目标的管理学科。作为新兴的会计分支——社会责任会计，其计量较之传统会计更具复杂性和模糊性，它通常无法单纯地以交易价格为前提，它所要计量的对象也往往无法货币化、数字化。因此，社会责任会计的计量方法在传统会计的基础上有着大量的创新。宋献中（1992）认为，社会责任会计的计量方法有以下几种。

1. 调查分析法

调查分析法是指通过对那些享受了企业效益或者承担了社会成本的个人或组织进行调查，收集有关信息，通过对信息的分析来确定社会效益和社会成本的数额。调查分析法根据调查方法可以分为以下几种：投标博弈法、比较博弈法、无费用选择法和优先性评价法。

2. 替代品评价法

当某项社会成本或社会效益无法直接决定时，可以通过估计替代品，即某些与所要估计的项目大致具有相等效用或牺牲项目的价值来确定。

3. 历史成本法

历史成本法是按取得某项资产时实际支付的现金数额或其等值来计量该资产的价值，并以此来计量资产的价值转移。利用历史成本法对某些社会成本和社会效益进行计量是可行的。例如，企业对社会的货币性资产的捐赠可以用历史成本计价。

4. 复原或避免成本法

某些社会成本可根据恢复原状或预防损害所需的成本来估计。

5. 法院裁决法

企业生产对社会的损害，有时是通过法院裁决的。这种裁决在一定程度上反映了人们遭受损害的总量估计。

6. 影子价格法

用影子价格加原价出售，可以获得与原最优利用方案相同的盈利。

此外，其他学者对社会责任会计的计量方法提出了不同见解。潘清平（1995）、祁新娥（1999）认为，社会责任会计的计量方法有客观历史成本与主观分析相结合的方法、机会成本法、间接评价法、社会公正法、预防成本法。其中，机会成本法是指由于使用某一投入要素而必须放弃该要素其他用途的代价。机会成本对于在市场上买卖交易的业务分析是非常有用的，这种分析可确定个人在各种不同方案之间的选择。

四、社会责任会计信息披露

（一）社会责任会计信息披露的目标和内容

企业社会责任会计信息披露实质上包含了披露内容和披露形式两个方面的问题，即披露什么和怎样披露的问题。

1. 社会责任会计信息披露的目标

考虑到"决策有用观"，大多数学者认为责任会计的目标是向使用者提供有助于决策的信息。

罗金明、胡玲（2006）认为，社会责任会计的目标应该是经济效益、环境效益、社会效益协调发展前提下的企业社会贡献最大化，实现物质资本、人力资本、环境资本与社会资本的保值增值。

陈今池（1993）在《国外财务会计文选》中提出社会责任会计是指企业经济活动对社会所带来的影响的计量和报告。社会责任会计的主要目的是向社会公众披露企业履行社会责任的情况，让社会公众了解企业对社会做出了多少贡献。

阳秋林（2005）认为，社会责任会计信息披露的目标应是真实地反映企业对社会的贡献和损害，向政府及公民披露企业对社会带来的不良影响，进而提高社会的整体效益，实现社会净贡献的最大化；计量和报告企业各项社会责任的履行情况，使会计可以同时为各有关社会部门提供有用的会计信息。

邬娟（2006）认为，社会责任会计的目标是计量和报告企业各项社会责任的履行情况，使会计可以为各有关社会集团同时提供有用的会计信息。

关于社会责任会计信息披露的目标，我们可以根据受托责任观和决策有用观来分析。受托责任观认为，会计目标就是以恰当的方式有效地协调委托和受托的关系，因此社会责任会计的信息披露就是要尽量达到双方的利益结合点，在博弈中达到纳什均衡，但是会计在做账务处理时具体的结合点在什么地方还需要做大量的研究。决策有用性就是要求提供有利于决策者的信息使他们做出正确的决策，我们在提供社会责任会计信息时就要尽量达到纳什均衡。怎样才能达到纳什均衡呢？利益相关者在处理社会责任会计信息时会发生利益冲突和协调，而他们冲突和协调的结果就会产生一个"域秩序"。我们在处理社会责任会计信息时要根据这个"域秩序"来进行相应的披露，使之达到一个稳定的状态（纳什均衡状态），但是对于这个利益冲突和协调的结果还没有相关的研究。

2. 社会责任会计信息披露的内容

社会责任会计的对象是指社会责任会计反映和控制的客体，即内容。学者一致认为，社会责任会计的对象就是社会责任（具体来说是企业履行社会责任时的社会净效益）及其履行情况，即指企业在处理与社会的相互关系时所应承担的义务及其履行情况。一般来说，企业在独立社会责任会计报告中应包括企业对生态环境、资源、社会福利、企业人力资源及消费者责任方面的全部社会责任会计信息。

由于企业的社会责任涉及的内容十分广泛，有的在会计上根本就无法用货币来计量或用其他标准来表示，更主要的是由于一个企业负担社会责任的人力、财力、物力有限，不可能面面俱到，而且其内容范围也要随社会、经济、文化的发展而不断变化。结合我国国情研究社会责任会计问题，邓小洋、钱飞跃等学者认为，企业社会责任会计披露的内容应包括以下几个方面：

（1）企业对员工履行的责任，包括劳动报酬、就业保障、员工集体福利、训练和教育，以及员工工作、生活条件的不断改善等。

（2）企业对生态环境维护的责任，包括企业对污染的防治，企业对资源的损耗，企业对周围环境的美化等。

（3）企业对社会及本地区的责任，包括对社会提供的产品和劳务，对本地区及社会公益事业提供的帮助、捐赠及无偿服务等。

（4）企业对消费者应履行的社会责任，包括企业提供的对消费者服务的支出，企业由于劣质品问题对被损害的消费者的支出，为消除制品的负面作用而发生的费用等。

（5）企业应履行的其他社会责任。

(二) 社会责任会计信息披露的形式和工具

1. 社会责任会计信息披露的形式

宋献中 (1992) 认为, 社会责任会计的报告旨在提供企业有关社会效益和社会成本的指标。为了分析方便, 笔者将这些报表分为三级, 即简单形式、中级形式和高级形式。①简单形式: 一是叙述性反映, 二是在现有报表中添加新项目, 三是附注方法。②中级形式, 是指运用了一定独立的报表反映企业履行社会责任的情况, 包括"污染报告""社会责任年度报告"和"环境交易报告"。③高级形式, 这种模式结构较为完整, 反映内容较多, 且大部分利用货币形式加以计算, 包括"社会收益表""社会经济营运表""综合社会效益成本模型""增值表"和"社会资产负债表"。

许家林 (1997) 也认为, 社会责任报告的基本格式有如下三种: 一是叙述方式, 二是独立报告方式, 三是专门报表方式。需要注意的是, 社会责任会计所采用的报告形式必须符合以下几方面的要求: 每个报告应对其整体目标进行说明; 在选择资料、侧重点、表述方法以及适应性时, 社会报告应针对原定目标提供信息; 社会责任报告应具有可读性、可靠性、完整性, 并有审计的可能。

其他学者的意见主要如下。陈文华、尚丽霞 (1988) 认为, 社会责任会计的披露方法有三种: ①作为一个或几个项目增列在会计报表主表中; ②在会计报表辅助部分说明; ③使用专门表格如社会平衡表、社会损益表、增值表等进行披露。吴俊 (1994) 根据社会责任会计科目的划分, 设想两张报表: 一种是社会责任资产负债表, 另一种是社会责任贡献表。这两张报表可作为日报和年报每日编报。

社会责任会计报告的编制可采用两种类型。

(1) 会计基础型, 即以货币为主要计量单位, 运用社会责任会计所特有的术语、程序和方法, 编制有关的社会责任会计报表来进行社会责任信息的定量揭示。可编制四张主要报表: 一是社会资产负债表, 反映在一定时点上企业履行社会责任的资产和负债总额。二是社会损益表, 反映企业一定时期内以价值形式表现的增益、减损及净增净损情况。三是社会经济营运表, 反映企业一定时期内的生产经营活动和社会性活动给社会公众、社会环境和企业产品带来的增益、减损及净增净损情况。四是增值表, 反映企业一定时期内生产经营活动的净增值及分配情况。

(2) 非会计基础型, 即直接将企业所进行的各项社会责任活动, 用文字加以定性说明, 一般可用叙述性反映、环境污染报告、产品市场报告和社会责任年度报告等形式。

2. 社会责任会计信息披露的工具

会计信息披露的工具即会计信息披露的载体。企业会计信息披露的工具较多, 目前常用的披露工具有: 招股说明书; 上市公告书; 基本财务报告, 如月度报告、季度报告、中期报告、年度报告、临时报告等; 公司网站; 编制独立的社会责任会计报告。

(三) 社会责任会计信息披露的问题与对策

1. 社会责任会计信息披露存在的问题

(1) 披露内容不全面且披露力度不够。现阶段仅有少数行业在其招股说明书中披露了环境方面的信息，多数企业仅对已有的环境问题进行陈述，而未说明未来可能发生的环境问题。根据相关调查，有的企业对 70% 的社会责任会计信息的披露处于被动状态，即使是自愿披露，大多数企业也只披露少数对企业自身发展有利的社会责任会计信息。通过对多家上市公司社会责任会计信息披露情况的分析可知，上市公司追求的目标是经济利益最大化，对社会贡献和社会责任考虑得少之甚少。上市公司对待社会责任会计信息披露大都采取比较消极的态度，不论企业规模如何，企业对社会责任的重视程度普遍较低。

(2) 披露形式单一且非会计基础型处于主导地位。目前，文字叙述法是我国企业采用最多的社会责任会计信息披露模式。该种方法缺少对货币计量的财务数据披露，不利于企业间信息比较，这将直接导致会计信息确认和计量的不准确，从而影响信息使用者对信息的判断。大量使用文字叙述来披露信息，将非会计基础型作为主导，这种现象也从侧面反映了我国社会责任会计发展不完善。因此，以会计基础型社会责任信息披露为主导，将非会计基础型披露形式当作补充，以加强和完善会计基础型对我国社会责任会计的发展尤为重要。

(3) 社会责任会计科目不单列。随着社会问题的频频发生，很多企业已经认识到了社会责任的重要性，并且能够履行其应尽的社会责任。但是在披露时，企业没有单独列示社会责任会计项目，只是把社会责任纳入常规的财务会计项目中。例如，企业把因为违规排放污水而受到的罚款列入"营业外支出"项目中，将企业缴纳的排污费列入"管理费用"项目中等。企业社会责任会计项目的不单列不利于会计信息需求者有效获得所需信息。为了更好地满足信息需求者的要求和使用，可以单独列示社会责任会计科目，并且尽可能将社会责任会计科目与传统会计科目相对应。

(4) 缺乏对社会责任会计信息独立报告的意识。社会责任会计信息能通过多种多样的形式进行披露，在众多的信息披露中，信息需求者最青睐社会责任会计信息，并且相较于传统会计信息，信息需求者把更多的焦点放在企业社会责任会计信息上。但是从我国企业社会责任会计履行现状来看，我国企业并不重视社会责任会计独立报告，多数企业不愿意主动披露社会责任会计信息。为了让社会责任会计在中国不断发展并逐步迈向成熟，就要求企业做到全面提高社会责任意识，切实披露社会责任会计信息，独立编制企业社会责任会计报告。提高企业对社会责任会计信息独立报告的意识，这样既有利于信息需求者对会计信息的使用，又对企业树立其正面形象起到积极作用。

(5) 社会责任会计信息披露缺乏必要的审计和外部监督机制。当前社会责任会计信息披露仍旧是一项非强制性的、基于自愿的行为，由于缺乏必要的审计和外部监督机制，不仅披露内容的可靠性难以得到保障，企业出于成本效益的考虑，进行社会责任信息披露的积极性也不高。即使某些企业有意识地邀请第三方对其社会责任报告的披露内容进行评价，但由于评价主体不同（当前主要涵盖评级机构、行业专家、质量认证机构等），导致评价标准不一致，也难以对报告内容的评价结果进行横向比较。

（6）企业对披露的积极性不够。企业如果积极披露社会责任会计信息，不仅能进一步提高社会责任报告数量，而且能提高其所包含信息的准确性与完整性，更有助于满足利益相关者对于企业信息的需求，从而能够做出精准的决策。如果企业态度消极，只是为了应付政府的监管而随意拼凑，则不仅报告内容难以满足利益相关者的需求，甚至连其真实性也无法保证。

2. 社会责任会计信息披露的问题解决对策

（1）建立健全社会责任会计理论体系。

发展社会责任会计需要建立健全相关理论体系，而完善的社会责任会计信息披露框架是第一要务。目前，我国社会责任会计体系尚不健全，需要通过如下方法来完善：

第一，增加独立的社会责任会计科目。单独列示社会责任会计科目，一方面可以区分社会责任会计信息和非社会责任会计信息，另一方面可以避免企业把社会责任问题当作传统的财务会计问题来处理。

第二，编制独立的社会责任会计报告。目前我国没有严格规定社会责任会计报告的格式和内容，也没有明文要求企业必须独立编制社会责任会计报告的法律法规。为了让企业和利益相关者更好地利用信息，企业可以通过编制社会责任会计报告，运用报表中的附注来反映企业社会责任履行情况。

（2）完善社会责任会计信息披露准则。

第一，明确企业应披露的内容。既然企业披露社会责任会计信息不够全面的原因是相关准则不够完善，那么为了使披露内容更加完整就应该进一步在准则中对有关披露内容的部分加以完善。例如环境可以再细分为自然环境和社会环境，能源再细分为可再生能源和不可再生能源等，这样可以使准则内容更加翔实。

第二，区分不同行业披露的具体内容。在编制社会责任会计准则时，编制内容应该包含各种指标，这些指标不仅仅是有关企业社会责任履行情况的，还应该包括有关企业发展经济状况的一些指标，如资产负债率、销售净利率等。我国政府在构建社会责任会计准则指标体系时，应该融入企业的发展情况、产权结构以及盈利能力这些企业经济要素，只有这样才能够满足利益相关者对企业社会责任信息的需求。

第三，完善会计信息披露模式。在完善准则有关披露内容部分的同时，也应该规范披露的模式，使披露的模式多样化，避免过于单一。准则可以要求企业在采取披露社会责任报告这一模式时另外附加两种披露模式，例如可持续发展报告、人力资源报告等，并且对于报告的内容要有最低篇幅限制，对于披露的模式要有明确的规范，设计好有关披露模式方面的评价审核指标。准则应附注各种披露模式的规范形式，可以让企业有所参考。最重要的一点是把准则加入法律的强制性，督促企业积极披露。

（3）提高企业对会计信息披露的积极性。

第一，强化企业的社会责任意识，加强对企业会计信息披露的宣传。企业社会责任意识不强主要是企业内部的原因，解决内因才能从根本解决问题。企业履行社会责任的最大动力应该源自企业内部，这样才能推进企业积极主动披露社会责任会计信息。因此，要使企业真正领会到履行社会责任的长远意义，就必须提高企业领导及其员工的思想觉悟，增强他们的社会责任意识。让每位员工切身体会到社会责任的重要性，从而让企业自发地履行社会责任，积极披露社会责任会计信息。

第二，完善企业会计信息披露的激励机制。企业履行社会责任的另一项阻碍因素是短期经济效益小于企业支出，企业为了自身的效益对于社会责任能避则避。为了提高企业履行社会责任的积极性，适当在社会责任方面减少企业支出、增加企业收益十分重要。要达到以上目的，完善企业社会责任会计信息披露的激励机制显得尤为重要。

（4）加强政府及相关部门的监管。

第一，政府及监管部门规范与指引。如果政府疏于对社会责任报告的监管，披露的社会责任会计信息内容不全，结构不完整的企业，即便不进行第三方的评价与审计，政府等相关部门也不会发觉，对于利益相关者而言可能会导致他们的决策失误。因此，想要解决企业社会责任报告缺乏审计的问题，加强政府监管势在必行。

第二，引进相关专家学者等专业人士，建立社会责任审计和外部监督机制。一方面聘请国外社会责任审计相关的专家学者参与建立并完善社会责任会计报告审计体系；另一方面加强国内社会责任会计信息审计方面人才的培养，在大学开设有关课程，为今后审计体系的更新提供动力。

（5）构建社会责任会计信息披露制度。

第一，完善社会责任会计信息披露框架。针对不同行业的企业对社会责任会计信息披露的重视程度不同的问题，政府相关部门应该完善企业社会责任会计信息披露框架，在确定了社会责任会计披露框架大方向的情况下再对不同行业进行细分。

第二，建立统一的报表体系。对于行业差距导致社会责任会计信息披露重视程度差异的另一个解决方法是，建立完整的社会责任报表体系，不同行业可以针对行业特点选择报表披露的方式。应该参考普通会计报表来构建社会责任会计系列报表。

第三节 社会责任会计的发展与展望

一、社会责任会计发展中存在的问题

（一）从规范研究的角度

随着经济全球化的快速发展，国内关于社会责任会计的研究热情日益高涨，但总体来看，还不能与经济的发展和社会的实际需求相适应。目前与财务会计概念框架类似的一个系统、完整、公认的社会责任会计概念框架尚未建立起来，在社会责任会计的内涵与目标、假设与原则、要素与核算内容、计量与披露报告等方面均存在值得探讨之处。由于对"企业社会责任"这一概念的内涵缺乏明确的界定，社会责任会计需要核算的内容不确定；由于"责任"的多样性，对企业履行责任的计量需要采取与之相对应的计量方法。同时，不同的计量方法所产生的不同结果，使得社会责任会计也不能像传统财务会计

那样单纯地采取会计报表的形式对外披露信息。从当前上市公司所披露的社会责任报告来看，存在着报告名称、格式缺乏统一标准，报告内容以定性信息为主，定量信息较少，缺乏可比性等问题。

(二) 从实证研究的角度

目前我国企业社会责任会计信息披露的总体状况经过检验已经证实不容乐观，研究的热点集中在社会责任信息的决策有用性以及与企业业绩、企业价值之间的关系方面，其中不容忽视的一个问题是，众多学者在研究此类相关问题时，所采用的社会责任信息各不相同，方法论上的不同可能导致研究结论上的差异。这也在一定程度上说明，社会责任会计概念框架依然没有建立起来。笔者认为，目前社会责任会计的理论框架之所以尚未建立，一个重要原因在于对作为其理论基础之一的企业社会责任理论的研究尚不完善。由于缺乏坚实的理论基础，企业社会责任的早期研究一直停滞不前。伴随着利益相关者理论的产生与发展，与利益相关者理论相结合逐渐成为企业社会责任研究的主流。引入利益相关者理论使得企业社会责任的对象、具体内容及范围得到了明确，并为测量企业社会责任履行情况提供了科学方法。而上述几方面问题也正是社会责任会计理论当前的争议之所在。

二、社会责任会计的发展与展望

(一) 社会责任会计的发展

社会经济的发展必将引起会计理论的深刻变革，变革后的会计理论又会对社会经济的发展起到重要的推动作用。曾经追求利润最大化是企业的唯一目标，然而当今世界生态破坏、资源短缺、食品安全等问题日益凸显。在西方社会中逐渐形成一种新的社会价值观，即"自己的命运以一种不受理性的、公正的支配方式同别人的命运交织在一起"。在这种背景下，理论界和企业界越来越注重"企业"这种"社会的人"与社会之间的关系，企业不仅要处理好经济利益关系，同时要协调处理好与社会的利益关系。这种新的企业价值观对原有会计理论提出了挑战，原有会计理论的某些方面已经无法适应社会价值观的这种转变，于是以揭示企业的自然资源、人力资源及其对社会的影响为基本目标的新的会计学科——企业社会责任会计就应运而生了。

如今，企业社会责任会计进行信息披露、报告编写及发布已经成为国际通行的商业做法，通过国际规则和对话语言进行相关信息的交流。我国企业如何在全球化的进程中，正确、如实、中立地反映自身社会责任信息情况是当下值得研究的议题之一。此外，社会责任会计所需要反映的信息实际上也是发展关注的重点。目前的文献区分了三类信息单位：财务、非财务和混合。第一类包括以财务条款衡量的环境信息，如环境管理做法的成本、与企业环境问题（如绿色产品或绿色储蓄的销售）相关的收入以及在当地社区建设项目的支出。第二类包括以非财务条款衡量的信息，如能源管理测量、回收材料和废物管理测量。第三类混合单位包含在财务和非财务单位中评估的信息。尽管三个类别中的每一个信息对于衡量企业社会责任绩效的整体程度都非常重要，但矛盾的是，企业社会责任会计识别、区分、计量这些信息实际上由于信息多样性的本质而变得困难重重。

因此，社会责任会计不仅要使企业如实披露相应的社会责任信息，而且要做到全面、客观地对信息进行反映，不能只披露好的一面，隐藏不好的一面。此外，社会责任会计的方法与方式的发展应当是趋于规范且有条理的，这种有条理就是企业可以通过社会责任会计方式去衡量与评估信息，但是最终反映到报告上要具有可比性。这种规范就是社会责任会计的未来发展趋势，并且明确界定了社会责任会计的相关内涵与框架，最终建立一个通用的社会责任会计框架与相应标准，企业的相关社会责任会计活动与信息披露都将在这个通用的商业语言模式框架与标准下进行。

（二）未来展望：加速推进社会责任会计理论研究与实践工作

"十二五"规划明确提出，我国要走可持续发展道路。可持续发展战略是我国和世界其他各国社会经济发展的必然选择，因而推行和完善社会责任会计是我国政府和企业的迫切任务。尽管会计理论界和实务界一直在努力，但由于社会责任会计在我国起步较晚，要在企业中全面、系统地披露社会责任会计信息存在诸多制约因素：社会责任会计的确认范围尚未形成共识，计量方法仍然缺乏实际操作性；会计市场普遍存在信息披露不规范、内容不真实的现象；与社会责任有关的法律法规不完善，难以协调企业逐利与社会可持续发展之间的矛盾。因此，当前要深入地开展社会责任会计理论与实践的研究工作还需要做出多方面的努力。

1. 加强社会责任立法和宣传教育，为逐步推行社会责任会计创造条件

建立并实施社会责任会计不仅是一个会计问题，而且是一个复杂的社会问题，对社会可持续发展具有重要意义。凯恩斯经济学认为经济协调发展，不仅需要"一只看不见的手"，而且需要"一只看得见的手"。因此，国家必要的干预是必需的，这就要求国家作为宏观环境控制者，高度重视社会责任立法和宣传教育。

第一，要进一步加强社会责任立法，加强执法力度，充分发挥社会责任法规的效力，增强社会责任会计信息披露的强制性。法规制度的建立应是推行企业社会责任会计的先导，社会责任管理法制化必然促使企业建立社会责任会计。

2005年10月，新修订的《公司法》中明确规定了公司要承担社会责任；2006年9月，深圳证券交易所正式发布《上市公司社会责任指引》，对上市公司履行社会责任及其信息披露提出了要求；2007年12月，国资委发布了《关于中央企业履行社会责任的指导意见》，指出央企履行社会责任的指导思想、基本原则、总体要求和主要内容；2008年5月，上海证券交易所发布了《上海证券交易所上市公司环境信息披露指引》，建议上市公司独立披露社会责任报告；2010年4月26日，五部委联合发布了《企业内部控制配套指引》（其中第4号社会责任指引），要求上市公司在2011年1月1日开始执行；等等。这些规章散落在不同的法律法规中，系统性较差，且法律效力较低。应在此基础上，进一步完善相关社会责任法律体系，把社会责任信息披露列入法律规定，明确各项实施细则，增强相关法律的可操作性。通过相关法律、法规与制度的强制要求，

迫使企业将追求经济效益与社会要求的可持续发展之间的矛盾统一起来，将社会责任工作转化为企业自觉行动。

第二，加强社会责任履行的教育和宣传，提高全社会的社会责任意识。建立实施社会责任会计是一个系统工程，涉及面广、内容复杂，政府除了加强法律的强制作用，还应调动社会各界做好社会责任的宣传与教育，提高全民社会责任意识。利用社会舆论的力量，推动和促进企业在生产经营活动中注重社会责任履行，减少对资源的耗损和对生态环境的污染。

第三，要处理好社会责任会计与劳动保障部门、环境保护部门的关系。实施社会责任会计并不是要分担劳动保障、环境保护等部门的部分职责，它是企业社会责任管理系统的重要组成部分，发挥基础信息作用，为其他部门的执法提供数据支持。

第四，加大社会责任执法力度，实行社会责任会计奖惩制度。从长期的可持续发展的角度来看，社会责任履行与经济发展是相辅相成的。为鼓励企业自觉履行社会责任，财政、税务机关有必要研究并订立相应的业务规则，使得社会责任履行涉及的会计处理有法可依，同时应修正税收法规，利用"绿色税收"等鼓励和支持社会责任履行好的企业。通过财政补贴、减税和免税等经济杠杆，鼓励和引导资源配置向可持续发展项目转移，以实现经济与生态的和谐发展。通过奖惩制度将企业的自觉性和政府的强制性相结合，推动中国社会责任会计早日实现。建议将国务院各部门规章上升至法律高度，将环境破坏、能源巨耗、食品危害、漠视员工利益行为的核算和监督列入《会计法》或《社会责任法》，以法律的形式确定它的地位和作用，这也是将社会责任付诸实施的最强有力的手段。此外，众所周知，社会责任会计内容丰富，有些项目法律上没有强制规定。因此，一方面应继续加强对企业社会责任的立法工作；另一方面应加大对企业社会责任意识的宣传教育工作，强化社会责任意识，营造一个履行社会责任的公众环境。

2. 加强社会责任会计实务研究，促进社会责任会计理论与实务协调发展

上述的社会责任会计现状中，我们发现对社会责任会计的应用研究，可谓少之又少。究其原因，是社会责任会计实务的推广是以理论的不断完善、成熟为前提条件的。然而由于社会责任会计所依赖的理论和方法体系的多元化，核算对象的复杂化，尤其计量理论的停滞不前，当前社会责任会计缺乏与实务相结合的理论支点，其结果是社会责任会计实务没有相应的理论指导，导致社会责任会计确认、计量和信息披露产生盲点。而西方国家的社会责任会计已从梦想走向现实。因此，我们应积极借鉴国外的研究成果，立足我国的现实情况，加强社会责任会计理论和方法研究，指导我国社会责任会计实践工作。但是，面对日益严峻的食品安全、生态破坏、资源短缺，我们不能也没有时间等社会责任会计理论完全成熟了再来实施社会责任会计报告制度，而应是边探索、边实践、边总结。并且，也只有通过理论研究与实践同步进行，理论才能得到不断发展和完善。

3. 注重规范研究方法和实证研究方法的结合

实证研究方法与科学研究过程是一致的，其证据是客观的，并且依据定性的、概念化的逻辑分析过程，以解释和预测会计实务为目的，因此它具有较强的实践指导作用，

在未来的会计研究中占据重要的地位。但这并不是说规范性研究就可以弃之不用。规范性研究的逻辑严谨、推理严密，对本质问题有深入的分析。因此在社会责任会计研究中要将这两种研究方法结合、互补。针对目前对社会责任会计影响因素和经济后果研究较少的现实，应大力加强实证研究在社会责任会计研究中的应用。通过实证研究，明晰社会责任会计信息与股票价格的关系，社会责任报告的编制者和利益相关者对货币化、非货币化信息的偏好，社会责任履行的经济后果等，既可以为会计准则制度建设提供数据支持，也可以进一步引导企业提供有用的社会责任会计信息。

但是，在实证研究过程中，一定要突破实证研究的"主流"研究范式。一方面，因为社会责任会计是基于利益相关者理论的，并不仅仅是委托代理理论，这就拓展了研究视角，如果仅仅直接采用资本市场的数据进行检验，得出的研究结论必然缺乏有效性。因此在研究思路上应结合合法性理论、政治经济学理论、战略管理理论等提出更具有可行性的指导思想，采用更为客观、综合的评价指标。另一方面，因为社会责任会计的信息披露和社会收益等数据的可获得性和可靠性较低，且可比性较差，所以影响了实证研究数据的科学性。目前国际上通行的方法依然是声誉评分法、内容分析法和专家评分法，通过严格和科学的编码方法，提高数据的一致性。随着我国社会责任会计的深入展开，各种社会责任评价指标正在不断推出，如每股社会贡献值、泰达环保指数、社会责任指数等，这些指数及其高质量的数据库，将进一步促进社会责任会计实证研究的发展。

4. 培养社会责任会计人才，增强社会责任会计研究与实践的力量

社会责任会计是社会学、政治学、经济学与会计学科交叉渗透而形成的应用性学科。开展社会责任会计需要会计学、社会学、福利经济学、制度经济学、资源经济学、战略管理理论等相关学科的综合知识。因此在短期内，我国应该成立一个由经济、环境、资源、会计、法律等多方面专家组成的机构，综合各方面的知识对社会责任会计理论、社会成本、社会收益、企业行为、产品市场规律、会计核算项目、法律体系变动等一系列有关问题进行系统研究探讨，开创我国社会责任会计研究的新局面。同时，我国应大力培养社会责任会计专业人才，加强高校社会责任基础知识教育，在大中专学校增设社会责任会计、社会审计专业课程，培养学生社会责任会计的核算能力和社会责任管理能力。此外，对在职会计人员开展社会责任会计培训工作，提高会计人员的业务水平和专业素养，以利于社会责任会计实践工作的顺利开展。

5. 深化社会责任会计准则制度建设

会计准则是会计理论的具体化和会计实践的总结，对会计主体的会计核算和报告具有强制约束力，是制定各种会计制度的主要依据，对整个会计工作具有指导作用。尽管我国已经建立了相对完善的咨询专家库，制定并发布了《会计准则咨询专家工作规程》，在制定会计准则方面已经制度化、法律化，但是与发达国家相比，我国还没有将社会责任会计准则、指南的制定纳入工作范围。欧盟、美国和日本的经验表明，以环境保护管理机构为主，联合财政部门、注册会计师执业等机构和组织，共同研究制定社会责任会计准则、指南、制度、标准是行之有效的措施。为有效地建立和开展社会责任会计，我

国必须将社会责任会计核算和监督列入《企业会计准则》或《社会责任法》，以法律形式确定社会责任会计的地位和作用，制定相应的会计准则和制度，使各企业的报告标准相同，从而在实践上统一规范社会责任会计核算对象及报告形式，增强实务操作性，以便让利益相关者做出公正的比较和评价。

2006年颁发新的《企业会计准则》，其中《企业会计准则第5号——生物资产》《企业会计准则第9号——职工薪金》《企业会计准则第10号——企业年金基金》《企业会计准则第11号——股利支付》《企业会计准则第13号——或有事项》（将产品质量保证信息作为或有事项，要求企业披露形成原因、预期补偿金额等）和《企业会计准则第27号——石油天然气开采》等准则，以及《企业会计准则第18号——所得税》所倡导的资产/负债观和综合收益观，与社会责任会计关系密切，这表明国家对社会责任会计的重视。待时机成熟，可将这些准则从《企业会计准则》中分离出来，加以修订后并入《社会责任会计准则》中，并根据企业规模和企业类型，确定实施社会责任会计准则的时间表和进程，如上市公司、大型央企最先实施，并发布单独社会责任报告；大型非上市公司其次实施，可以在报表附注中披露；小型企业可以最后实施并且以描述性社会责任信息为主等。也许，未来企业社会责任会计准则将取代企业会计准则。

6. 加强社会审计，强化社会责任会计再监督

社会审计是对社会责任会计的再监督，加强社会审计，有助于社会责任会计的创建和不断完善。通过开展社会审计，对社会责任报告主体披露的社会责任会计信息的合法性、全面性和真实性进行审查与评价，促使企业加强环境保护、消费者保护、员工权益保障等，处理好发展生产与社会责任履行的关系、当前利益和长远利益的关系，最终促进社会责任会计理论与实践不断完善，使我国社会经济发展步入可持续发展的轨道。目前国际上通用的社会审计有三种模式：政府强制实施的社会审计、企业自愿实施的社会审计和独立机构实施的社会审计。尽管三种形式各有利弊，但是目的都是对企业社会责任履行情况进行审计。在借鉴国外社会审计的成功经验的同时，结合我国国情，根据企业的类型和规模实施不同的社会审计模式，以更好地推动市场经济健康有序发展。

三、社会责任会计的发展与完善

目前，社会责任会计理论的发展与完善可以有两种选择：从宏观角度，社会责任会计概念框架的构建不妨也从企业利益相关者的角度出发，借助利益相关者的分析框架，企业社会责任会计的诸多争议将会得到合理解决，从而可以在宏观上对社会责任会计做出一定的规范；从微观角度，则可以选取对企业承担社会责任要求较高的某些行业，如采矿业、石油化工业、房地产行业等，将其社会责任与行业特点相结合。

第四节 案例分析：低碳经济下社会责任会计的应用
——以 K 公司中国系统为例

一、K 公司中国系统简介

1927 年，K 公司在我国天津、上海建立装瓶厂。随着我国的改革开放，1979 年 K 公司累计投资 40 亿美元重返中国市场，建立了 41 个装瓶厂。

中国市场是 K 公司全球第三大市场，是其至关重要的战略市场，软饮料系列产品超过 25 种，在中国很受欢迎。

长期以来，K 公司中国系统响应全球号召，倡导环保与节能的理念，开展环保项目，为低碳、节能、环保而不懈努力，并不遗余力地支持各种全国和地区性社会公益事业，促进社区可持续发展。

二、K 公司中国系统社会责任会计核算与计量

1. 对员工履行的责任

K 公司珍视每一位员工和他们为企业做出的贡献，努力创造开放的工作环境，努力为社会创造平等的就业机会。K 公司还为员工提供相关培训，员工可以通过虚拟的"K 公司大学"项目参加选修的培训课程，提高领导能力，学习营销及其他实用的工作场所技巧。

2007 年年底企业建立工会，以轻松愉快的方式推广团队精神，鼓舞员工士气。K 公司中国系统中超过 95% 的员工加入了工会，员工人数达 4 万人，通过供应链创造就业岗位达 40 万个，为中国经济创造总需求约 791 亿元人民币。可编制如下会计分录：

　　借：银行存款　　　　　　　　　　　　　　　　　　　　　　79100000000
　　　　贷：社会效益　　　　　　　　　　　　　　　　　　　　　79100000000

2. 对生态环境维护的责任

在水资源管理方面：K 公司中国系统三大瓶装集团共同承诺生产过程中产生的废水百分之百经过严格处理，使之可直接排放回自然界而不会对水生物造成影响。目前中国系统的装瓶厂已投资超过人民币三千万元添置水回收和净化设备，以提高水资源的回收和重复利用，减少水的消耗。可编制如下会计分录：

　　借：社会资产——环保设备　　　　　　　　　　　　　　　　　30000000
　　　　贷：银行存款　　　　　　　　　　　　　　　　　　　　　30000000

在可持续包装方面：K 公司中国系统曾经承诺到 2015 年包装使用率较 2008 年降低 7%，相当于节省年包装材料 55000 吨，并逐步在包装上停止使用聚氯乙烯。按一吨包装材料 0.7 万元计算，K 公司共创造社会效益 55000×0.7=38500（万元），可编制如下会计分录：

借：社会公益贡献支出　　　　　　　　　　　　　　　　　　　　　　385000000
　　贷：社会效益　　　　　　　　　　　　　　　　　　　　　　　　　385000000

在节能减耗与环境保护方面：K公司中国系统将致力减少制造环节的能源消耗，并曾经争取在2020年，将碳排放强度较2004年降低40%~45%。并通过投入使用新型环保冰箱和其他减排措施，减少能源消耗量，让能耗水平较2000年降低45%~60%。

目前，K公司中国系统只发现了一起违反环境规定的事件：位于云南的装瓶生产厂没有完成"环境影响评估"（EIA）就安装了一套新的生产线，因此被罚款5万元人民币。随后这个问题得到了解决：罚款支付了，相关的管理者也接受了培训，确保将来按程序完成环评。上述5万元人民币的罚款可编制如下会计分录：

借：社会成本　　　　　　　　　　　　　　　　　　　　　　　　　　50000
　　贷：银行存款　　　　　　　　　　　　　　　　　　　　　　　　　50000

3. 对社会及本地区的责任

K公司是企业社会责任的典范，身体力行，关注贫困地区孩子们的教育和发展。K公司已经在27个省建立了61所希望小学，100个希望书库，30个网络学习中心和55间多媒体教室，惠及6万多名儿童。汶川地震之后，K公司中国系统累计捐助1亿元，其中8000万元用于震区学校的援建。在2012年前，K公司在中国的捐助总额超过2亿元人民币。可编制如下会计分录：

借：社会资产　　　　　　　　　　　　　　　　　　　　　　　　　200000000
　　贷：银行存款　　　　　　　　　　　　　　　　　　　　　　　　200000000

4. 对消费者应履行的责任

为消费者提供高品质、多元化的产品是K公司中国系统的可持续发展承诺的第一步。2010年，K公司中国系统斥资9000万美元，合59604.31万元人民币（按2010年12月31日美元兑人民币1:6.6227的利率计算），在上海建立全球创新及技术中心，提供受中国消费者欢迎的怡神饮料。同时，K公司积极倡导健康生活方式，通过支持和举办各种体育活动，吸引超过200万的中国青少年参与其中，包括配合卫健委开展健康生活推广等项目。可编制如下会计分录：

借：社会资产　　　　　　　　　　　　　　　　　　　　　　　　　596043100
　　贷：银行存款　　　　　　　　　　　　　　　　　　　　　　　　596043100

5. 对政府履行的义务

从2007年6月开始，K公司已向世界自然基金会捐助了2000万美元，按2007年12月31日美元兑人民币1:7.3046的利率计算，合14609.2万元人民币，用于资助保护全球最重要的7个淡水河流域，其中包括中国的长江流域。K公司中国系统为保护长江以及中国的其他淡水资源而努力，开展了一系列长江水资源保护及相关活动，如水域保护、社区水资源利用、收集雨水、植树造林及有效利用农业用水等。可编制如下会计分录：

借：社会资产　　　　　　　　　　　　　　　　　　　　　　　　　146092000
　　贷：银行存款　　　　　　　　　　　　　　　　　　　　　　　　146092000

根据以上七个分录，编制社会资产负债表（假设期初余额为0），可以清楚地看到K公司社会责任会计的履行情况，社会资产等于社会负债和损益，共7909995万元。

三、K公司中国系统社会责任会计信息披露

综上所述，通过对K公司中国系统社会责任会计的核算与计量，在低碳经济下发展与应用社会责任会计，实现社会责任会计信息披露的真实性和全面性，应当注意以下几点：首先，应完善《企业会计准则》，用会计准则指导社会责任会计实践，建立健全社会责任会计的信息披露与监督体系；其次，应修订《会计法》，从法律上明确社会责任会计的地位和作用，为发展社会责任会计提供法律保障；最后，企业应将会计准则落到实处，增强环境意识，培育相关会计人员，建立企业社会责任报告制度，发布社会责任报告，编制社会资产负债表，走可持续发展之路。

第六章 行为会计

第一节 行为会计概述

一、行为会计的产生与发展

行为会计是会计学、行为科学、心理学等学科相互渗透和相互融合的产物。作为新兴的研究范式，行为会计已经取得了很大进展。

（一）行为会计的兴起与产生

行为会计（Behavioral Accounting）一词最早出现在 1967 年。Becker S W 虽未明确定义行为会计，但他提出行为会计研究是一种不同于其他会计研究的新范式，行为会计研究主要运用行为科学理论和方法来验证会计信息及其加工处理过程与人们行为的相互作用和影响，对该研究可追溯到 1952 年 Argyris 的预算研究。20 世纪 50 年代，心理学以人类判断理论研究取得的阶段性成果作为行为会计研究萌芽的重要理论基础。20 世纪 60 年代，行为会计的初期研究以管理会计为研究重心，行为会计作为管理会计的下属研究项目，主要关注会计活动对行为影响的研究，一直持续到 20 世纪 70 年代早期。在此期间，管理会计研究者主要关注控制系统的影响和员工绩效评价的预算标准。同时，财务会计研究者注重供外部使用的会计信息的特征属性，而审计研究者则试图提高审计的效率和效益。这些研究大多是在行为学科的理论和方法成型之前开展的。1974 年 Ashton R H 在《会计研究杂志》上发表的《关于内部控制判断的实验研究》一文成为人类决策判断理论和研究方法的突破，之后的研究重心逐渐转向决策者的信息处理过程。1981 年，美国会计学会成立了"会计、行为与组织分部"，该分部 1989 年创办了《行为会计研究》刊物，为行为会计研究提供了更为有利的交流平台和空间，促进行为会计发展。20 世纪 80 年代，契约理论占据主导地位，财务会计领域的行为研究发展逐渐削弱，Bamber（1993）进行行为会计研究综述时发现，财务会计领域的行为研究十分有限，1987—1991 年的 240 篇行为会计文章中只有 24 篇与财务相关。而 Mcewen 等人也发现在 1990—1999 年仅有 41 篇行为财务会计相关文章，表明行为财务会计的发展较为缓慢。尽管发展缓慢，会计与人类行为相关研究一直在深化和推进。20 世纪 90 年代以来，会计行为领域的研究显著增长。尤其是在审计方面，人类判断理论和专家技能的行为会计研究蓬勃发展。

总之，行为会计研究自从 20 世纪 50 年代兴起以来，实现了与行为科学从机械模仿到逐步融合的过程。初期的行为会计主要将行为科学理论直接引入会计领域，简单借鉴行为科学研究理论和方法来研究会计问题，随着行为会计的逐渐成熟，行为会计研究人员不再一味地单纯照搬，开始结合会计理论和实践的需要，运用会计研究成果来检验和修正行为科学理论模型，促进两者之间互动发展。

（二）行为会计的发展

1. 国外行为会计研究

近年来，行为会计在传统会计领域有一定发展，与财务会计、审计、管理会计、税务等相结合。

在财务会计领域，行为会计主要应用于资本市场、信息披露、准则的指定等，涉及相关从业者（如管理者、分析师、投资者）行为的研究。Hobson 和 Kachelmeier（2005）用认知心理学和信息经济学的原理来研究认知披露现象是否可以推广到战略性披露环境，发现在选择性披露的战略环境下认知过程的局限性仍然存在。Shana Clor Proell 和 Mark W. Nelson（2007）通过两个关于收益确认的实验发现，会计实务人员在运用会计准则和操作指南的过程中受到准则或指南中举例的影响，遵行举例基础归因规律。David Hirshleifer 和 Siew Hong Teoh（2009）利用心理学吸引法研究会计准则和披露政策的影响。

审计领域是当前行为会计应用最多的领域。路云峰（2009）指出，在《行为会计研究》杂志 2006—2007 年的 26 篇文章中，审计类文章有 11 篇，将近一半。这些文章主要研究审计师如何控制认知偏差，形成有效的审计判断。Lori R. Fuller 和 Steven E. Kaplan（2004）研究工作业绩中审计师的认知偏差，发现认知偏差与审计师的工作类型（分析型、直观型）有关。分析型的审计师擅长分析型工作，直观型的审计师擅长直观型工作。Sudip Bhattacharjee、Mario J. Maletta 和 Kimberly K. Moreno（2007）研究发现在多客户的环境下，审计师受到心理学对比效应的影响，审计师对当前客户的审计判断会受到对拥有类似信息的之前客户的审计判断的影响，而且即便没有可比的信息，之前客户的判断还是会间接地影响对当前客户的审计判断。

在管理会计领域，行为方法得到了广泛的应用，行为管理会计主要关注决策制定和决策反馈、各种内部控制系统、转移定价、预算或是价格协议等。Chiristien A. Dension（2009）研究实物期权能否阻止决策制定者继续向负回报的项目投入资源，相对仅仅使用净现值法进行项目评估，实物期权能够在项目放弃上更多地影响决策者的认知，从而缓减承诺续扩。Stehpen L. Liedtka、Bryan K. Church 和 Manash R. Ray（2008）研究平衡积分卡应用中的业绩评价问题，发现评价者的模糊容忍性会影响他们对平衡积分卡内业绩衡量指标多样性的反应。衡量指标多、缺乏模糊容忍性的评价者对好的业绩表现评价不高，即当模糊容忍性与正向业绩信息相联系时，这类评价者会忽视或低估信息。

行为会计对税务的研究也有一定发展。其中很大一部分是关于税务过程中的不确定性的。Richard C. Hatfied、Scott B. Jackson 和 Jennifer K. Schafer（2008）从税务师和纳税人角度研究美国高居不下的所得税返还率的原因和结果。研究发现，当税务师相信税务返还对纳税人支付较高的税务返还准备金的意愿有正面影响的时候，他们会建议纳税人多支付中期所得税。

2. 国内行为会计研究

我国较早涉足行为会计研究领域的毛柏林教授于《试论会计管理行为及其优化的途径》一文中首次提出了在我国对行为会计进行研究的一些基本问题，反响较大，揭开了我国行为会计理论研究的序幕。1992年他在发表的《中国行为会计研究的兴起与会计行为学的建设》一文中，系统地阐述了建立中国行为会计学的基本构想。

于增彪（1995）认为，对于行为会计，其通俗的意义是说明谁通过何种途径使得财务信息是这样而不是那样，这样或那样的财务信息对谁产生什么样的影响；但在严格的学术意义上，行为会计则是指在会计技术方法基础上，利用行为科学和数学中相关的理论与方法，研究财务信息生产、传递和使用过程中各当事人的行为。

吕莉（1998）认为，行为会计是关于会计社会属性的研究，即在会计技术基础上，利用心理学、社会学、政治学、法学、人类文化学和数学等学科的相关概念、原理和方法，研究财务信息生产、传递和使用过程中各当事人的行为。

蔡昌（1999）认为，行为会计是会计学和社会科学相互交叉的边缘学科，主要研究人类行为对财务信息乃至会计系统的影响，以及财务信息对人类行为和行为决策的影响。

郝继陶、皮圆梅（2000）指出，行为会计在收集、确认、计量和报告财务信息的处理方法上与传统的财务会计不大相同，行为会计在与会计制度密切相关的条件下研究和处理的是会计与相关行为的关系。

韩永斌（2005）认为，行为会计的研究内容尚未形成一个完整的能独立于财务会计与管理会计的理论体系，目前暂时还不能视为第三大会计学科分支。它通过运用行为科学的理论和方法来研究会计与人类行为相互关系、具有交叉性和综合性的研究范式。

姚凯、郑立（2016）分析了人力资源与财务管理两大系统在经营过程中的交互模式，以及个人行为效率与企业价值创造的作用关系，并尝试对丰田的人才管理模式进行案例研究，以期探究行为会计学理论在人力资源管理中的作用机理。

张婕、王鹏、曾妍琪（2017）的研究指出，我国行为会计研究热度有增无减，审计过程研究一直是行为会计研究的热点，而管理控制领域处于逐步弱化的趋势，同时会计信息处理一直占有一席之地。但是大多数研究是概念综述类的研究，这可能会导致我国的行为会计研究一直处于停滞状态，难有重大突破。蔡灵灵（2020）就行为会计的价值、发展意义入手，着重分析我国行为会计的发展制约因素，并寻求突破机制，力求为我国行为会计的发展提出可行性建议。

我国有关行为会计的研究往往与会计领域其他内容相结合，主要集中在企业管理控制、企业会计信息系统、审计、会计信息处理、行为会计综述等方面。从研究数量上看，截至2020年年底，中国知网的中国期刊全文数据库中，只有约183篇有关行为科学在会计中应用的文章；从研究内容上看，我国关于行为会计的研究大多数仅停留在总结叙述上，实证性、操作性文章十分少见，且虽然我国学者对行为会计研究做了初步的探讨，但是未形成系统的行为会计研究理论，在我国的会计领域中不具备普遍的实用性。虽然我国行为会计研究与国际水平还有较大的差距，但不能否认我国学者对此所做的贡献，且我国行为会计的研究具有巨大的发展空间。

二、行为会计的概念

（一）行为会计的定义

行为会计研究和处理的是会计与相关行为之间的关系，强调会计行为主体如何开展会计行为才能客观地反映企业的受托责任，满足信息使用者的决策需要，还强调会计信息使用者的行为对会计行为的反映作用，这与设计、构建和应用有效的会计系统密切相关。

著名会计学家 Ahmed Belkaoui 在其《行为会计》一书中把行为会计描述为"行为科学在会计中的应用"，认为行为会计将自身与这样的人类行为（即与会计信息和会计问题相关的人类行为）联系起来。1970 年，T. Hofstedt 和 J. Kinard 在《会计评论》上发表了《行为会计研究的战略》一文，他们没有直接定义行为会计，而是对行为会计研究下了简洁而具有代表性的定义，认为行为会计研究是"关于会计人员或受到会计机能和会计报告影响的非会计人员的行为的研究"。1989 年 Gary Siegel 在其所著的《行为会计》中对行为会计做了如下描述："行为会计是阐述会计系统与人类行为之间的关系，研究人类行为与有效会计信息系统的设计、建立和使用之间的关系。"

因此，本章做出定义，行为会计是关于会计与人的行为相互联系、相互影响，在会计技术方法基础上，利用行为科学和数学中相关的理论与方法在会计领域进行会计信息的生产、传递和使用。

行为会计有关的各种当事人主要有以下几种：

(1) 企业或集团内部的各种人员。

(2) 处于企业或集团外围的相关利益团体，包括股东、债权人、投资者以及税务机关、业务客户等。

(3) 管理当局、上级主管部门及相关管理部门或协会、政府组织。

(4) 审计机构和注册会计师。

（二）行为会计与会计行为

行为会计与会计行为有着许多相同性和一致性，但二者存在本质上的不同。行为会计与会计行为的差异主要表现在以下几个方面。

1. 起源不同

行为会计源于美国，被称为会计的第三分支，也是现代会计研究中最科学、最有希望的研究领域。它产生的必要条件是行为科学的兴起和会计理论、方法的高度科学化，行为会计历史短，但却最综合、最抽象。

而会计行为产生历史悠久,会计产生就必然伴随会计行为。会计是一个行为过程,正如美国会计学大师利特尔顿所说,会计集经济学的观念、思想和统计学的方法于一身,因而其精华在于其科学的技术性和严密的逻辑性。无论财务会计还是管理会计,无不体现出其技术性和方法性。会计行为作为会计的存在形式,始终是一种生产和分配信息的活动。会计技术和方法的应用是会计行为的具体特征。

2. 内涵不同

英国著名的行为会计学家、《会计、组织与社会》一书的主编霍普伍德在其《人类与会计行为》论著中认为,行为会计的本质是关于会计与人类的行为的科学。另一位行为会计学家赛伊基尔则认为,行为会计阐述了会计系统与人类行为之间的关系。尽管各位学者关于行为会计的解释不同,但是都突出了一个中心思想,即会计是与人类行为相联系的、以人为本的行为科学在会计领域应用的综合性、交叉性的边缘学科。

会计行为是指提供会计信息的行为,即会计信息的生产和分配活动,具体来说就是进行会计记录、计算和报告或测定和传递的行为。因此,两者的本质差别可概括为行为会计是一门会计学和社会科学交叉的综合性学科,是会计学的第三大分支;会计行为则为会计行为者进行的有目的的一般活动。

3. 研究客体不同

行为会计的对象应为会计行为者及其发出的会计行为的过程和结果,以及结果对有关方面的社会影响和影响程度,包括会计行为主体中的会计人员和会计组织,他们是会计行为的发出者,是行为会计研究的主要对象。会计行为过程和结果取决于会计行为者的价值观念、动机、个性、目标要求、业务素质等。会计行为结果影响的有关社会方面包括企业的管理当局,他们是会计信息的主要接受者和使用者,还包括股东、债权人、政府机构、社会公众等,他们的行为或多或少地受会计信息的影响,因而行为会计还要研究他们对会计信息的要求,以及会计信息对他们行为的影响程度。行为会计还要研究注册会计师、审计师和会计准则制定机构对会计信息的要求以及会计信息对他们行为的影响。注册会计师、审计师和会计准则制定机构,已成为社会的有效监督体系。他们游离于企业会计,但与企业会计密切相关。他们监督的客体主要是企业会计的行为过程和行为结果。企业会计行为结果只有经过他们客观、公正地监督和评价之后,才能取信于社会,得到社会的认可。因此,他们也就成为行为会计研究的客体之一。

正如上文指出的,会计行为是一种有目的的会计实践活动,其行为客体就是经济业务活动引发的会计信息以及对这些信息的技术处理和传递过程。正如美国会计学课程设置委员会所说:"会计就是一个行为过程。"作为行为过程的会计分为财务会计和管理会计。

4. 研究范围不同

依据西方行为会计学的内容,两者的范围不同。行为会计主要研究管理会计与行为科学的结合,范围广泛,主要涉及三方面研究:人类行为对会计系统的设计构造和使用的影响、会计系统对人类行为的影响、预测和策略方法改变人行为。

会计行为作为会计信息的生产和分配活动,不仅涉及管理会计,也涉及财务会计。

从两者的外延来看，会计行为更加广泛，包括所有会计的活动。

5. 目标不同

行为会计是一门综合性交叉学科。赛伊基尔认为，行为会计的目标是计量和评价有关行为因素并将它们传递给内部和外部的决策制定者，为内外部决策者提供较为详细的背景信息。霍普伍德和卡普兰则认为，行为会计的目标是揭示会计的行为动机和行为目的以及会计行为对企业及与企业有利害关系者的影响和影响程度，以便寻求更加科学的会计行为。因此可以概括地说，行为会计的目的就是研究什么是科学的会计行为。

会计行为，依据其本质来看，应为生产有效的会计信息，其目标是如实公正地反映一定期间的受托责任的履行情况，以解除或延续与委托人之间的托管代理关系，以及向会计信息使用者提供有用的会计信息，以影响他们的决策行为。概括来说，就是完成受托责任，提供有用的信息。

6. 理论基础不同

行为会计作为现代会计的第三大分支，有着丰厚的理论基础。正如卡普兰、霍普伍德所说，它由社会学、人类学、心理学、行为科学、经济学、会计学、组织行为学、管理学等构成，融合各有关学科之精华于一体，博大精深。部分学者认为未来会计将统一于行为会计。

会计行为，可以说是行为会计研究的一个方面，其理论基础根植于会计理论和会计技术方法，是会计方法与技术的具体运用和表现形式。

总之，行为会计与会计行为是两个不同的概念，具有本质的差别，不可相提并论，更不能混用。但两者又有着内在的必然联系，相互影响、不可替代。

三、行为会计的理论基础及相关研究应用

（一）行为会计的理论基础

行为会计是行为科学与会计学有机结合而形成的一门交叉性、边缘性学科。其学科体系涵盖了会计行为学、会计心理学、会计应用理论和会计规范理论。

根据经济人假设理论，理性投资者的行为体现为追求自己偏好最大化，行为会计重在研究人类行为作用过程中的限制条件，并努力协调和优化人类的理性经济行为。

根据交易成本理论，在交易行为中，任何经济信息的取得、使用都要付出一定的代价，所以行为会计不能不考虑交易成本，成本效益原则是对会计行为和其他行为的经济约束。

根据行为规则约束假设，制定规则能保证会计系统中行为的规范性和可预见性，在规则的约束下能够保证会计行为和会计秩序规范而有序地运行。

根据受托责任理论，资源的受托方接受委托管理方所交付的资源，受托方因此承担

了合理、有效地管理与运用受托资源，使其尽可能保值、增值的责任。以英国会计学家霍普伍德为代表的学者认为，在不考虑环境因素的情况下，行为会计的目标由行为目标和行为动机要素组成，其基本函数表达式为：

$$行为会计的目标 = f(行为目标，行为动机)$$

（二）行为会计的研究方法

在行为会计研究发展过程中，许多学科分支起到了重要作用，比如经济学、组织理论、社会学和统计学等。但是，心理学一直是对行为会计影响最深的行为科学。在某种意义上，早期行为会计研究是受到心理学理论及其实证研究成果驱动而兴起的。如今，透镜模型和概率判断这两个心理学研究主题依然广泛而深入地影响着行为会计研究。

1. 透镜模型

行为会计领域的人类判断理论研究的发展在很大程度上要归因于采用心理学研究中广泛应用的透镜模型，该技术方法为会计信息使用者所关注的传统课题提供了富有成效的新研究途径。

著名行为会计学家 Ashton 被认为是运用该技术方法的第一位会计研究人士，并带动了后续研究。透镜模型在审计领域的运用主要在于探讨审计人员如何处理或整合其所归集的证据，利用统计方法推断审计人员依据证据进行判断和整合的方式，并以数学模型加以模拟。Ashton（1974）就薪酬循环内部控制判断问题进行实验研究，分析审计人员的判断行为。之后学者大量运用透镜模型进行内部控制判断行为研究，得到一些共同的结论：审计人员的判断方式可以用线性模型表示；分工是审计人员最重视的线索；审计人员在判断评价指标，如共识、稳定性和自我洞察等方面都很好。Ashton 在 1976 年的定价研究中运用透镜模型，以学生作为实验对象，要求他们扮演决策者，在给定成本、价格弹性和竞争程度等信息线索的条件下，进行价格的决定工作。实验对象先后依据不同的成本资料的计算基础就一系列产品定价进行决策，研究其有无功能锁定现象。透镜模型在财务会计领域的运用主要探讨会计信息如财务比率等在投资决策或贷款决策中的作用。

2. 概率判断

行为会计的研究方式起源于统计决策理论，通常被称为概率判断。概率判断范式主要关注当获得新证据时人类是否按照贝叶斯法则修正初期的判断，Larsson 和 Sweeney（1976）首先将概率判断研究引入会计领域，设计 7 个实验来研究代表性启发式，探讨忽略先验概率、对样本大小不敏感以及有效度的错觉等偏差现象。

除此之外，行为会计研究还有一些研究主题，如决策前行为、专家和专长、情景理论、功能锁定等，应进一步发展行为会计分支领域，使行为会计与其他领域更密切地结合。

（三）行为会计相关研究与应用

Birnberg 和 Shields（1989）将行为会计的研究范围划分为以下 5 个领域：管理控

制、会计信息处理、会计信息系统设计、审计过程研究、组织社会学。

管理控制是与管理会计研究相关性最高的行为会计领域，该领域主要研究管理控制系统设计对组织内部员工或组织整体的影响，具体分析员工参与、领导风格和回馈作用等问题。

会计信息处理主要研究不同信息输入所产生的结果以及整个决策制定过程。

会计信息系统设计研究针对会计信息系统的整体设计，而不是系统内的某种特定变化，这是与会计信息处理研究的主要区别之处。

审计研究领域主要包括政策获取、概率判断和事先决策行为三个方面，研究的核心是审计人员的专业性。

组织社会学这一研究领域关注的问题非常广泛，它从宏观到微观，研究包括环境对组织会计系统的影响、推动会计信息系统变化的内外部因素以及组织中会计人员所发挥的作用等。在以上5个领域中，最集中的三大核心研究领域是管理控制、会计信息处理和审计过程研究。除以上5个领域外，行为会计研究领域还新增加了对行为会计研究设计、会计职业发展和会计道德等领域的研究。

行为会计与传统会计、财务管理和审计都有交叉，三者内部也紧密相连，互相作用，互相影响。早期学者认为，行为会计的产生必将促进管理会计的发展，大大推动责任会计和人力资源会计的发展。也有学者注意到，行为会计促使会计从"信息披露"走向"过程控制"，产生了更能触及会计本质的"会计管理活动论"。然而，值得关注的是，行为会计在逐渐细化的同时，其本身却逐渐淡出了管理会计和财务会计的领域，重心移向了审计领域。据西方学者Bamber的统计，在行为会计研究的构成中，行为审计研究依然最多。与此同时，财务会计与管理会计领域的行为研究均有所下降，管理会计的行为研究同样维持着很高的热度。行为会计经历了行为管理会计领域的初兴、行为财务会计领域的淡化和审计领域的蓬勃发展三个阶段。20世纪90年代以来，人类判断理论和专家技能的行为会计研究蓬勃发展。而在实践运用中，心理学一直是对行为会计影响最深的行为科学，其中的透镜模型和概率判断模型两大研究主题至今依然被广泛采用。此外，在对行为会计研究设计、会计职业发展和会计道德等领域的研究也在不断扩大。因此，可以看出，未来行为会计的研究将集中于会计信息处理、审计和管理控制三大核心领域。

第二节　行为会计研究方向

一、行为会计的研究对象

行为会计的研究对象是人类行为。行为会计的各种当事人主要包括：企业或集团的内部人员，利益相关团体、管理当局，以及相关管理部门、协会、政府组织、审计机构和注册会计师等。

行为会计的研究范围可以分为会计信息处理、会计信息系统设计、管

理控制、审计过程研究、组织社会学 5 个领域，涵盖调查研究、实地研究、实验室研究、实地实验 4 种不同的研究方法。行为会计研究所采用的主要方法依然是实验。行为会计的研究方法主要来自行为科学，通过对人的行为进行观察、分析和归纳，提供对会计信息系统和管理活动有益的信息。

二、行为会计的职能

行为会计的职能是由行为会计的地位所决定的一种内在的应有的功能。它有一般职能和具体职能之分。

（一）一般职能

一般职能是对行为会计内在应有的功能从笼统的、抽象意义上的概括，包括核算职能和管理职能两项。

1. 核算职能

核算职能也称作反映职能，是行为会计确认、收集、处理以及提供信息的内在功能。从这一职能看，行为会计是一个信息系统。它主要有以下几个特点：①主要运用货币尺度来量度行为会计对象，同时也使用实物量度、劳动量度等作为辅助。②主要从数量上反映行为会计对象的情况，但也重视非量化信息的反映作用。③核算有事前、事中、事后三个时间序列环节，紧密配合、相辅相成；核算按需要进行。

2. 管理职能

管理职能是由行为会计通过会计制度、规则、方法、信息对行为者的促进、规范、引导性管理，以及利用核算信息和专门方法进行的主动的、强化性的管理。行为会计是一种经济管理活动，行为会计职能表现出如下特点：①价值管理以行为管理为基础；②自我管理与统一管理相统一；③技术方法与艺术方法相结合；④管理分事前、事中和事后三个环节，重点在事前、事中两个环节，以防患于未然。

（二）具体职能

行为会计的具体职能是核算与管理两项一般职能的具体明确化。它包括以下几项：①记录审核职能；②计量计算职能；③反馈报告职能；④考核分析职能；⑤鉴定评价职能；⑥结算分配职能；⑦预测规划职能；⑧控制指导职能；⑨监督规范职能；⑩参谋决策职能。

三、行为会计的研究应用

行为会计研究与其他会计研究分支相比，存在许多共同之处，依赖对会计现象的系统观察，仔细收集数据资料，也需要根据基本的研究问题或理论来选择相应的合适的测量变量，其研究成果都是为投资者、管理者、审计师和准则制定机构等特定服务对象服务的。但是，行为会计研究又不同于其他研究。行为会计的显著特征在于它与行为科学密切关联并由此而产生研究方法、会计专业性和研究问题。相比较而言，行为会计运用心理学和社会学理论，通过系统观察实验室或实地场景下的人而不是人的行为的历史档案或人的行为的计算机模拟，深入分析人们个体或群体实际上是如何使用会计信息和受会计信息影响的，因此行为会计的研究应用广泛且细碎，可以与多学科相联系，也被称为各学科的边缘学科。

第三节 行为会计的发展与展望

一、行为会计的社会实践价值

行为会计有助于企业规范化管理。它不仅要求企业提供财务信息，还要求企业提供与财务信息相关的报告或说明，加强对企业财务分析和财务监督，完善企业内部控制。财务部加强对财务监督的职责，包括预算、收支、资产负债各方面的监督。

1. 行为会计有助于企业完善财务规章制度

行为会计"以人为本"，更加强调企业高层的管理水平，行为会计更加注重会计在专业技能和财务决策方面的作用。企业应设有独立的会计部门，专业的财务精英团队，对企业未来的发展方向有一定的预测性，针对企业有积极良好的见解，规划企业会计制度，控制预算系统，切实为企业经济效益把关。

2. 行为会计有助于优化会计行为

行为会计的功能在企业的经营管理中还有待提高，因此，大力推进法律、金融体制改革，为企业提供公平、自由、竞争的市场经济环境成为推动行为会计发展最根本的动因。

3. 协调社会效益与企业经济行为

企业的经济行为不可避免地影响着社会公共事业和社会大众，各种管理行为、决策行为、市场行业、会计行为的影响遍及社会。因此，衡量企业经济行为对社会效益的影响程度是极为必要的。企业的经济行为可能会损害社会效益，给社会造成某些恶果。因此，协调社会效益与企业经济行为，有利于创造一个安定团结的社会经济环境，以促进社会繁荣发展。

4. 组织监控和人事管理

在这方面，行为会计主要分析会计信息与组织成员行为之间的相互影响，设计如何利用会计信息引导组织成员并使之趋同于组织目标的方法、程序乃至整个会计信息系统。这里侧重运用会计信息对人的行为的导向作用，重视对企业人力资源的有效管理和合理配置。例如会计制度、财务制度、经济法规对相关组织人员的约束和引导，成本控制、目标利润以及转移价格对企业控制行为的激励和引导，企业目标、计划和措施对组织人员的要求等，都会对人力资源的协调和管理工作起到重要作用。但企业的情况纷繁复杂,如何针对各种具体事项有效地运用行为会计,寻求会计信息、企业目标和当事人行为之间的联系,在很大程度上还要依靠企业管理者的判断力和创造力。

5. 规范会计工作秩序

行为会计的职能之一是通过及时揭示和监控,在社会的政治经济领域中,配置经济资源和社会财富,合理界定各利益主体的行为规范,避免腐败行为和黑幕交易,维护正常的社会经济秩序,其中会计秩序尤为重要。经济行为与会计工作秩序之间有着联动关系,经济行为失控往往会导致会计工作的混乱,会计工作秩序混乱,又会反过来加剧经济行为的失控。因此,治理和整顿会计工作秩序,不仅对规范会计工作本身有益,而且还对规范经济行为、优化社会经济秩序有着不可低估的经济意义和社会意义。

6. 对企业的经营管理有重大影响

行为会计对企业的经营管理有重大影响,运用计量技术对行为过程进行量化,有助于开展规范化管理。为了全面、清晰地反映企业经营活动的全貌,不仅要求提供与企业决策相关的财务信息,还要求对与财务信息有重要关系的非财务行为或事项进行必要的计量、报告和说明。这些非财务行为包括企业的经营方针、管理方针、管理层的行为规范、管理和经营方法的革新、企业的团结协作及企业文化对经营成果的影响等。信息使用者迫切需要这些行为信息,借以更深入地了解企业及其行为,并进行企业间的横向比较和评价。

7. 有助于完善和发展委托代理理论

行为会计有助于完善和发展委托代理制,委托代理制是现代企业发展的基础和前提。经营权与所有者的分离,明确了产权关系和双方责任,是现代企业制度的本质要求,为现代企业的独立经营和自主发展开拓了广阔天地。经营者掌握着所有者无法掌握的私有信息,两者处于信息不平衡状态,所有者无权约束和控制经营者的经济行为。因此,所有者只有通过对经营者行为过程的了解和监督,才能监控企业行为,保护自身利益免受损害。同时,行为会计也为企业提高行为效率、开展行为决策提供了依据,为创造科学、高效的现代企业制度奠定了基础。

二、行为会计与多领域结合

行为会计涉及的范围广泛,主要应用在协调经济利益与会计行为合理性方面,协调社会效益与企业经济行为方面,组织监控和人事管理方面,整顿会计工作秩序方面。

(1) 协调组织利益与会计行为合理性。行为会计包括的内容十分广泛,涉及建立会计制度、会计政策的研究、会计决策的执行等,这必然引起对企业经济利益的影响,目前有很多关于行为会计视角下组织内部控制的相关研究,更加强调行为会计的实践性。

(2) 组织监控和人事管理方面。行为会计分析会计信息与企业成员行为之间的关系。行为会计协调企业管理,针对财务信息进行人力资源的合理配置,组织人员的各项工作,完成企业经营目标。

(3) 整顿会计工作秩序。会计工作秩序非常重要,经济行为会导致会计工作的秩序混乱，为避免秩序混乱、腐败、黑幕交易等，要加强对企业经济的控制。行为会计工作有效地维护了会计工作秩序，加强了对企业的内部控制，规范了企业经济行为。

三、行为会计发展过程中存在的问题及对策

（一）行为会计存在的问题

行为会计在经济发展中存在一些问题，应该进一步加强对行为会计的研究。行为会计虽然有社会价值的体现，但是缺乏实践，过多依赖自然科学中的实证研究方法。

（二）行为会计存在问题的相应对策

应尊重我国民情来分析行为会计在管理中的问题。我国是一个历史悠久，具有传统文化的国家。要将行为会计运用到企业的经营管理中，需要对国家文化和企业性质进行研究，将行为会计渗透式地融入企业的管理中。应加强企业财务分析和财务监督，完善企业内部控制。财务部加强对财务监督的职责，包括预算、收支、资产负债各方面的监督。同时，建立健全内部控制机制，加强经济活动的财务控制和监督，防范财务风险。行为会计在企业的管理中是渐进可行的，企业应当根据自己的实际情况逐步推进实施。发展责任会计，建立严格的考核机制，充分发挥责任会计在经营管理中的作用。在行为过程之前，要划分责任制，这样规范了企业的规章制度，且严格划分了责任归属，有助于企业的经营管理。

1. 财政部门加强行为会计管理

行为会计的发展必须依据行为科学，通过对人的行为进行观察、计量、分类和归纳，以此提供对会计信息系统和管理活动有益的社会维度信息。鉴于当前我国企业生存运营环境和发展需求，加快我国行为会计的发展与研究的一个重要的突破口就是创造中国特色。这就要求财政部门从宏观层面加强对行为会计的社会价值的认知，从法律、法规层面对行为会计的价值、发展意义和地位进行确认，从会计行为观念上进行优化与突破。健全《会计准则》，优化会计行为观念，通过准则加强会计人的自我职业感，实现会计人自身的目标；严格落实会计人的法律法规观念，会计行为合法、合理、合情，会计行为做到客观公正。在实操层面引导企业侧重认识行为会计在管控领域的价值认知与应用。企业管理者除了严格按照会计准则对会计行为进行规范和约束，还应该针对行为会计对会计人群的主观能动价值设置富有竞争力的上升渠道和激励策略，以核心竞争力激励会计人群的职业胜任力，发挥行为会计在信息整理、价值分析、预测及发展策略制定等方面的价值。

2. 加快经济法规建设，实现社会效益与公司经济行为之间的平衡，为其铺设生存环境

行为会计发展缓慢很重要的原因是没有实践环境。我国目前的会计服务市场的建设和服务体系建设并不成熟，缺乏强有力的规范政策及处罚职权和能力，因此违法成本

低，惩罚力度小，各种不良行为具有生存空间和权利寻租空间。这种法律法规环境的缺失也使得行为会计的发展受到了制约，缺乏生存空间。行为会计的核心——管理会计理论在维护市场秩序上也不能发挥社会监督作用。只有加快财务制度、会计制度等经济法规建设，才能真正管控企业在组织监控和人事管理方面的深层问题，加强职能部门和监管部门对企业组织人员的约束和引导，加强企业人力资源的管理和配置。因此，探索我国行为会计的突破机制就需要加快经济法规建设，实现社会效益与公司经济行为之间的平衡。

3. 建立健全培训机制，培养相关会计人才，为行为会计发展提供社会基础

行为会计的发展离不开会计人群素养的提升，决定会计人群的职业素养因素除了自身的技术技能，还包括心理、认知、意志情感等不同方面的能力，这些都会影响会计人群树立正确的职业道德和职业目标。而由于我国会计行业的特殊性和社会认知的制约，我国会计行业的成长空间相对封闭，完全处于自主成长模式，缺乏有组织的社会培训与引导。我国行为会计的突破机制需关注会计人群的成长，必须建立健全培训机制，优化会计人群生存环境，为行为会计发展提供社会基础，使广大会计人群具有发展动力和创新能力，能够主动适应社会发展要求和职业素养要求。除了娴熟的财务能力和业务技能，还应该在表达力、组织力、分析力和适应力等能力和素养上发展，并具备稳定的心理素质，才能使会计行为得到优化，提升我国行为会计的影响力。

综上所述，我国的行为会计研究领域正处于初级阶段，理论和实践上都没有进行深入的分析和研究。相对于西方成熟的行为会计学，我国可借鉴研究，并结合我国经济发展模式进行相应的应用。对于行为会计，我国目前正处于摸索阶段，很多方面有待完善，对管理者也是一种挑战。面对诸多行为会计涉及的问题，企业应该加强内部控制，做好事前预算，建立规范的财务制度，划分责任，预防财务风险，为企业的良好发展铺路。

第七章 法务会计

第一节 法务会计概述

一、法务会计的起源

国外会计学者对法务会计进行系统的理论研究始于 20 世纪后期,其历史只有短短的几十年,甚至对许多会计学者而言这一领域还较为陌生,但是法务会计实务却已开展了上百年时间,其业务主要是面向对各种财务舞弊案件进行调查,以及在法庭审案中为特定当事人提供专业服务这两个方面。

国内王玉兰(2015)认为,法务会计的渊源可以追溯到 1720 年 6 月在英国发生的"南海公司会计造假案"。南海公司财务造假,使公众对政府的监管失去了信心。英国议会成立秘密委员会对南海公司进行调查。该秘密委员会在 1721 年获得了会计师查尔斯出具的《伦敦市彻斯特·莱恩学校的书法大师兼会计师对索布里奇商社的会计账簿进行检查的意见》这一报告。该报告在审计领域意义重大,查尔斯也被认为是社会审计的缔造者。但王玉兰认为查尔斯的工作并非传统意义上的审计工作,而是为南海公司会计造假行为查找会计证据,提供的是诉讼支持服务,属于法务会计范畴。查尔斯·斯奈尔的重大历史贡献是其参与南海公司会计造假事件的调查行为可以被称为法务会计的雏形或法务会计的萌芽。此外,1871 年,苏格兰格拉斯哥的法庭和辩护律师开始需要具有特殊技能的会计人员为其提供会计服务。1900 年,美国和英国的一些杂志开始刊登指导会计人员以正确的方式提供专家证据的论文。而大部分学者认为会计师从事最早的法务会计业务是在 20 世纪 40 年代。美国 FBI 在 1940 年 12 月到 1941 年 6 月期间曾雇用了 500 多名会计师作为特工人员,检查与监控了总额约 5.38 亿美元的财务交易。

"法务会计"和"法务会计师"的诞生源于一起探员对美国黑道头目逃税罪的调查。1930 年 4 月 23 日,美国芝加哥刑事委员会将芝加哥黑道头目阿尔·卡彭列入"头号公敌"名单,美国检察官办公室决定对其展开刑事调查。1931 年 3 月 31 日,美国检察官办公室决定指控芝加哥黑道头目阿尔·卡彭在 1924—1927 年严重的逃税行为。美国税务局将寻找证据的任务指派给了当时税务局的特别探员弗兰克·威尔逊。弗兰克·威尔逊通过"财产净值法"测算出了卡彭未申报的应税收入,并从会计和税务两个角度向陪审团进行了解释。最终，法庭认可了威尔逊的证据，依此裁定卡彭 1924—1927 年犯有逃税罪。1946 年，美国会计师莫里斯·佩卢贝特在 *Journal of Accountancy* 上发表文章，纪念和认可弗兰克·威尔逊在卡彭案件审理中的贡献，在文中首次使用"法务会计"（Forensic Accounting）一词定义弗兰克·威尔逊的工作，同时以此表述第二次世界大战期间 FBI 雇用会计师特工的调查行为，并称弗兰克·威尔逊为"法务会计师"[①]。

20 世纪 90 年代，国外法务会计获得了新的发展。1982 年弗朗西斯·C·迪克曼和罗纳德·普莱斯出版了《法务会计：作为专家证人的会计师》。该书从诉讼过程中提供专家证人服务的会计师的视角概括了法务会计的司法程序，以及会计人员在不同阶段的角色。1986 年，美国北达科他州州立大学法务会计教授 Jose Wells 在得克萨斯州的奥斯汀成立了美国注册欺诈检查人员协会。同年，美国注册会计师协会发布了实务指南第 7 号，列出了会计师诉讼服务的 6 个方面：损害计量、反垄断分析、会计调查、评估、法证咨询和财务分析。1989 年，G·杰克·波罗格纳和保罗·肖出版了《法务会计手册》一书，其旨在提高审计人员对舞弊前兆的识别，帮助审计人员及早发现舞弊征兆。1992 年，Robert Block 博士成立了美国法务人员协会（ACFE），出版发行了同业评论期刊《法务检查人员》。除美国外，加拿大、澳大利亚和英格兰等国家相继成立了法务会计专业组织，极大地促进了法务会计的发展。2001 年美国安然公司财务报告不实的丑闻导致安达信会计师事务所破产，撼动了公众对资本市场的信心。为重建投资者的信心，美国政府推出一系列企业改革法案来强化公司治理，人们认识到舞弊和不当行为可能会带来巨大损失。尤其在 2008 年世界金融危机之后，经济犯罪的问题受到更多的重视。这些事件均使企业、投资者和政府更加关注法务会计这一领域。

法务会计是西方国家在市场经济实践中逐步发展起来的新领域。随着全球经济的一体化，经济犯罪、经济纠纷的形式呈现出多样化和复杂化特征，而且几乎所有的经济行为都与会计和审计有关。通过法律来调节市场经济行为是现代经济的主要特征，对每一个市场经济主体来说，法律诉讼将成为保护自身权益的有效途径。法务会计就是在这样的背景下产生的。在我国，无论理论界还是实务界，对法务会计还较为陌生，但法务会计实际上早已存在于我们的经济生活中。改革开放以后，我国法务会计由公、检、法系统的司法会计鉴定起步，逐渐发展为中介机构的司法会计鉴定、经济案件调查、舞弊调查，服务领域不断扩大，由诉讼支持扩展到舞弊调查和参与办案。我国证券市场上的"琼民源""银广夏"等案件，由国家证券监督管理委员会委托国家有关审计机关、社会中介结构，诸如一些会计师事务所等对其进行审计，调查取得有关出具虚假财务报告的证据，保证广大投资者的利益，这就是我国法务会计的雏形。虽然我国在法务会计领域的研究起步较晚，但是到目前为止，我国已有不少学者开始涉足这一崭新的研究领域，并发表了一系列论文。

二、法务会计的概念

1995 年，美国会计学家 G·杰克·贝洛各尼与洛贝特·J·林德奎斯特定义了法务会计："运用相关的会计知识，对财务事项中有关法律问题的关系进行解释与处理，并为法庭提供相关的证据，不管这些法庭是刑事方面的还是民事方面的。"

1998年3月4日，毕马威会计师事务所在中国香港地区召开的主题为"舞弊与法务会计"的研讨会上，法务会计被定义为"通过对财务技能的运用以及对未决问题的调查方法，将证据规则与此相结合的一种会计学科"。香港毕马威会计师事务所的法务会计合伙人乔奈顿·鲁汶这样说：根据字典，"法务"一词的解释是运用法律的事务。因此，法务会计就是该会计所执行的工作和报告都是为法庭服务的。这是法务会计与其他会计形式的最大区别。法务会计经常涉及舞弊调查，并为管理部门、律师或者私人调查服务。

我国知名学者李若山教授在《论国际法务会计的需求与供给》一文中，从国内几个会计案例出发，探讨了国际上法务会计发展的需求与供给的社会原因，指出法务会计产生的主要原因是会计法律纠纷及财务报表舞弊逐年增多。他还以国际法务会计的发展为线索，论述了法务会计成为21世纪最热门行业之一的原因，并指出在贯彻中国会计法时，应进一步加强中国的法务会计建设。李若山认为，法务会计是特定主体运用会计知识、财务知识、审计技术和调查技术，针对经济纠纷中的法律问题，提出自己的专家性意见作为法律鉴定或者在法庭上作证的一门新兴行业。它是会计的一门新兴学科。提供上述服务的主体就是法务会计人员。

戴德明教授指出，法务会计关注会计职业如何更有效地履行法律赋予的职业权利，通过提供现有法律框架内一切有利于规范和保护会计职业界的法律根据，强化规范体系的约束力，帮助会计职业人士或组织主张合法权利，减轻由职业风险而引致的法律责任，支持会计职业界发挥社会（以法律意志为代表）赋予它的角色作用。

美国注册会计师协会（American Institute for Certified Public Accountants，AICPA）将法务会计定义为"为了解决各类法律纷争，应用会计原则、会计理论、会计训练等各种会计与财务知识，就事实问题和假设问题加以判断"。法务会计包含运用会计、审计、财务金融、计量方法以及一些法律与刑侦的特殊技术及调查技巧，以收集、分析、评估可作为证据的事项，帮助法官就法律上的问题、争议及冲突，寻求可能的解决方案，解释并报告其发现，为法院断案提供财会证据依据。

总的来看，法务会计是特定主体综合运用会计学、法学知识以及审计方法与调查技术，旨在通过对会计资料进行调查获取有关证据资料，并以法庭能接受的形式在法庭上展示或陈述，以解决有关法律问题的一门融法学、会计学、审计学、证据学、犯罪学等学科为一体的边缘科学。法务会计是会计学的一个新领域。法务会计是会计师事务所接受委托，对会计职业界的法律责任进行调查与取证，提供专家鉴定意见的一种特殊会计服务。

三、相关概念区分

（一）法务会计与财务会计

首先，法务会计与财务会计都属于应用会计学。会计学可分为理论会计学和应用会计学，其中理论会计学包括会计理论、会计史等，应用会计学包括财务会计、管理会计、国际会计、法务会计和成本会计等，可见法务会计作为会计学的一个分支，与财务会计都属于应用会计学。其次，财务会计是法务会计产生的前提和基础。案件所涉及的财务会计业务通常由会计事项和会计活动组成，而法务会计活动本身是对案件涉及的会计事项或会计活动进行检查、验证和鉴定，并据此做出判断，发表专家意见，通常是在财务会计工作的基础上开展的。因此，财务会计是法务会计产生的前提和基础。

财务会计与法务会计的区别见表7-1。

表7-1 财务会计与法务会计的区别

区别	财务会计	法务会计
主体不同	某一特定主体	不是单一主体的单一会计
职能不同	核算、监督	职能范围超出财务会计
目的不同	提供对经济决策有用的信息，反映管理层受托责任履行情况	完成受托责任，对法律责任问题提供证据和意见
内容不同	用财务会计的理论和方法进行确认、计量、记录和报告的一般会计事项	税收理算、债权债务、保险赔偿理算、社会公正、物价、基金、司法、海损事故理算、社会保障会计
工作程序和方法不同	科学的、统一的、定型的会计处理程序，常使用会计核算和分析方法	不具连续性和继起性，使用会计、审计、统计方法等
执业规范不同	《会计法》、会计准则、会计制度、会计基础工作规范等	会计准则、法务会计准则、专家证据准则
报告不同	财务状况、经营成果、现金流量等会计信息	对法律事件涉及的财务问题进行解释说明，形成结论性文件
对会计人员知识结构的要求不同	业务和道德素质，会计相关知识	对业务素质要求更高，精通会计，熟悉相关法律
执行主体	注册会计师	单位会计人员
重心	对财务问题进行解释	对财务数据信息的处理

（二）法务会计与审计

审计在我国起源较早。在西周时期，我国就有了带有审计性质的监察工作。现代审计师也是在经济监督的基础之上不断发展，从而形成了较为完整的理论体系与实务操作。审计较为公认的定义：审计是由胜任能力的独立人员对特定经济实体的可计量的信息证据进行客观的收集和评价，以确定这些信息与既定标准的符合程度，并向利害关系人报告的一个系统过程。通过比较法务会计和审计，能够发现其中的很多相同点。首先在主体方面，法务会计与审计都要由具备专业能力的人员来完成，他们往往独立于会计资料的制作者。在实务中，作为审计主体的注册会计师和注册会计师事务所通常也会从事会计的法务工作。其次，在对象方面，法务会计和审计都是针对一定的会计资料进行检查验证。再次，二者采用的手段、方法和技术大部分是相通的。最后，在结果方面，法务会计和审计都具有鉴定和报告作用，都要以书面文件报告工作结果。尽管法务会计和审计有着紧密的联系，但两者之间也存在着许多差异。这些差异主要表现在以下几个方面（表7-2）。

表7-2 法务会计与审计的区别

区别	法务会计	审计
本质	咨询服务范畴	法定业务之一
目的	提出专家性意见以作为法律鉴定或者用于法庭作证	对被审计单位财务报表的合法性、公允性表示意见
对象	与会计相关的某一领域的法律问题	管理当局所提供的财务报表及相关资料
思维方式	先发现问题，再寻找证据	先找证据，再总结问题
法律依据	法律在前，行业规范在后	行业规范（会计准则）
工作程序	案件、人、相关资料	凭证、账簿、报表、经济业务

此外，传统审计在工作过程中具备"可知性"，工作起始时间、范围、人员等相关内容十分明确，且大多数企业的审计时间固定，也会给心怀不轨的舞弊分子创造掩盖违法行为的可乘之机。法务会计具备"偶发性"，只要嗅到异常便可开展工作，运用多学科优势精准挖掘线索，阻绝损害行为延续。

（三）法务会计与司法会计

一般认为，司法会计是指司法机关在涉及财务会计业务案件的侦查、审理中，为了查明经济案件或其他案件中的有关财务问题，对案件所涉及的财务会计资料及相关财务进行检查，以收集所需要的会计资料证据，以便划清案件的经济责任，证实案件事实的一种法律诉讼活动。法务会计与司法会计的明显联系就在于两者都是会计学与法学的边缘学科，都是为法庭的诉讼活动服务。

关于法务会计与司法会计的具体关系，目前大家对这一问题的分歧较大。黄申（2000）在《会计学与法学的边缘学科探析》中，对会计法学与法律会计学的内涵展开了探讨，并将后者划分为司法会计和法务会计两个分支，进一步分析了两个分支在执行人立场、行为目的、作用时间、作用场合和作用结果等方面的区别（表7-3）。

表7-3 法务会计与司法会计的不同

区别	法务会计	司法会计
执行人立场	向当事人负责	向法律负责
行为目的	为保护当事人提供会计学证据	鉴定司法活动所需的证据
作用时间	可能在诉讼活动的前、中、后	诉讼活动中
作用场合	民事赔偿案件	刑事案件中

续表7-3

区别	法务会计	司法会计
作用结果	向法院提供有利于当事人的证据	出具司法鉴定书

戴德明（2001）认为，司法会计与法务会计的关系应当是前者包含后者。戴德明认为司法会计本质是司法部门将法律规范适用于会计领域。与法务会计相比，司法会计的利益主体更加广泛，所涉及的程序更为复杂，包括司法程序中的所有部分。但是，法务会计所涉及的利益主体是会计职业人士及组织，其核心是列出证据，是司法程序中的一个具体环节。

第二节 法务会计的基本内容

一、法务会计的一般性质

（一）法务会计的目标

法务会计提供信息的目的在于完成受托责任，它是对经济活动（或者经济纠纷）中的法律责任问题进行调查、取证，提出专家意见，为法庭、仲裁或鉴定机构提供相关证据。法务会计具有以下目标。

（1）为认定犯罪事实提供科学依据。在一些犯罪中，如贪污罪，虚报注册资本罪，走私罪，欺诈发行股票、债券罪，虚假出资、抽逃出资罪，提供虚假财会报告罪，非法经营同类商业罪，失职、滥用职权造成破产、严惩损失罪，操纵证券、期货交易价格罪，偷税罪，骗取出口退税罪等，需要对涉案的会计事项进行调查分析，做出科学鉴定结论，为司法诉讼、审判认定被告的犯罪事实，以及定罪和量刑提供科学证据。

（2）为解决经济纠纷提供科学依据。在一些经济纠纷中，需要法务会计对会计事项进行分析鉴定，做出科学的鉴定结论，为司法机关正确处理经济纠纷提供科学依据。

（3）为维护企事业单位自身权益提供有力保护。企事业单位在做出重大决策时，有相关法务会计人员参与，就会了解哪些行为合法、哪些行为违法，以避免风险，最大限度地维护企事业单位利益。

（二）法务会计的原则

1. 客观公正性原则

在法务会计中，工作人员一定要坚持以客观事实为基础，一切法务会计工作要从实际出发。任何带有主观臆断的想法都可能导致案件当事人败诉，并产生巨大损失。法务会计的客观公正性是由法务会计的各项工作必须按照法律规定进行这一前提决定的。而法律本身就具有极强的公正性。从事法务会计的人员在开展工作的过程中，应本着公平公正的态度，需要做到不偏不倚，合理地提出真正的专业性意见。

2. 真实可靠性原则

各国法律都明确规定鉴定人、专家证人等诉讼参与者应对事实的可靠性和真实性承担责任,这一点从侧面说明了法务会计需遵循真实可靠性原则。当然,可靠性是指应尽可能接近事实,而不是指法务会计信息与事实要保持绝对一致。这是因为,一方面会计计量手段具有局限性;另一方面即便是在法学领域,"纯粹的绝对的客观真实,因人类自身认识的局限性也永远不可能达到"。因此,我们认为,法务会计的真实性具有一定的局限性。

3. 诚实守信原则

一方面,法务会计人员自接受了当事人的委托,就应认真负责地完成工作;另一方面,法务会计工作的报告及相应的材料证据应当是真实的,不应有任何隐瞒和欺骗。法务会计要真实表述所反映的对象,不能以自己的意图随意编造、删减事实,要涵盖所有的合法与非法信息。

4. 合法合规性原则

法务会计必须严格遵守相关法律法规。法务会计的活动应在法律规定的范围内进行,包括遵循法定程序、工作内容和手段合法等。法务会计工作完成后出具的法务会计报告的各项内容也必须严格遵守相关法律法规。

5. 独立保密性原则

法务会计的工作不能受任何人与利益集团的干扰。法务会计人员的活动往往会涉及众多方面的利益问题,特别是在从事欺诈调查和会计司法鉴定业务中更是会受到来自各利益方的干扰,这就要求法务会计人员以独立的态度来处理工作中遇到的各种问题,不妥协于任何人与利益集团,在法定的权限范围内完成工作,得出独立的结论。

(三)法务会计的作用

法务会计的作用范围远远超出了财务会计,不仅仅局限于确认、计量、记录和报告,而是在解释财务问题、强化会计的控制职能、收集会计数据以提供诉讼支持、保护和惩戒会计职业人士以及其他有关人士等方面也能提供信息支持。法务会计的具体作用如下:

1. 解释财务问题

当某一团体对某一事项产生抱怨、质疑、谣言、疑问时,法务会计能很快地确认出财务事项中的要害所在,根据自己的经验和常识做出相关认定,并向冲突的双方解释。当涉及某个国外司法诉讼时,法务会计用通俗的语言对相关的财务问题予以解释,这种解释也正是法务会计的职责。当财务问题得到确认后,法务会计就必须对该问题进行调查,以取得相关证据来说明上述与质疑、谣言相关的财务事项。当然,在调查取证时,不仅要证实这些事项的存在,还要精通复杂的公认会计准则、报表披露规则、内部控制原理及与公司管理有关的人的行为要素。

2. 强化会计控制

法务会计根据法律的特殊规定,运用专业知识和技能,对经济过程中与财务事项有关的法律责任进行界定。如果会计人员在处理经济活动时没有遵守相关的规定,必然会受到相应的惩罚,以此来约束会计人员的行为,使之符合法律法规的要求,从而实现会计的控制职能。

3. 收集会计证据

在安然公司破产案受理后,美国证券交易委员会(SEC)及12个特别委员会旋即对其展开调查。面对10000件计算机备份、20000000卷纸质文档、400台计算机等各类堆积如山的证据,法务会计小组接受美国证券交易委员会委托,通过跟踪电子文档和纸质文件搜索、保存和恢复数据、搜集当事人背景资料、调查审计工作底稿等方式在很短的时间内完成了绝大多数证据搜集工作,保证了整个诉讼过程的顺利开展。

4. 保护和惩戒会计职业人士

会计界人士与法律界人士对会计人员法律责任的界定存在较大的分歧。通过法务会计可以促进会计界与法律界的沟通,增进法律界及社会公众对会计职业规则的充分理解,在司法程序中提供专家服务,鉴定、评价会计处理的公允性、合法性,合理界定会计职业人士的法律责任,一方面约束职业行为使之符合恰当的法律规范,另一方面着眼于保护职业界人士免受不公正的制裁,使守法者得到保护,违规者得到应有的惩罚。

二、法务会计的特殊性质

1. 法律服务性

法务会计是一种服务性活动,它为法律事项的处理或解决服务,是会计工作者对法律工作者或当事人的专业支持。会计是一种服务性的活动,就是向有关各方提供定量的财务信息,帮助人们对企业或非企业实体中的资源安排和使用做出决策。同样,法务会计也是一种服务性活动,它为法律事项的处理或解决提供服务,是会计工作者对法律工作者或当事人的专业支持,是将会计语言翻译成法律语言,以帮助解决法律问题,因而具有法律服务性。需要注意的是,法务会计的法律服务性是法务会计人员运用会计技能或理论服务于法律事项的处理,因而不仅具有专业性、服务性,还具有职业性。在财务会计中,会计为投资者、债权人、供应商、政府机构、社会公众等利益相关者提供其决策所需的会计信息,表现为决策服务性;在独立审计中,审计师站在公正立场鉴证被审计单位的会计报表,以合理保证信息使用人获得真实、可靠的会计信息,表现为社会服务性。只有法务会计是专为法律事项的处理而协助法律工作者查证相关的财会事实,表现为法律服务性。由此可见,法律服务性是法务会计的根本属性,了解这一点对于法务会计的理论与实践具有十分重要的意义。

2. 法律事项性

法务会计是就事论事,它围绕法律事项开展业务,因法律事项的发生而引起,并随着法律事项的解决而终结。不过,法务会计是协助而非直接处理或解决法律事项,它是查明或认定法律事项所涉及的财会事实。这是法务会计与财务会计、管理会计的根本区别之一。实际上,这里的法律事项相当于财务会计中的会计实体,正像会计实体划定了财务会计的空间活动范围一样，法律事项划定了法务会计的空间活动范围。可见，法务会计具有鲜明的法律事项性特征。并且，这一特征决定了法务会计不适用财务会计的会计实体、会计分期与持续经营假设。因为在法务会计中，凡是法律事项涉及的财会事实都必须查清，并不局限于某一会计实体或某一会计期间，也不问该实体是否处于持续经营状态。因此，法律事项是法务会计的核心概念之一。

3. 调查取证性

法务会计的核心内容是对法律事项涉及的财会问题进行调查，收集、整理证据，并据此形成结论性专家意见，用于法庭作证或供当事人自行解决纠纷，处理未决事项。这是法务会计与其他会计、审计的最明显的区别。也许有人会说，审计也有此特征。这不完全正确。审计一般是在对被审单位的内控制度进行符合性测试的基础上对有关项目和交易进行实质性测试，并收集相应的审计证据，法务会计进行的是专项调查，深入而细致，并要与证据规则相结合，针对性地收集、固定证据。另外，审计报告与法务会计的专家意见的目的和用途完全不同。

4. 价值量化性

货币计量是财务会计的四个基本假设之一，也适用于法务会计，因为法律事项所涉及的财务会计资料也会以货币计量，法律中有关经济犯罪的处罚，量刑也是以货币作为价值尺度的。货币计量是财务会计的四个基本假设之一，因为只有通过货币或价值手段才能将各项具体的经济业务或财产进行汇总，从而得到会计实体的经济总量信息，以利于综合判断其财务状况、经营成果及现金流量情况。在法务会计中，一方面，法律事项所涉及的凭证、账簿、报表等会计资料绝大多数表现为货币计量信息；另一方面，为获得处理法律事项所需的犯罪金额、纠纷金额、损失金额等，必须对该法律事项相关的财会事实进行价值量化、分类和汇总。可见，法务会计需要以价值量化手段汇总法律事项涉及的财会情况，以利于司法人员或当事人对案件或纠纷进行定性和处理，因而具有价值量化性特征。

5. 法律标准性

法务会计以事实为根据，以法律为准绳。为了查明法律事项涉及的财会事实，法务会计人员必须依照《公司法》《诉讼法》《证据规则》等实体法与程序法的规定办事。而现实中的会计资料、审计报告等是依照会计准则与制度、审计准则等行业规范编制或形成的。这就必须依照法律规定对这些会计资料、审计报告等进行检查与验证，如有冲突必须以法律规定为准。当然，在我国，会计准则、制度等行业规范作为政府规章是法律体系的一部分（最低一级），司法人员办案一般是依照法律、参照规章。但是，由于司法人员及当事人等对专业性很强的会计行业规范知之甚少，往往难以或不予参照，有时还会造成其法律职业判断或当事人一般认识与会计人员的职业判断产生分歧，这就需要既懂会计又熟悉法律的法务会计人员依照法律标准做好沟通和协调工作。

6. 广泛应用性

法务会计是会计界为法律界提供专业服务，是会计实务对法律实务的支持。在现代社会中，各种各样的社会经济活动都要受到法律调整，当人们在处理经济纠纷等法律事项时，只要遇到自身难以解决的财会专门问题，就需要法务会计提供专门服务。因此，法务会计在行政、司法机关、银行、保险公司、上市公司及其他大型企业、会计师事务所、律师事务所等单位将得到广泛应用。同时，法务会计服务的项目十分广泛。正如（香港）德勤财务调查服务有限公司董事黎嘉恩先生所说，法务会计的服务范围包括"洗黑钱"调查、公司内贪污调查、电子商务交易真实性调查、商标注册权调查、资产追踪、欺诈调查等，几乎涵盖了所有能想到的与财务有关的问题。

三、法务会计的工作程序

法务会计工作的开展取决于各国法律体系的完善程度及法律、法规对经济活动、经济行为、财产资源等规定的详细程度，因此，不同国家及同一国家的不同时期，法务会计的具体流程都有所不同。我国法务会计的工作主要有以下几个步骤：

（1）初步调查，收集有关资料。

（2）对受托任务进行风险评估和预测。在司法实践中，由于原告分散在全国各地且数量庞大，一般采用律师代理集体诉讼的方法。法务会计人员为原告或其律师提供的主要服务是协助投资者进行损失计算。法务会计人员根据投资者所提供的资料，计算原告可能发生的诉讼费、勘验费、鉴定费等费用，并估算其有可能获赔的金额，法务会计人员可以利用其专业知识，协助律师撰写起诉书，以增加胜算的筹码。

（3）制订行动计划，包括实施的策略、步骤、方案等。

（4）获得证据材料。当委托人为原告时，法务会计人员则主要调查上市公司会计报表项目中存在的不真实、不正确和违规等情况，且从各个侧面发现其发生舞弊的时间、手段和内容，收集和整理相关证据以为原告获赔提供依据。当委托人为被告时，法务会计人员则需要调查投资者购买股票交割凭证、损失关联关系、影响上市公司股价波动的其他因素等。若委托人为法院，法务会计人员则要调查原被告所有与案件相关的情况，初步判断上市公司是否存在虚假陈述行为，可能涉及的虚假陈述类型，上市公司的虚假陈述行为是否与投资者损失有因果关系。

（5）计算、分析。

（6）报告，即将法务会计工作的最终结果以报告的形式系统表达出来。法务会计报告是法务会计工作者根据有关的财务会计资料、卷宗材料，以及其他相关的资料等，对案件或纠纷等法律事项所涉及的财务问题进行解释、说明，并做出专业判断所形成的一种书面结论性文件。专家证人业务是指法务会计人员对案件所涉及的专业性知识做出独立、准确的判断意见。法务会计人员需要运用其专业知识并结合有关证据，出具司法会计鉴定意见，法务会计人员可以对被告是否存在虚假陈述、确定合理的损失计量方法、被告应赔偿原告金额等事项做出明确结论，并将鉴定意见与所获取的证据、鉴定方法和鉴定过程按照一定的格式展现在司法会计鉴定报告中。

四、法务会计的具体内容

我国普遍认为法务会计具体包括调查会计、诉讼支持、损失计量和专家证人四个方面的内容。

1. 调查会计

调查会计是指通过对各类会计资料以及各类与财务数据有关的证据的调查与分析，获取犯罪的证据，并将有关证据以法庭能够接受的形式予以提交或陈述。调查会计经常与经济犯罪事件相联系，最为普遍的调查会计任务包括财务报表欺诈的调查、保险欺诈舞弊的调查、电子商务以及计算机与网络欺诈的调查、洗钱与金融犯罪的调查、内部雇员舞弊与白领犯罪的调查、藏匿资产追踪、婚姻财产纠纷调查、税务欺诈舞弊的调查、知识产权保护、破产欺诈的调查、个人与公司背景调查、招投标欺诈调查等。

2. 诉讼支持

诉讼支持又称为诉讼援助，是指在涉及会计专业知识的诉讼过程中提供法务会计服务，在诉辩、发现、审判、判决和上诉各个环节为律师、客户（特定单位）、政府提供会计和财务技术上的支持，主要用于经济损失量化的问题。最为传统的诉讼支持指的是计算违约所引起的经济损失。

3. 损失计量

损失计量也称为损失量化或损失计算，是指运用适当的数学模型（但并不完全依赖数学方法）对自然灾害、人为事故、违约以及各类损害赔偿案带来的经济损失和损害进行货币计量的过程。损失计量的具体内容包括损失与损害量化、个人伤害损失计算、收入损失估算、自然灾害损失估算、环境污染损失计算、事故损失计算、股票及有价证券损失计算、保险索赔损失计量等。

4. 专家证人

专家证人是指由一方当事人委托的具有相应专业知识和实践经验的专家就某些专门性问题在法庭上运用专业知识发表意见、做出推论或结论的一项法律活动。

第三节　法务会计实践的发展

法务会计是西方国家在市场经济实践中逐步发展起来的新领域。随着全球经济的一体化，经济组织规模日益庞大，现代金融工具不断创新，企业经营环境瞬息万变。与此同时，各国为了加强对各项经济活动的监管力度，颁布了许多会计制度和会计准则。在这样的背景下，经济犯罪、经济纠纷的形式呈现出多样化和复杂化，而且几乎所有的经济行为都与会计和审计有关。通过法律来调节市场经济行为是现代经济的主要特征，对每一个市场经济主体来说，法律诉讼将成为保护自身权益的有效途径。法务会计就是在这样的背景下产生的，它是一种既不同于一般会计工作，也不同于一般审计工作的特殊会计工作，因其主要涉及会计和法律的特殊领域，故被称为"法务会计"。我国对法务会计的研究始于 20 世纪末，近几年在理论界和实务界都取得了显著进展。

一、国内外法务会计实践发展状况

(一) 国际法务会计实践发展状况

据美国《今日会计》报道，在美国前 100 家最大的会计师事务所中，有近 60% 的会计师事务所拓展了法务会计服务。"四大"（德勤、毕马威、安永和普华永道）会计师事务所在美国都无一例外地提供了比较全面的法务会计服务。他们所提供的法务会计服务在美国乃至全世界有着十分重要的影响，代表了会计服务的新潮流、新趋势。"9·11"事件之后，美国甚至在反恐调查中也大量动用了法务会计。在英国、加拿大等其他国家，法务会计的需求也在节节攀升。加拿大特许会计师协会证明，时下银行、金融机构和大型企业纷纷开始聘用法务会计来防治公司欺诈和其他不道德行为。而一些大的国际性会计师事务所纷纷在内部设置了法务会计部门，大量增加法务会计人员。

表 7-4 中对美国、英国、加拿大的会计师事务所中开展法务会计业务或相似业务（但不称之为法务会计业务）的 112 家会计师事务所进行抽样调查，得出国际法务会计的服务范围主要涉及合同、企业、税收、交通、海事、保险等诸多公共领域。

表 7-4 法务会计服务项目及占比

法务会计服务项目	频数	百分比	法务会计服务项目	频数	百分比
出具专家报告/作为证人	50	44.6%	追踪藏匿资产	10	8.9%
税务纠纷	46	41.1%	股东纠纷	10	8.9%
欺诈调查/分析	45	40.2%	知识产权保护	10	8.9%
为律师解决专业问题	31	27.7%	人身损害赔偿	7	6.3%
企业评估	30	26.8%	收入损失估算	5	4.5%
制定诉讼策略	27	24.1%	职业过失	5	4.5%
婚姻财产纠纷	26	23.2%	商业诉讼中的会计问题	3	2.7%
评估诉讼风险	24	21.4%	公司并购调查	3	2.7%
损失量化/分析/预测	23	20.5%	投资咨询	3	2.7%
接受质证	23	20.5%	产品责任	3	2.7%
保险申诉	20	17.9%	许可证管理	2	1.8%
破产服务	20	17.9%	财产估价	2	1.8%
计算机欺诈	17	15.2%	交通事故损失计算	2	1.8%
争议咨询	14	12.5%	竞争下的法务会计业务	1	0.9%
合同争议	12	10.7%	工伤事故损失计算	1	0.9%
反洗钱	11	9.8%	海事争议	1	0.9%

（二）我国法务会计实践发展状况

法务会计的发展史证明，法务会计与经济犯罪如影随形，经济越发展，法务会计就越重要。由于我国的经济发展起步晚，法务会计在我国的发展相对滞后，但改革开放以来，我国经济得到了飞跃般的发展，法务会计的市场需求日益显现。据了解，我国证券市场的第一例民事侵权赔偿案——渤海集团民事侵权案，原被告双方在财务报告中是否存在虚假财务数据、赔偿损失如何计算、损失与违规行为是否有必然联系等关键问题上争论不休。由于这些问题涉及非常复杂的会计专业知识，曾引起了司法界与会计界的高度重视。随着全球经济一体化的发展，各类涉及复杂财务会计问题的经济案件时有发生，发生纠纷的当事人需要专业化的法务会计代理，对法庭做出的判决进行判断和申诉。因此，国内专家普遍预计法务会计的市场需求将越来越大。

法务会计具有的实践意义主要是查处经济犯罪、解决民事经济纠纷、强化公司舞弊风险管理、欺诈分析、调查、预防各类损失、赔偿的计算、制定诉讼策略、协助律师工作以及作为专家证人出具报告和出庭作证等。法务会计常见的方法有审阅查验法、关联核对法、座谈询问法、实物勘察法、分析比较法、综合计算法等。

（三）我国法务会计的具体应用

1. 内部治理方面

一个企业如果出现腐败，必然是从企业内部开始，因此企业内部的制度不能仅仅掌控在少数管理高层手中，还需要设置一定的职务对制度进行不间断的审查，以此避免企业在财务制度上有徇私舞弊的漏洞。在这一方面，法务会计能起到重要的作用，法务会计本身具备的财务和法务知识能够迅速侦查财务报表中是否存在漏洞，能够及时地查出是否有徇私舞弊的现象，监督企业的财务制度是否健全、完善，检查内部体制是否容易出现差错。法务会计能够帮助企业较早发现财务制度和内部体制中存在的各种问题，并尽早对这些问题进行处理和改善，以从根源上降低体制腐败的可能。法务会计不仅能指引企业规避外界的财务、法务纠纷和风险，还能从内部树立标尺，防止内部出现贪污腐败现象，防止内部人员以权谋私。

2. 反倾销方面

在正式提起审理前，法务会计可以帮助出口涉案企业，预测进口国提起反倾销调查的可能性，评估各类风险，如对其出口产品的影响、产品在其他国家销售的情况、对整个企业经营状况的影响，企业将会承担多少诉讼费用，若败诉将会因此承担怎样的惩罚，对企业造成的损失将会有多大等。

非法务会计专业的人员在处理反倾销案件的时候，通常不知如何搜集资料，如何运用会计信息来为当事人举证和抗辩陈述，而法务会计人员对于他们的目标以及为了达到目标需要搜集的资料都十分清楚。

法务会计可以在诉讼支持中起到极力抗辩的作用。其在诉讼中的功能简单来说主要包括制定反倾销诉讼策略、规范地填写反倾销调查问卷、选择合理的替代国、对判定反倾销的关键点的抗辩陈述，以及实地核查过程的应对等。法务会计人员将会计信息、财务数据转化为庭审之上有力的证据，这是会计人员和律师不能单独完成的，即使他们分工合作，在交流上也会限于对于彼此专业知识的不了解而达不到法务会计人员的思想意识高度。因此，法务会计人员相对来说，可以利用自己的专业知识更好地为涉案企业服务，在诉讼支持中争取最终取得低税率甚至零税率的裁判结果。

3. 建筑工程方面

建筑工程项目在签订合同时未明确好双方责任范围、对工程耗资的准确估计、在施工过程中对政策及市场价格变动的监控，以及出现利益纠纷时未能及时沟通等均会造成建筑工程结算的纠纷。因此，需要建筑企业法务会计人员对合同明细及建筑工程的基本造价进行分析，并且跟踪工程开展，时刻关注政府政策及市场价格的变动。签订建筑合同是整个建筑工程中最重要的环节，对于合同的审查更是重中之重。而对建筑合同的审查若仅仅依靠律师，往往会忽略财务数据的可实施性，因此在签订合同之前法务会计可以对合同中涉及财务数据的部分进行详细审查，搜集相关数据，调查分析方案的可实施性和真实性。相较于财务会计，法务会计具备法律方面的相关知识，对某些陷阱条款更加敏感，能更好地把握项目工程实施的可行性与合法性之间的关系。此外，法务会计人员还可以为律师提供相关的财务证据，促进合约签订的有效进行。由于市场环境的复杂性和施工环境的不可控性，建筑工程实施过程往往会出现不可预测的情况，导致工程不能按合同计划进行，如建筑材料价格波动、出包方修改建筑方案等，这些情况的发生可能会导致建筑工程成本增加。为了避免在工程结算环节因成本增加引发纠纷，法务会计人员可以运用专业的会计知识，依据法定经济认定标准和合同有关规定对建筑施工过程中的成本及经济业务进行记录核实，并及时向出包方反映沟通，在出包方产生抱怨或质疑时，法务会计人员可以根据掌握的法学与会计学知识向出包方做出解释，充分协调好工程实施过程中的矛盾纠纷，打破信息不对称的壁垒，避免工程结算纠纷的发生。建筑企业不仅可以在发生工程结算纠纷前充分利用法务会计的专业知识和技能防止纠纷产生，在工程结算纠纷发生时，也可以充分发挥法务会计的顾问作用。由于法务会计在施工过程中时刻关注工程进展，因此在产生纠纷时法务会计人员可以快速准确地找到问题所在，并利用专业知识对相关数据进行搜集整理，为工程结算中复杂特殊的经济问题提供法律依据，弥补了律师财务分析及工程进展方面的不足。

二、财务智能技术对法务工作方法的变革

（一）全面审查会计资料

应用财务智能技术对财务会计资料进行全面的审查、分析，对其中涉及的经营状况和财务状况进行归纳和对比分析，实现决策的智能化，进而可以出具有指向力的会计鉴定报告。

（二）深层次数据挖掘

结合数据挖掘技术，深层次挖掘与分析收集到的数据信息，快速建立数据之间的钩稽关系，构建出数据之间的逻辑关系图，形成书面报告的形式。

（三）数据汇总与调用

借助云计算等工具对信息实时汇总，提供数据清理功能，对财务数据进行质量管理，数据集成，追踪到数据的源头。同时，针对不同类型案件的数据，建立数据平台，通过该平台可以调取同类型案件的数据信息。

三、法务会计实践发展中存在的问题

（一）完善的理论体系尚未建立

实践活动需要系统科学的理论进行指导，而法务会计理论研究尚未形成一套系统规范的理论体系，且现有的研究缺乏原创性。我国的许多专家学者的研究主要集中在法务会计的概念、功能以及与其他会计的关系等方面，存在一些争议与分歧，尚未达成共识，而且大多数研究还处于对国外理论的介绍和改进层面，没有着眼于我国的国情，缺乏对我国市场经济规律及相关法律的研究。研究内容不够深入和存在意见分歧，造成我国法务会计无法形成完整的理论体系，与形成具有中国特色的法务会计理论还有很大距离。这种局面在很大程度上阻碍了法务会计的正常快速发展。

从事法务会计课题研究的人数较少，相关著作及发表的专业性文章屈指可数，更没有专门的法务会计期刊发行。现有的相关论文，多数概要陈述过多，有的甚至是对国外观点的直接介绍和整理，少有突破。由于国情的差异，这些观点往往不能直接照搬于我国的实践。这种状况不利于国内理论观点的交流和碰撞。实践案例的系统研究较为缺乏，尚未看到完整的法务会计实践案例研究。法务会计理论体系的不完善，又会影响法务会计人才培养，进而制约法务会计实践工作的开展。

（二）法务会计制度建设缺失

理论是实践的基础，没有系统的理论体系，就谈不上规范的制度体系。就目前的情况而言，我国法务会计的制度建设尚不完备，在会计制度与会计准则中很少涉及法务会计的内容，在相关民事赔偿制度中，法务会计人员的法律责任也并不明确，甚至一些法律法规的规定过于理论化，缺乏操作性，导致法务会计人员无据可寻。此外，还存在相关人员认定资格未能确定的问题。法务会计各项准则、法务会计专家证人制度、法务会计师资格认证制度、法务会计业务操作规范和标准、法务会计人员职业道德规范等法律、法规和准则的建设工作明显滞后，这严重阻碍了法务会计在我国的开展。

最后我们还应注意到，法务会计职业资格认证体系并不健全，这就使我国在法务会计职业认证方面存在不足,从而大大削弱了法务会计的作用。

(三)法务会计宣传不到位

法务会计涉及社会生活的诸多层面,但因其学术专业性,在社会范围内的知悉度并不高。同时,又因为它在国内的发展时间短,理论结构等不完善,导致其受重视程度不高,很多企业和法庭在遇到经济案件时都没有想到聘请法务会计,而这也制约了法务会计实务的发展。

(四)法务会计实践活动不足

理论创新来源于实践,必须接受实践的检验,同时又必须能指导实践,但我国法务会计并没有足够的实践。虽然我国的法务会计在某种程度上已在实务工作中有了一定的适用,但仍存在着服务内容少、范围狭窄的问题。目前,我国的法务会计实践主要集中在司法会计方面,即对经济犯罪相关案件的审查,如一些重大经济案件由检察院立案后,聘请审计、税务等相关部门的人员,调查并搜集犯罪嫌疑人有关经济犯罪情况的证据,或者聘请司法鉴定机构进行司法鉴定,为诉讼提供相应的证据,与西方国家相比还有很多不足之处。因此,要逐步拓宽法务会计的业务种类及服务范围,使法务会计能够在更多的领域为市场经济服务,充分发挥自身的积极作用。

(五)法务会计人才培养方案不明晰

法务会计在我国尚处于起步阶段,一些院校在本科生和研究生培养中尝试开展了法务会计教育教学工作,但基本处于自行开展状态,尚未形成系统、完善的学科知识体系和培养模式。我国现行的专业目录中,法务会计尚未成为一个独立的专业。各高校在法务会计人才培养上,主要是通过在相关专业设置法务会计类课程或开设法务会计专业方向的形式实施。总体来看,我国的法务会计专业教育及其人才培养较为滞后,不仅培养的人才少,而且缺少系统的学历教育体系,因而很难满足市场对法务会计人才的需求。

第四节 法务会计人才的培养

在我国,当下法务会计人员执行的业务职能以及出具的专业报告大多数是直接为法律事项服务的。法务会计工作常常涉及企业的舞弊调查、公检法等职能部门的审计和律师的辩护等专业活动。从虚假民事诉讼的需要角度来看,我国民事诉讼进入司法实践,同时也为我国建立法务会计提出了要求。从企业管理的角度来看,作为法务会计工作重要内容之一的舞弊审计,对促进企业内部控制、防止企业资产流失等具有重要意义。从适应社会经济发展的需要角度,随着我国社会经济的发展,税务、婚姻、保险等合同纠纷日益增多,这同样需要专业的法务会计人员提供服务。总体而言,我国的经济建设和社会发展迫切需要法务会计师的帮助。

一、高校的法务会计人才培养

基于所依托的专业不同,法务会计专业方向课程设置的侧重点亦有所不同。

(一) 在财会类专业中开设法务会计方向

在财会类专业中开设法务会计方向指开设的专业本身属于财务大类的专业,会系统开设会计类课程,仅开设少量的法律类课程。例如云南财经大学会计学院在会计学中开设了法务会计课程,复旦大学管理学院在在职人员攻读会计硕士专业学位中专设了舞弊审计与法务会计方向课程,北京大学开设了企业法务会计研究生课程高级研修班,上海财经大学MBA学院开设了法务会计课程。

(二) 在法学专业中开设法务会计方向

在法学专业中开设法务会计方向是指开设的专业本身属于法律类的专业,注重法学类课程的开设,会计类课程则较少。例如中国政法大学在经济法专业中开设法务会计专业,南京审计学院法学院在法学专业下分设法务会计方向。

总体来看,我国的法务会计专业教育及其人才培养较为滞后,不仅人才培养少,而且缺少系统的学历教育体系,因而很难满足市场对法务会计人才的需求。在目前的"互联网+"背景下,法务会计人员的知识体系构成是以法律类知识和会计类知识为基础、以法务会计类知识为核心、以互联网相关交叉学科知识为支撑、以其他学科知识为补充的多学科知识的融合。课程体系的构建是人才培养的核心内容,其课程设置应以专业素质要求为基准。法务会计人员应具备的专业知识主要包括会计与财务知识、审计与调查技术知识、相关法律知识与规则、计算机知识等。因此,在课程设置上,除法务会计方向类课程,还应包括法律类、会计类、"互联网+"等几个类别,并开设经济管理、信息技术等相关学科课程。法务会计课程设计见表7-5。

表7-5 法务会计课程设计

课程类别		课程名称
公共基础课		思想政治理论课、计算机基础、外语、高等数学、体育、创业教育课等
专业基础课	经济管理类	管理学、经济学、基础会计学、金融学、统计学等
	信息技术类	信息技术基础、计算机网络与应用、大数据基础、管理信息系统、会计信息系统等

续表7-5

课程类别		课程名称
专业课	专业主干课 — 会计类	财务会计、成本会计、管理会计、财务管理、审计等
	专业主干课 — 法学类	民法、商法、经济法、刑法、诉讼法、仲裁法、证据学、司法制度与实务等
	专业主干课 — 互联网类	网络法学、网络会计、网络金融、信息经济学、计算机审计等
	专业方向课	法务会计、会计数据分析、财务欺诈审计、经济犯罪调查、税务会计与税收调查、计算机舞弊调查等
	专业选修课	资产评估、金融会计、税务筹划、内部控制、物证技术学、侦查学、法经济学、电子商务等

二、法务会计师认证

（一）法务会计师项目介绍

在我国，法务会计职业资格认证是通过法务会计师（CFA）项目认证，其过程主要是在通过该项目要求的课程学习与考试之后，签发法务会计师证书。在证书签发后，应当保持每年 24 学时的继续教育。该项目的组织机构是中国总会计师协会，学术指导机构为中国政法大学法务会计研究中心。一般由中国总会计师协会和中国政法大学法务会计研究中心颁发法务会计资格证书。具体的课程体系包括培训 96 学时，其中包括自学 32 学时与面授 64 学时。

（二）法务会计师项目培训内容

为满足广大法律与会计专业人员学习的需要，在充分借鉴国外法务会计成熟课程体系的基础上，我国精心设计了一整套适合中国国情的法务会计系列培训课程。课程包括法务会计理论与实务、法务会计司法鉴定理论与实务、证据法学、经济犯罪调查与侦查、电子取证基础等内容。授课以面授、课堂讨论和案例分析相结合，以会计学、审计学与法学相关学科相融合的综合优势，提高学习人员的理论素养与专业技能水平。

（1）法务会计理论与实务：法务会计基础理论、舞弊问题专题研讨、舞弊的调查方法、舞弊审计准则的比较研究、会计报表的阅读与分析，基于法务会计的视角、法务会计的诉讼支持研究、法务会计的损失计量、法务会计的专家证人制度研究、案例研习。

（2）法务会计司法鉴定相关知识：司法鉴定理论与制度、司法鉴定方法与规范、法务会计司法鉴定的范围与内容、法务会计司法鉴定的程序、法务会计司法鉴定方法、法务会计司法鉴定文书规范、法务会计司法鉴定意见、案例研习。

（3）证据法学的相关知识：证据的概念、证据的种类、证据的分类、证据制度、证据规则、证据的收集、固定与保全、证据的查证与质证、案例研习。

（4）经济犯罪调查与侦查的相关知识：经济犯罪概述、经济犯罪调查概论、经济犯罪的立案、侦查、起诉与审判、贪污贿赂犯罪案件的调查、合同诈骗案件的调查、税收犯罪案件的调查、金融诈骗案件的调查、知识产权犯罪案件的调查、案例研习。

（5）电子取证基础的相关知识：计算机取证概述、电子数据证据的概念、类型与特点、电子数据证据取证的基本原则、电子证据取证的现场勘察、电子数据证据取证的常用工具、手机取证的技术方法、取证软件的使用体验、案例研习。

（三）法务会计师考试的相关内容

1. 考试内容介绍

我国法务会计师考试报名费近万元。该考试由中国总会计师协会法务会计师项目专家组命题，考试科目为两科，具体考试要求和考试内容见表7-6。

表7-6 法务会计师考试内容

科目	法务会计理论与实务	法务会计司法鉴定的理论与实务
考试内容	法务会计的概念框架研究 公司财务报表的阅读与分析：基于法务会计视角 调查会计：舞弊的调查方法 舞弊审计准则的比较研究 法务会计的诉讼支持研究 法务会计的损失计量研究 法务会计的专家证人制度研究 会计证据研究	我国司法会计鉴定制度概述 司法会计鉴定机构设置制度研究 我国司法会计鉴定中的鉴定人出庭制度 司法会计在我国被运用情况的实证调查 司法会计鉴定技术规范

2. 考试报名条件

法务会计师考试有以下报名条件，满足三个条件之一即可：

（1）大学本科以上文化程度，具有助理会计师、助理审计师、助理律师等专业技术职称，或者具有相关专业同等职称与资格；或从事法律、财务、审计等专业性管理工作5年以上。

（2）大学专科以上文化程度，具有助理会计师、助理审计师、助理律师等专业技术职称，或者具有相关专业同等职称与资格；或从事法律、财务、审计等专业性管理工作8年以上。

（3）大学专科以上文化程度，具有法律从业者初级专业技术职称与资格；或从事司法及相关工作8年以上。

但有下列情形之一者，不得申请参加法务会计师培训认证：

（1）有违反《会计法》等国家财经法规而受到惩处的记录。

（2）有刑事犯罪记录。

有下列情形之一者，2年之内不得申请参加法务会计师培训认证：

（1）有伪造学历和工作资历行为。

(2) 参加培训认证期间有违纪行为。

法务会计职业资格考试作为一个新兴考试，由于其自身的难度和专业性较强，并不是所有的相关人员必需的一项资格认证。法务会计职业资格考试适合的考试对象主要有以下几类：财会从业人员，包括注册会计师、税务师、评估师、审计师及各大中小型企业财务管理人员；法律从业人员，包括法官、检察官、律师以及法学类在校大学生和研究生；金融从业人员，包括银行、证券从业人员等；企事业单位内部审计人员及各类商务调查事务所从业人员。

三、国内外法务会计组织

在西方，很多发达国家建立了有关法务会计的职业组织。下面主要讲述美国、英国和加拿大三国的法务会计职业组织情况。

1. 美国法务会计职业组织情况

（1）美国成立了注册欺诈检查师协会，专门调查舞弊事件，培养专职的舞弊调查人员，积极发展与其他组织结构之间的合作关系。到目前为止，该协会对舞弊的调查有了充分的理论研究和实务经验，在实务界中发挥着重大的作用。

（2）美国法务会计师理事会是美国法务检查者协会的二级协会，负责组织注册法务会计师资格的考试与资格的认证。

（3）美国全国法务会计师协会是一个主要面向法务调查的非营利组织。其主旨是在各法务调查会计师事务所与法务会计师之间建立联系，以实现资源共享、信息与人员交流以及雇员继续教育与培训等。

（4）北美法务会计师协会作为一个法务会计师职业联合组织，主要通过建立一个积极的资源中心向其成员会计师事务所提供培训、业务支持与发展的服务，并通过建立一个完善、独立的法务会计师事务所网络，提升面向保险业与法律界的法务会计服务质量与水平。

2. 英国法务会计职业组织情况

英格兰及威尔士特许会计师协会成立的诉讼支持小组（LSG）为法务会计提供诉讼服务的指导和帮助。1998年成立的欺诈顾问组（FAP）专门为中小企业提供防欺诈服务。

3. 加拿大法务会计职业组织情况

加拿大注册会计师协会（CICA）自1998年成立优秀法务会计联盟（the IFA Alliance）以来，在国际仲裁、法务会计师应有的知识及角色、国内法律的变更、知识产权诉讼支持以及建立法务会计实务指南和准则等方面取得了显著的成绩。

第八章 反倾销会计

第一节 反倾销会计的来源和概念

一、倾销与反倾销

（一）倾销与反倾销的萌芽

倾销与反倾销始于自由资本主义贸易发展的初期。在16—17世纪，英国为了赢得在本地市场上与国外商品的竞争，建立起倾销理论，采取价格歧视的方法来抑制进口产品。1776年，亚当·斯密的《国富论》中第一次对倾销做出了定义，即将出口产品低于产品成本的价格进行销售的行为，还详细说明了政府对出口贸易进行补贴的具体规定。后来美国首任财政部长亚历山大·汉密尔顿在1791年也指出美国新生产所遇到的最大障碍就是外国政府对出口倾销产品的奖励。Viner（1923）提出了相似的观点，还指出了倾销的具体表现形式，即产品的出口价格低于国内市场价格或生产成本。Canning（1931）曾对反倾销影响下的产品成本计算进行了经典论述。

在反倾销会计的历史进程中，世界贸易组织（World Trade Organization，WTO）扮演了不可或缺的角色。1986年9月到1994年6月，乌拉圭多边贸易谈判中达成了《反倾销协定》。该协议是在关贸总协定东京回合《反倾销守则》的基础上修改和补充的，为全球的反倾销活动提供了具体的执行方法，对WTO成员具有广泛的约束力。这一协定引起了国内外学者对反倾销会计的广泛研究，也加速了国内外企业对反倾销会计的积极建设。

（二）倾销与反倾销概念

根据《反倾销协定》："如一产品自一国出口至另一国的出口价格（Export Price）低于在正常贸易过程中出口国消费的同类产品的可比价格（Comparable Price），即以低于正常价值（Normal Value）的价格进入另一国的商业，则该产品被视为倾销（Dumping）。"出口价格低于正常价值就是倾销。

倾销的定义可以分为传统定义和现代定义。传统上认为倾销是掠夺性定价（Predatory Pricing）的一种，即以低于成本的价格卖出商品以打击竞争对手，使对手从市场中被淘汰，最后以提升价格作补偿。目前国内外学者普遍认为倾销一般是指以低于正常成本的价格，大量输出商品到另一国或地区市场的行为。

而对于反倾销的概念，我国学者刘晓莉（2014）认为，反倾销是指在经济全球化的背景下，参与国际贸易的特定主体综合运用会计、法律、经济、贸易等专业知识，针对倾销现象进行的防范、预警、举证、调查、救济等一系列的经济管理活动，以规范商业行为，维护企业经济利益，实现国际贸易的公平化和正常化。在维基百科中，反倾销（Anti-Dumping）被定义为对外国商品在本国市场上的倾销所采取的抵制措施，一般是对倾销的外国商品除征收一般进口税外，再增收附加税，使其不能廉价出售。在应诉反倾销时，最为有力的证据就是要证明我们产品的成本按照起诉方的国内会计准则或国际会计准则计算，确实低于在起诉国内的市场价格。

二、反倾销会计的产生背景

在经济全球化的今天，我国与国际经济之间的联系不断加深。我国进出口业务迅猛发展，中国已成为世界上最大的商品出口国。自20世纪七八十年代起至今，我国受到的反倾销诉讼数量较大，遭到的损害也非常严重。随着我国对外贸易总量的不断上升和贸易地位的提高，对我国启动反倾销调查的国家和地区也越来越多，目前已涉及我国10多个行业，商品范围亦由几种上升到几千种。许多企业因为反倾销会计预警系统建立不完善、产品成本记录不明确等原因在诉讼中落败。加入世贸组织后，我国遭遇了更为严重的反倾销诉讼。2020年，国际市场竞争进一步加剧，加上国内部分产品产能过剩，许多行业在国内供需失衡，我国大部分进出口商品遭到反倾销指控的风险变高。

会计要与时俱进，就必须适应市场经济环境的实际需要。在全球化竞争越演越烈的背景下，反倾销会计显得越加重要。在针对我国企业提起的反倾销诉讼案件中，我国企业应诉的很少，胜诉的更少。这样的局面，使我国被起诉倾销的企业不仅要面临高额的反倾销税率、出口份额受限等问题，甚至可能被挤出国际市场。大多数企业已经认可回避控诉是无法解决反倾销问题的，只有将反倾销过程中的会计资料、会计准则等会计问题处理好，才能降低企业受到的危害。比如2001年，在第一次欧盟对国内节能灯的反倾销诉讼中，财务方面的问题几乎成了东林电子不能获得"市场经济地位"进而败诉的主要原因。我国企业的反倾销诉讼十分需要反倾销会计来助阵，这是一个极具应用价值的会计领域。会计本身也应当与时俱进，不断创新，必须适应经济发展的需求。如何将反倾销这个国际经济活动中的会计问题解决好，使会计更好地为进出口企业服务，已经成为人们讨论和关注的重点。

三、反倾销会计的概念

我国学者孙凤英最早于2002年在《论出口企业设立反倾销应诉会计的必要性》一

文中提出"反倾销应诉会计"的概念：反倾销应诉会计是指应用世界贸易组织有关规则，以防范、应对其他国家对我国的出口商品反倾销指控为己任，维护我国出口企业利益的一种新型会计。随着我国加入世贸组织，在出口企业中设立反倾销会计的必要性日益凸显。反倾销会计是以《中华人民共和国反倾销条例》和《中华人民共和国会计法》为法律依据设立的，防止外国商品以倾销方式进入我国市场并对业已建立的国内产业造成实质性损害或威胁，维护我国产业利益和公平竞争的一种新型会计，还有许多学者也对其概念进行了研究，比如：

周友梅（2003）提出反倾销会计即是特定的主体运用会计知识、反倾销与国际贸易的相关知识，就在反倾销中出现的一系列问题提供会计支持，进行会计规避、举证、调查及鉴定等一系列活动。

陶艳娟（2004）认为从实务角度看，反倾销会计是为适应市场经济的需要，以会计理论和反倾销法律理论为基础，以法律法规为准绳，以会计资料为凭据，处理涉及反倾销诉讼的会计事项，提供反倾销诉讼所需要的会计资料；从学科角度看，反倾销会计是适应市场经济需要的，以会计理论、反倾销法律理论以及国际贸易知识为基础，融三者于一体的一门边缘性交叉学科。由于反倾销这一行为的特殊性，反倾销会计的研究对象就是反倾销诉讼中应诉所涉及会计资料的准备。

刘晓莉（2014）认为，反倾销会计是在经济全球化的背景下，参与国际贸易的特定主体综合运用会计、法律、经济、贸易等专业知识，针对倾销现象进行的防范、预警、举证、调查、救济等一系列的经济管理活动，最终实现国际贸易的公平化和正常化。

综上所述，我们可以把反倾销会计的概念归纳为：反倾销会计是指特定主体将会计、相关法规、国际贸易、管理经营等方面的知识综合运用，就反倾销问题提供预警、举证、调查、抗辩等各方面的会计支持，以帮助管理层进行决策，提高企业经济效益的一种管理活动。

第二节　反倾销会计的基本内容

一、反倾销会计的目标和原则

（一）反倾销会计的目标

反倾销会计要努力确保与会计目标相符合，以此为前提，遵守国家的法规，恰当地做出反倾销活动是否违法、是否违规的判断，进而将相关的会计信息等资料提供给反倾销诉讼活动，以支持此活动的有效开展。因此，反倾销会计旨在为他国对国内企业提起的反倾销诉讼提供会计信息。

信息使用者包括内部使用者和外部使用者。其中，内部使用者主要是企业管理层，他们以此了解本企业在国内外的各项会计资料，规避和应对来自国外的反倾销调查，有效保护企业的权益；而外部使用者主要是反倾销发起国的调查方，他们获取被调查企业的会计资料以确认倾销事实的存在,并确定倾销程度的大小。

具体地讲,以进口国的角度,反倾销会计旨在控制进口商品的售价,抵制倾销行为,保护本国企业免受不合理的竞争损失;以出口国的角度,反倾销会计旨在事前预警、事中应对和事后救助,即构建预警机制以从源头避免遭受反倾销现象,反倾销调查发生时的资料收集和应诉,以及反倾销案件结束后的补救措施,最终实现国际贸易的公平化和正常化,保护企业的经济效益。

在信息提供过程中,应诉反倾销会计需要完成的最重要任务是将企业产品或服务的成本按照价值链的视角予以完整还原。也就是说,针对反倾销最有利的手段是证明没有低于成本销售,价格下降是真正由成本下降造成的。不管企业在应诉反倾销过程中市场经济地位取得情况如何,我们要做的就是最大限度地按照市场规则全景式地呈现出会计规则对交易事项的反映状况,企业组织架构如何保障交易事项的真实反映程度,中央和地方政府行为对企业行为的综合影响状况,以及对企业真实信息的影响程度。总体而言,反倾销会计就是要证明我们提供的信息完全是市场竞争规则下交易活动的真实信息。

(二) 反倾销会计的原则

作为一个新兴的会计体系,反倾销会计应具备宏观上的总体性,涉及该领域的所有相关知识;微观上各组成部分之间应当具有相关性并按照一定的逻辑关系排列,构成一个紧密的整体。同时,由于该体系是基于一定的社会经济环境,而社会经济环境是不断发展变化的,所以其内容也应当与时俱进,不断修改、补充和完善。反倾销会计不但要遵守最基本的原则,而且要遵守自身独有的原则,主要包括以下几种。

1. 真实性原则

反倾销会计需要特别重视这一原则,以防反倾销调查中的会计举证成为无效证据。反倾销会计尤其应该强调这一点,以免将本不应列入成本的费用列入、虚增成本或者将应该纳入成本的费用遗漏,使得成本低列。

2. 合法与合规性原则

反倾销会计除了应该遵循会计法及国内会计法规、准则的规定,还应该考虑到反倾销法、国际贸易规则及国际会计准则的相关规定。

3. 通用性原则

反倾销会计的设置,要考虑到成本效益原则,为了应对特定经济活动的需要,即反倾销诉讼的需要,应该在现有会计账目的基础上,将工作尽量做细。结合国内会计准则、国际会计准则及相关出口国家的会计准则的规定,在不违反会计法律法规的基础上,尽量对会计科目进行细化处理,需要单列的科目一定要单列,以便在应对特定国家的反倾销诉讼时,能够迅速、正确地提供相关会计资料。财务报表应当每隔一段时期接受审计机构的审查,增强会计信息的认可度。

二、反倾销会计的分类

（一）反倾销规避会计

反倾销规避会计是指采取会计策略，在国外未对我国出口产品发起反倾销调查之前，避免反倾销调查发生的预警系统。行业协会或出口企业通过对国际市场状况和我国出口状况等重要参数变化的监测、整理和分析，建立损害预警会计分析模型，定期发布预警信息，实现反倾销会计保护的前置化。因此，要加强对反倾销法规的了解，启动会计定价战略，对出口产品进度进行动态明细核算，建立和实施行业商会反倾销会计信息中心，重视对目标市场"投资进入"的会计决策。会计师事务所等有关机构应通过反倾销会计信息平台，建立有关产业的预警机制，监测和及时发现进口产品倾销造成的损害，唤醒企业反倾销意识，辅导企业和产业提高反倾销的能力。

（二）反倾销应诉会计

反倾销应诉会计是指为协助律师准备应诉会计资料和进行会计举证的会计信息系统，旨在提供应诉会计资料和列举会计证据，进行必要的抗辩。需要注意的是，反倾销应诉所需要提供的资料并非仅与会计相关。比如反倾销调查中的一项十分重要的工作就是填写进口国家调查机关发放的调查问卷。进口国的调查问卷的内容和格式会有较大的差异。因此，可以要求反倾销应诉会计根据不同进口国法律规定的问卷，有针对性地提出完整的会计资料；就所提出的会计资料进行会计抗辩。反倾销调查中最重要的问题是倾销价格的确定和倾销与损害之间因果关系的判断。反倾销应诉会计所提供的会计资料也必须重点服务于这两个方面。

三、反倾销会计的职能

（一）预警职能

会计证据不充分是反倾销调查败诉的主要原因。如能在受到反倾销诉讼调查前就意识到这种风险，并采取适当的措施去抑制反倾销问题的话，将会为企业减少巨大的诉讼成本，因此反倾销会计应当具备会计预警职能。想要建立完善的反倾销会计保护机制，就应从企业、进出口行业以及注册会计师事务所等各个不同的层面建立起互相联系的体系，通过各方共同努力去应对反倾销。杨黎明从企业积极应对国外反倾销的角度出发，认为反倾销预警指标可以分为宏观指标与微观指标。应选择财务敏感性指标，如价格、成本、进出口量等作为建立反倾销预警模型的基础。国内一些学者也从理论与实证等不同角度建立了反倾销预警模型。例如，殷树军（2008）以早期美国对华反倾销的案件作为总体样本研究美国对中国反倾销的指标预警，发现应选取美国对中国的进口额与总进口额之比作为建立对美国反倾销行为预警的指标。杨小力、杨林岩和冯宗宪（2005）认为，国外针对我国棉纺行业的反倾销可以从出口国产能、进口国经济与当地同行业产业状况、国际贸易竞争和本土经济政治政策差异等方面建立反倾销预警模型。迟铮（2017）在《关于反倾销会计研究的思考》一文中对反倾销会计的预警职能给出了详细定义：反倾销会计的预警职能是指在进口国还未发起反倾销调查之前，根据反倾销财务预警系统的信号提示，制定并实施相应的价格、销售策略，从而避免引发进口国反倾销调查，实现反倾销会计保护的前置化。

（二）产品成本核算职能

成本信息在我国反倾销实践中的重要性和会计在调查问卷成本部分答复中的参与程度，共同决定了反倾销应诉中会计作用的核心是为倾销的确定和反倾销的裁定提供成本信息。为了提高应诉时会计举证的有效性，应建立企业反倾销导向的成本核算体系，合理确认成本费用并细化成本核算，选择科学合理的成本计算方法，加强对销售管理费用的核算与分摊工作。刘浩（2004）指出，出口至美国等西方国家的产品结构价格包括了原产国的生产成本、期间费用、一般费用、利润及包装费用。在对我国出口产品的成本价格结构进行核算后，万寿义和迟铮（2015）指出在面对反倾销调查时，企业应将我国现行制度框架下的成本核算相关信息转换成符合国际标准的成本信息。袁磊（2005）和崔建华（2011）提出，标准成本法和作业成本法等成本管理方法比起传统的成本管理，更能与国际会计准则相契合。出口产品的成本核算能更加细分，也更加具有可追溯性，涉及的相关资料相互匹配，成本的归集与分配也能更加合理。对此，周海娟（2019）改进了作业成本法，将生产经营中各个环节所产生的费用进行了分摊，细化了成本核算，在提高企业反倾销应诉能力的同时，也增强了我国出口产品的竞争力和影响力。细化成本核算也有助于企业事前准备应诉会计资料的整理统计，以便预防反倾销或在面对反倾销会计调查时提供有利的会计证据资料。

总体上看，成本会计在反倾销应诉中的作用主要体现在以下三个方面：一是为"正常价值"的计算提供会计数据，二是为"出口价格"的计算提供会计数据，三是为"市场经济地位"的认定提供会计标准。从这个角度看，反倾销的实体规则不再是一条条晦涩的法律术语，实际上其很大程度上可以用会计的语言来解读。倾销的确定以及反倾销的裁定不再是普通的法律诉讼，虽然的确是发生在既定法律程序之下的会计纷争，然而这只是表达出应诉反倾销的部分实质，仅仅是应对反倾销整体制度安排的表层。

（三）内部控制职能

内部控制是企业在面对反倾销问题时处于有利地位的制度保障。随着对反倾销会计研究的深入，内部会计控制的重要性凸显出来。由于在应对反倾销的整个过程中，几乎处处用到会计资料和信息，甚至企业的内部会计控制本身就是反倾销调查的一项重要内容，美国和欧盟的调查问卷 A 部分就要求应诉企业提供有关企业组织结构、财务制度、销售体系和程序以及会计处理方法的信息。准确及时地提供这些信息无疑需要平时严格的管理和控制，因此，应对反倾销的过程中必然要加强企业自身的内部会计控制建设，这样有助于实现企业内部控制管理水平的提高。有效的内部控制可以令企业快速填列反倾销调查问卷和准备会计资料，而且可以保障会计信息的真实性。

在构建应对反倾销的内控机制时应考虑到成本因素，无须重新构建内控机制，而是在现有的内部控制框架体系中嵌入风险管控和应对反倾销的部分。具体来说，应当从以下几个方面发展和完善反倾销内部会计控制。

（1）加强对已有内部控制规范的执行力度。财政部已颁布的《内部控制基本规范》等文件应得到很好的贯彻执行并不断完善。单位应当对货币资金收支和保管业务建立严格的授权批准制度，办理货币资金业务的不相容岗位应当分离，相关机构和人员应当相互制约等；单位应当建立实物资产管理的岗位责任制度，对实物资产的验收入库、领用、发出、保管、盘点及处置等关键环节进行控制等；单位应当建立成本费用控制系统，做好成本费用管理的各项工作等。企业构建健全的内部会计控制体系，可使调查人员对企业的内部控制给予认可。

（2）进一步完善内部会计控制，满足反倾销的需要。美国在进行反倾销调查时，除填写相关调查问卷时要有完整、真实的会计信息支持，还要求企业提供过去两至三年的经过审计的财务报表，并且核查各种数据文件与审计过的财务报表的对应关系，调查人员会根据企业所属行业、生产过程的性质，判定企业所采用的相关会计政策是否公允。企业建立内部控制的目标之一是规范单位会计行为，保证会计资料真实、完整。目前中国企业在资料的保存和收集方面的意识不强，不仅自己的资料有限，外国竞争对手的资料更是少得可怜，因此企业尤其是出口企业应当建立起一套完整的会计资料库，按照内部会计控制方法和会计准则严格要求会计人员的行为与执行会计程序，并保持一贯性、可比性和一致性，使得企业能够从容应对反倾销诉讼。

（3）建立反倾销会计控制信息支持系统。整个反倾销控制信息支持系统的核心和基础是建立和完善出口产品价格的信息搜寻、监控系统，这对反倾销申诉和应对反倾销都是十分重要的。《WTO反倾销协议》规定采用反倾销措施必须满足的三个条件：①确实存在"倾销"；②存在对进口国国内产业的实质损害；③认定倾销与实质损害之间存在因果关系。企业证明任何一个条件不满足，都会使反倾销申诉不成立，而证明任何一个条件都需要大量的内外部会计信息资料。如要证明没有构成"倾销"，则需要有发起起诉国家相关产品价格及成本构成的会计信息，或者需要对合理第三国的出口价格或类似产品的替代国价格及成本构成情况的会计信息，来证明产品的出口价格不低于正常价格。

四、反倾销会计规范的重设计

反倾销会计规范，即反倾销会计应遵循的法律、准则、制度。我国会计的基本法律规范是《会计法》《审计法》《注册会计师法》以及其他法律，如《公司法》《企业法》等，会计准则体系即1个基本准则和16个具体会计准则。会计制度指财政部已发布的《企业会计制度》《金融企业会计制度》等。除此之外，反倾销会计还应遵照国际规范，如政府间缔结的关税及贸易总协定（General Agreement on Tariffs and Trade，GATT）和世界贸易组织制定的《反

倾销协议》等。为了更好地使会计工作有利于反倾销过程中的证据收集和整理,本节对会计规范进行以下几方面的重设计。

(一) 会计科目

1. 增加总账科目

为了确定是否属于倾销,就一定要得到商品的合理价格。对于出口业务频繁的企业,应增加"正常价值"这一科目用于按照国际上的标准登记出口产品的正常价值。这样不但可以时刻查阅商品合理价格及各组成部分,而且能够迅速确定是否为倾销,最终更好地在会计方面避免反倾销。

2. 会计科目的进一步细化

能够依靠细化当前的会计科目来给出反倾销会计必需的具体资料。例如,产品成本对判定是否为倾销至关重要,所以在测算产品成本时要确保准确。比如制造费用,通常依照生产车间设置二级明细科目,但为了强化管控,更好地对成本追根溯源,可以将制造费用通过设置三级明细科目予以细化。

(二) 会计凭证

1. 原始凭证的设计

为了准确地给出商品的出口价,应当知晓商品的国际运费,所以相应地设计"国际运费清单"。以此为基础,将其分为"海运费""海运保险""经济和有关的运杂处理支出"。

2. 记账凭证的设计

记账凭证的设计根据原始凭证的变化而变化。

(三) 会计账簿

反倾销会计中要求的众多信息难以借助各类账目显示出来,因此还要求有备查账,确定备查账显示的内容要从实际出发。反倾销会计的一个特性是以备查账作为主要内容。

五、反倾销会计报告

反倾销会计的工作结果需要用报告的形式系统地表达出来,作为证据以供反倾销应诉方使用和参考。就报告的内容而言,首先应该申明所依据的具体财务会计及相关资料,所采用的会计方法等。其次,报告要有明确的结论,不管这种结论是在材料占有充分、方法选择适当的基础上得出的结论,还是由于材料占有不充分或根本无法占有材料而得出的结论。反倾销会计报告还应当尽可能全面中肯地描述竞争者的状况,如竞争者产品的国内售价、出口价和出口量、成本信息等。此外,报告中还要包括其商品在进口国的出售详情,如倾销商品的进口价和进口量、对进口国家的此行业产生的冲击等。

一般反倾销会计报告具体内容上包括报表及附注两部分，使用上包括分析和利用两方面。我国可由主管部门牵头制定统一的报表格式和内容，也可根据各行业或企业的特殊性由其自主编制。对于贸易往来频繁或者交易金额大的进口国企业每年编制一份反倾销会计报告，对其他国家企业不编制、简单编报或者按国家或行业合并编报。国家管理当局应当定期收集汇总，在专业的技术分析后，反馈给各企业更多、更有利的信息。会计报告中应包含以下具体内容：

(1) 本国和某个进口国的会计准则对比分析。
(2) 企业自己计算的当年出口产品的出口价格、正常价值以及差异比较。
(3) 潜在替代国的同行业发展情况及数据。
(4) 某年度产品的出口情况，如数量、种类、单价、同以前年度的纵向比较等。
(5) 企业在进口国的竞争对手的基本情况，包括其国内售价、同类产品的数量和出口价、成本核算等，并进行横向比较。
(6) 是否曾遭遇该进口国的反倾销调查和应对措施。
(7) 我国针对倾销国（或企业）制定的《反倾销调查表》和反倾销发起国（或企业）提供的《反倾销调查表》。

报告应持客观独立的态度和立场。反倾销会计报告是比较规范的报告，既不同于审计报告，也不是法律裁决书，但报告人应当承担反倾销报告有关的责任。

六、反倾销会计人才素质要求

同其他会计一样，反倾销会计人员的素质应包括两方面：一是道德素质；二是专业知识素质，因为反倾销会计与反倾销法律以及国际贸易规范紧密结合，所以与其他会计相比，其专业知识素质要求更高。反倾销会计人员作为一种复合型专业技术人才，一般要遵循财务会计的程序和方法，对涉及法律事务的会计信息和会计资料作为证据使用时，还要会运用法学理论和方法，如证据法规等，有时还要遵循审计学、统计学中的某些方法。例如，美国商务部于2003年11月9日到中国进行实地考察，要求有关生产企业及出口公司提供账本、生产记录、购销合同、发票、运输、保险等资料。这就需要会计部门准备这些资料，并能就有关这些资料中的数据进行说明和解释，国际贸易中心（International Trade Center，ITC）会以各种手段就调查问卷中的问题加以核实。对于反倾销会计人员的业务素质要求具体如下。

1. 精通会计，熟悉相关国际国内会计准则

反倾销业务一般是在出口国的市场上被提起诉讼，这时熟悉出口国的国内会计准则显得尤为必要。除了出口国的会计准则，对通用的国际会计准则的熟悉与了解也是不可缺少的。我国外贸企业长期以来普遍被动接受外国的反倾销，应诉率低，胜诉率也低，究其原因关键在于，中国会计准则和国际会计准则在产品成本核算方面存在差异，导致其对我国的市场经济不信任，在开展反倾销调查中采用替代国数据，难以真实反映我国企业产品的真实成本，再加上我国很多企业会计管理机制不健全，长期以来不重视反倾销会计工作的建设，导致企业胜诉的概率很小。

对出口型企业会计人员来说，不仅要懂中国的会计准则，还要真正掌握国际会计准则，虽然近年来各国一直在强调会计准则的趋同，但各国实际情况不同，难以在短时间内实现完全等效的会计准则。比如存货期初成本核算，我国采用历史成本法，而国际会计准则采用公允价值或成本与可变现价值，这种情况下就要求会计人员能够在反倾销应诉抗辩过程中针对问题给予企业支持。

2. 通晓国际反倾销法律

反倾销会计本质上就是通过法律途径进行会计举证及抗辩的过程，在此过程中要求会计人员能够熟练运用国际商法，尤其是形成于乌拉圭回合的《反倾销协定》，这是目前国际贸易中透明度最高、操作性最强的反倾销法律文本。反倾销业务是涉外诉讼，适用国际条约、国际惯例和国际反倾销法。要求处理反倾销业务的会计人员除熟悉一般的法律知识外，还应该通晓有关反倾销专业法律。既要熟悉反倾销国际法，又要通晓反倾销国内法；既要精通外国反倾销法，又要精通中国反倾销法。会计人员只有掌握必要的法律知识，才能协助企业其他部门在上诉过程中处于有利地位，而不熟悉国际反倾销律法的会计人员由于缺乏反倾销防范意识，只能在反倾销调查立案后，依据调查问卷的内容要求进行整理，避免反倾销调查。例如企业在应对中国出口产品反倾销诉讼时，其会计人员就需要通晓《关税与贸易总协定第6条》《关于实施1994年关税与贸易总协定第6条的协定》《WTO反倾销委员会关于反倾销调查资料搜集期间的建议》《WTO补贴与反补贴措施协议》《WTO保障措施协议》等国际反倾销法律制度，同时又要熟悉各发达国家、发展中国家的反倾销法律制度，这样才能针对不同国家进行反倾销会计举证和抗辩。

3. 掌握国际贸易知识

反倾销与国际贸易有着深刻的联系，并随着国际贸易的发展而发展。企业在面临具体的反倾销业务时，应该将反倾销会计举证置于整个国际贸易体制和国际经济贸易自身的整体中去解读，要了解国际贸易惯例和海关估价方法，如国际贸易中FOB（离岸价）与CIF（到岸价）的计算问题、布鲁塞尔公约及其估价定义、海关估价协议有关进口货物的成交价格、相同或类似货物的成交价格、估算价格等方面的规定。企业反倾销会计人员在界定涉诉产品的正常价值、出口价格以及确认倾销幅度时就需要运用这些知识。

4. 精通国际法务会计

反倾销业务也是律师与会计师相结合的典范，体现了经济全球化和贸易自由化时代"会计语言的法律属性"。在反倾销应诉的全部过程中，调查问卷的填写质量往往是能否胜诉的关键。然而调查问卷的填写会遇到许许多多法务会计问题。例如反倾销中确定成本时的"会计要求"问题，会计上的生产成本与反倾销法上的产品成本的差异问题，国际上的SG&A（Sales，General，and Administrative）所包括的管理费用、销售费用和一般费用的具体范围问题，以及"市场经济地位"的会计标准问题等，这就需要反倾销会计人员精通国际法务会计，并帮助填写问卷。填写问卷不同于一般的会计做账，它需要一定的技巧。如果填写时未能准确理解反倾销中的法务会计问题，则很可能导致调查机关不采用答卷材料，或采用该答卷材料，但依答卷会计数据计算出的倾销幅度对应诉企业不利。

5. 具备必要的外语水平

由于反倾销是一种涉外诉讼，对中国出口产品企业应诉反倾销调查的会计服务，要求以调查方的语言进行。反倾销会计人员提供反倾销会计服务所涉及的当事方或诉讼程序就可能是用外语特别是英语进行的。处理反倾销业务的会计人员至少应掌握一门外语。外语水平在应诉反倾销会计业务方面的听说读写应达到比较自如的程度。例如协助中国出口企业应诉反倾销调查，作为应诉反倾销的企业会计人员应该能尽快地读懂调查问卷的内容，并及时用正确的英语进行会计举证、陈述和应对。

第三节　倾销认定的核心问题——正常成本价格

一、正常成本价格介绍

《关税与贸易总协定》第六条规定："用倾销的手段将一国产品以低于正常价值的办法挤入另一国贸易内，如因此对某一缔约国领土内已建立的某项工业造成重大的损害或产生重大威胁，或者对某一国内工业的新建产生严重阻碍，这种倾销应该受到谴责。"也就是说，可以采取反倾销措施的倾销应具有以下三个要件：

（1）进口商品的出口价格低于正常价值。

（2）给进口国同类产品的工业生产造成实质性损害，或存在此种威胁，或对某一工业的新建造成实质性阻碍。

（3）低于正常价值的销售与损害之间存在因果关系。

根据上面对倾销的阐述，出口价格低于正常价值就是倾销。所以在整个倾销的认定过程中，正常价值的认定异常重要。此外，WTO《反倾销协定》还规定了如何确认正常价值，具体如下：

（1）相同产品在出口国用于国内消费时在正常情况下的可比价格，通俗地说是指国内的售价。

（2）如果没有这种国内价格，则是相同产品在正常贸易情况下向第三国出口的最高可比价格，或产品在原产国的生产成本加合理的推销费用和利润。也就是说，正常价值确定的优先顺序（降序）应当是：出口产品的国内价格 ＞ 向第三国出口的最高价格 ＞ 生产成本加合理的推销费用和利润。

二、正常成本价格组成结构

（一）市场经济国家

本国市场价格和第三国交易价格从字面上较易理解，但结构价值（Composition Value，CV）则要复杂得多，具体的计算公式如下：

$$CV = COM + SGA + PM + PA$$

式中，COM 是产品出口前的生产费用，包括原料、人工及固定生产成本等项目；SGA 是销售和一般行政管理费用；PM 是利润；PA 是出口货品的包装费用。

需要说明的是，这里计算正常价值的方法都是针对出口国为市场经济国家而言的，对于不被认为是市场经济国家的出口国来说，则在上述方法的基础上更加复杂。其中倾销幅度的确认公式如下：

$$倾销幅度 = \frac{正常价值 - 出口价格}{出口价格} \times 100\%$$

（二）非市场经济国家

前文确定的正常价值必须是在"正常贸易过程中"发生的，按美国（以及欧盟、澳大利亚等国）反倾销法的规定，来自非市场经济国家的产品不能这样计算。对非市场经济国家的产品确定正常价值目前主要采取替代国或类比国制度，即采用市场经济第三国或进口国的价格确定自非市场经济国家进口的受诉倾销产品的正常价值，例如以印度或巴西的原材料价格作为中国产品的原材料价格。由于替代国的选择中，进口国拥有绝对裁量权，因此有关替代国的规定，实际上是对一些不断市场化国家经济制度的歧视。

其中替代国结构价格的具体计算公式如下：

替代国结构价格 = 直接消耗（原材料、能源、劳动力、固定成本）× 替代国价格 + 合理消耗（管理消耗 + 销售消耗）× 替代国价格 + 合理利润 + 包装消耗 × 替代国价格

正常价值对比见表8-1。

表8-1 正常价值对比

国家类型	出口国为市场经济国家	出口国为非市场经济国家
正常价值对应关系	本国市场价格	替代国市场价格
	第三国交易价格	替代国与第三国交易价格
	结构价格	替代国结构价格

例8.1 设一出口国来自非市场国家A国，其替代国为B国，其替代国结构价格计算见表8-2。

表8-2 替代国价格计算表

A国出口企业的要素	A国出口企业要素用量	B国要素价值	结构价格计算	产品金额/美元
钢	100磅	0.35/磅	100磅×0.35/磅	35.0
塑料模具	2磅	2.5/磅	2磅×2.5/磅	5.0
人工				7.5
合计一				47.5

续表9-2

A国出口企业的要素	A国出口企业要素用量	B国要素价值	结构价格计算	产品金额/美元
车间管理费		以上成本的20%	47.5×20%	9.5
合计二				57.0
销售和一般管理费		以上成本的20%	57×20%	11.4
合计三				68.4
利润		以上成本的5%	68.4×5%	3.42
出口包装		2	2	2.0
替代国价格				73.82

三、正常成本价格的确认过程

企业首先要根据美国的海关税则号找出需要被调查产品的产品标准，接着对应于企业自身的产品标准，追溯到销售合同和内部代码。由于美国的调查问卷需要详细地说明材料、人工、各项费用的组成，如果投入的是自制半成品，则需要对其进行成本还原；对于和其他产品共同使用的固定成本，需要进行分摊。因此在生产要素的调查和确认过程中，了解被调查产品的工艺流程和投入产出数据是非常重要的。国内企业中的产品成本仅仅是结构价格的一部分，反倾销中所认可的产品结构价格除包括生产成本外，很重要的一点是还包括销售、管理和一般费用。因此国内企业需要将平时为被调查产品发生的，但记入销售管理等期间费用的支出分离出来，作为被调查产品结构价格的一部分。

（一）成本性态

成本性态是结构价格的成本核算的基础。成本依据性态划分为固定成本和变动成本。在固定成本和变动成本的确认过程中，制造费用的划分显得尤为重要。

（二）成本动因的选择

一个可行的方法是按照基于对产品作业的研究，找到各种制造费用与各成本之间的回归关系，构建成本分配矩阵，用这种关系来分摊各产品消耗的制造成本，追溯动因。这是一种相对科学的成本分摊方法，能够更加真实地反映各产品的成本。

（三）关于辅助生产费用在产品成本中的确认和分摊

常用的是直接分配法、顺序分配法、交互分配法、矩阵分配法共四种分配方法。

（四）关于人工工时成本的确认

美国调查问卷要求报告生产每一种被调查产品所需要的工人小时数，并要求按熟练与非熟练分别报告。这些小时数为实际的工人小时数，而不是标准人工时间。非熟练工人包括所有的非熟练生产工人、检查/检验工人、临时工人和其他直接参与产品生产的作业人员，熟练工人包括监督员、高级工程师、技师、质量控制工程师等。

（五）计算成本还原系数

连续加工式生产的企业，每经过一个加工步骤要形成一种半成品，这些半成品是下一步骤的加工对象，直到最后一步生产出产成品。采用的成本核算方法是分步法，由于半成品对外销售需要计价，一般企业采用的是顺序结转分步法。其中的自制半成品成本项目，由以前步骤的半成品成本逐渐累积起来。基于反倾销的特殊性，在成本要素归集的过程中，要尽可能地降低半成品的投入，而选用归集直接支出的投入来计算生产要素，可以进一步挤出替换单价中的利润，从而降低投入生产要素成本。因此，必须对自制半成品项目进行还原。

还原采取"倒顺序法"，按上一步骤各成本项目的构成比例，逐步还原为原始的成本项目，如直接材料、直接人工等，然后将各步骤相同的成本项目数额相加，即可求得按规定成本项目反映的产品成本。在这个过程中，成本还原系数的计算非常重要，这对于采用顺序结转分步法的企业认定其产品结构价格有着重大意义。

（六）政府财政援助和补贴的会计处理

在经济转型期，随着各级政府利益的逐渐凸显，在原有政府行政权力的惯性和新增经济手段的双重作用下，各级政府给予优势企业特别是出口型企业大量的补贴。当这些企业享受着优惠政策的时候，却直接受到了反倾销和反补贴的关注。典型的情况包括：①不支付或仅支付数额很小的费用就可以享有土地使用权；②地方政府以低廉的价格供应水、电和其他原材料；③政府减免企业的债务，并且提供优惠贷款；④政府放弃了大量应该收缴的利润，将这部分利润无偿留在企业内部；⑤政府直接给予补贴。

四、正常成本价格差异的产生原因

（一）价格公允性

在反倾销过程中，会计计量公允性的确认有两层含义：一是商品成本形成过程中对会计计量公允性的认定，这种公允性的形成由于受到商品的采购、生产、销售过程的影响，在商品交易时只可能表现为历史成本；二是商品在交易时对会计计量公允性的认定，是在一定的市场环境下确认，以现值形式加以体现的。会计的确认和计量是否具有公允性体现在三个层次上：一是会计计量理论、方法形成时的独立程度，二是国内会计标准与国际会计标准协调的程度，三是会计实务在执行会计标准时的偏离程度。齐炳忠和梁劲（2002）认为，价格公允性研究在反倾销会计中占有十分重要的比例。对于会计来说，如果不存在会计计量的公允性，市场就不具有透明度，就无法获取真实的数据，倾销也就无法界定。会计计量的公允性一般是指符合国际会计标准和国际惯例，准确反映在公平交易中熟悉情况的交易双方自愿进行资产交换或债务清偿的金额。由此可见，会计计量的公允性是一种基于市场信息的评价。而出口国家与进口国家一般处于不同的市场情况下，这个不同可能是市场整体供需关系、消费者偏好、市场就近的产品原材料价格和劳动力价格不同。这些原因均会在不同程度上影响出口国家和进口国家该产品的公允价值。

不同于一般企业公允价值的评定，徐柯芝（2005）认为，可靠性和可比性占据整个反倾销法的主导地位。但正因会计在反倾销的抗辩过程中具有不可或缺的价值，才应该设立一个完善的会计系统提供质量特征，可比性与公允性不应该是反倾销会计信息质量特征的全部，真实性、合法性、通用性等原则同样重要。袁磊（2013）对信息质量特征从反倾销的角度进行分析，对不同的会计信息质量进行评定：反倾销会计信息问题中针对用户的首要信息质量是可比性和可采性，即指要求企业采用调查机构理解且认可的会计方法提供会计信息，并将产品的生产价值转化为国际认可的正常价值。

（二）会计政策选择

对反倾销而言，选择会计政策的主要着眼点在于如何证明企业的结构价格低是合理的。具体包括外币业务核算方法和外币会计报表的折算方法、坏账核算方法、存货核算方法、固定资产计价和折旧方法、研究与发展费用（R&D）的核算、合并范围的确定原则等。不同的会计政策选择会导致出口至其他国家的产品成本与当地企业的产品成本不一致。当然，需要说明的是，在反倾销当局眼中并没有一个抽象的标准来判断会计政策的适当性（包括成本核算和费用分摊方法）。首先，他们看企业所属行业，生产过程的性质更适合哪一种成本计量方法，特别是在这一行业中一般企业更倾向于采用什么方法。其次，他们看被调查企业在采用方法上的连续一贯性。没有适当理由的突然改变会计计量方法容易让人怀疑被调查企业有人为操纵成本的意图。再次，某些会计处理方法有一般的共识。所以被调查企业在这些方面都要有透明和合理的解释。一次调查所涉及的产品不会是全系列的，往往是企业某几种产品的某几个型号，分类方法往往与国内企业的分类方法不同，因此企业原先的成本报表往往就不能直接使用。

（三）国内外会计准则差异

有很多学者认为，我国的会计准则与国际会计准则之间的差异是造成我国企业在应对反倾销案件时陷入不利地位的主要原因之一。而我国与国际准则的差异，主要就在于双方对于企业成本核算制度的不同，国际反倾销法中将产品成本定义为"生产成本"和"销售、管理、一般费用"两个部分。如果要维护我国企业在贸易上的地位，应减少我国产品成本、价格政策等与国际上的差异，通过会计准则标准与国际标准趋同来减少我国企业出口贸易上的风险。但是，也有学者认为无须为了反倾销问题特意修改我国现有的企业会计准则体系。因为我国现有的企业会计准则实质上与国际准则并无根本的差异。国际财务准则很大程度上是从西方发达国家演变而来，单纯为了反倾销会计放弃我国目前稳健有效的制度准则而盲目向国际会计准则靠拢，可能会对我国的会计准则造成更大的干扰。

由于反倾销会计是在反倾销诉讼中,对涉及的会计问题提供会计支持,进行会计规避、举证、调查和鉴定的活动,反倾销会计必须遵循反倾销法及其他法律法规的相关规定,而国外对我国提起的反倾销诉讼中涉及的财务问题,常常指出我国的财务会计核算和资料等与国际准则相比不够规范,如财务会计资料不完整、未提供经审计的会计报表等。反倾销诉讼和反倾销法律规范是分不开的,这时就要求应诉企业应当遵照反倾销法和国际贸易规则的规定,针对诉讼中的会计问题,同国际会计准则接轨,准备符合诉讼要求的会计资料。这就要求反倾销会计资料必须具有较强的法律规范性、国际性、专业性和针对性。

第四节 反倾销会计的实际应用

通过构建和应用我国的反倾销会计,可以帮助我国出口企业进行科学有效的会计规避、举证、调查和鉴定活动,实现会计预警、支持、举证及抗辩等防护功能,从根本上减少国际上针对我国的反倾销调查并且有助于提高我国企业的胜诉率,维护企业的经济利益,实现资源在全球范围内的合理分配。

一、反倾销会计在会计规避中的应用

(一)会计前置的预防方法

应对反倾销的会计前置,指的是借助反倾销会计警示系统规避反倾销调查,真正做到防患于未然。

1. 把握反倾销调查的初期征兆

反倾销调查的初期征兆如下:商品出口是否急剧增加且市场比重很大;出口价格和国内价格相比是否偏低,并且远低于进口国同种商品的价格;出口公司与进口国公司竞争的激烈程度加大,此外进口国的公司是否表达了不满;进口国公司是否已经提起过对同种产品的诉讼。

2. 关注投资目标市场的会计政策

如果要从根本上消除此风险,一定要变革进入国际市场的方式,将商品输出变为资本输出,在进口国开设工厂,做好销售调研,制定好会计决策,规避反倾销税。极为有效的途径是在世界范围分配商品的价格链,目前中国的某些公司已经进行了尝试。

(二)反倾销会计警示系统的构建

此系统的宏观指标体系包括中国的出口增长速度,中国出口数量占进口国进口数量的比例,中国和进口国的贸易差额,中国汇率的变动,进口国的失业状况。

此系统的微观指标体系包括中国公司出口商品的增长速度,中国公司在进口国此商品的市场比重,中国出口商品的价格变动和走势,中国出口商品的价格和成本比值,进

口国同种商品的销售增长速度，进口国相同行业毛利增长速度，进口国公司的存货周转状况，进口国公司的设备使用情况。

二、反倾销会计在会计调查中的应用

（一）构建一个反倾销调查会计的平台

当外国商品在中国存在倾销行为时，中国企业需要拿出法律武器保护自身的利益。但是要申请进行反倾销调查，应当构建一个与之有关的信息体系，全面收集国外竞争者的商品信息。收集信息内容如下：外国产品竞争对手的基本情况，有关产品的倾销历史情况，有关产品在他国市场销售与生产情况，进口商品在我国市场销售的状况，倾销进口产品和造成的损失。

（二）加强盈余管控

盈余管控是在分析相关指标的基础上，判断减少的趋势存在与否，最终促使国家采取救济措施。中国公司应充分发挥盈余管控的作用，借助可靠的会计资料反映损害程度，进而便利地进行相关行业的保护。

三、反倾销会计在会计应诉中的应用

（一）明确反倾销问卷的体系与目的

在应对反倾销诉讼时准确适时地回答问卷极为重要，也是抗辩极为关键的方式。西方国家对我国进行反倾销调查时，问卷的类型主要有调查问卷和市场经济待遇问卷。调查问卷的概念是当进行反倾销调查时，将问题以书面形式发给中国企业，中国被告公司往往将其称为主要问卷。市场经济待遇问卷和主要问卷没有关系，是被告企业论证其有市场经济地位资格的请求表。问卷的内容随着时间和国家的变化而变化，不同国家的问卷结构大体相似，内容一般为反倾销诉讼种类、被告企业的大体状况、本国市场与第三国市场销售的详细情形、进口国的销售状况、生产要素等。

市场经济待遇问卷内容广泛，不仅包括公司的归属、组织架构等方面，还包括公司的决策是否符合有关市场供求状况的资料，公司的生产成本与会计情况是否客观公正，尤其是在折旧、偿债方面的费用不会受到歪曲。此外，还要答复房屋产权、交通补助、教育补助等详细情况。市场经济待遇问卷是反倾销调查机构确定被告公司能否获得市场经济调查资格时所要参考的关键资料。

（二）全面准确地回答反倾销问卷的会计问题

（1）给出与中国法律在开办、营运等领域有关的规定，比如公司法等相关法律，还有企业的全部状况，借以反映政府对企业的控制力。

(2) 给出受调查品或者相像品在中国的销售状况和对应的账簿内容，比如被起诉公司和相关公司在中国出售相像产品的价格与对应的证明、销售账目、在中国制定价格的决策等。

(3) 中国公司在起诉国的销售状况和相应的账簿记录。主要包括在实行市场经济体制的国家购买原材料的账簿记录、受调查产品在起诉国的销售情况、出口支出与销售的明细状况、有关重新加工与销售的支出。

(4) 中国公司生产此产品的成本。该成本包含在原产地的原材料成本、生产此产品的成本。

(5) 详细诠释公司的产权、交易、负债等状况。确保成本真实地反映市场对此产品的需求不受国家的干涉。

(6) 详述成本、财务等方面的状况。这些状况主要包括公司会计方面的原则、债务处理的步骤等一系列财务问题。

(7) 确保企业的会计活动符合相应的会计准则。这些准则具有独立性与国际适用性。

(三) 有针对性地做出会计抗辩陈述

会计抗辩陈述指的是被告方在诉讼中，针对起诉方控告的重心，从法律与事实出发，针对专业性问题做会计抗辩。抗辩内容主要包括以下几方面。

1. 有关被诉公司会计资料是否获得普遍认可的抗辩

给出会计方面的证据是应对反倾销的重中之重，给出证据必须依赖所提供的会计资料。为了应对反倾销而给出的会计证据的可信度取决于被告企业能否可靠、适用地核算成本。

2. 有关中国公司会计资料适用度不足的抗辩

抗辩主要从以下方面做起：搜寻法律方面的证据证明自己，详述本公司的成本会计体制符合国际通用准则，增加适用度，被告公司的会计报表要确保独立审计以增加可信度。

3. 有关受调查产品成本配置的抗辩

被告公司的会计抗辩需要依据1994年制定的《关税贸易总协定》的精神，这要求有关部门仔细思考生产企业所提供的资料。除此之外，被告公司需要详述如下问题：遭到调查产品的成本配置方法满足国际通用的会计准则的要求；在接受调查期间，会计政策要连贯一致，摊派花费的方法要公正客观；成本配置方法恰当地表明了产品的真实成本。

4. 有关替代国和其价格的抗辩

通常从以下方面实现抗辩：运用替代国的方式，含有贸易歧视，详述中国市场化的进程和成果，替代国的选择不符合我国入世议定书；在面对美国的反倾销调查时，会计应依照符合美国有关市场经济国家的5个条件有针对性地抗辩，被起诉产品的市场化程度方面的证据应是重点；当欧盟进行反倾销调查时，会计应依照符合欧盟有关市场经济国家的规定有针对性地抗辩，公司的会计准则是否国际通用以及相应的账簿是否具有国际通用性应是详述的重点。

5. 有关受到调查的产品是否进行低价倾销的抗辩

由于中国商品售价很低，中国产品频繁受到反倾销调查，而究其原因，是中国制造产品的成本很低，所以进行抗辩时需要详述如下问题：中国产品在劳动力、场地、原料方面成本低廉；选用的替代国与中国的情况不同，这将导致难以确保客观公允；受到调查的产品在起诉国的售价高于国内售价，但是售价并不低于成本。

6. 有关起诉方提出的对其产业的伤害的抗辩

抗辩内容如下：被调查的产品数量，出口到起诉国家的产品数量并没有急剧上涨，很难对起诉国家的公司产生威胁；被调查产品在进口国中所占比率小，且没有上涨的潜力；被调查产品的价格，产品在起诉国家的价格并没有急剧下降；被调查产品对起诉国家行业是否存在影响，应当围绕起诉国家产业生产、销售、盈利等状况有针对性地抗辩，证明起诉国家产业发生的问题和被调查产品毫无关系；导致起诉国家产业问题产生的因素主要包括该国的政治、经济、社会等因素。

第九章 碳排放权交易会计

第一节 碳排放权交易会计概述

一、碳排放权交易会计的产生背景

温室气体排放引发的气候问题给世界各国的经济发展、社会正常运行和人们生产生活带来了深刻而久远的影响，不论是发达国家还是发展中国家都已经意识到需要采取措施来减少温室气体的排放。为了协调各国减排行动，同时明确各自的减排义务，国际社会已经召开多次应对气候变化会议。1992 年 6 月，世界主要国家在巴西召开了第一次国际性应对气候变化会议，这次名为"环境与发展大会"的会议取得了一系列的成果，具有重要意义的是与会各方通过了《气候变化框架公约》。该公约是世界上第一份应对气候变化的国际性公约，也是各国积极合作共同应对气候问题的努力成果，同时这份公约也形成了各国应对气候问题合作的基本框架，在这份公约的倡导下，与会各国一致同意每年召开一次应对气候变化大会。在日本东京召开的第三次缔约方会议通过了《京都议定书》，第一次详细规定了各方的减排义务，并且规定了三种灵活履约机制，即碳排放交易机制（IET）、联合履约机制（JI）和清洁发展机制（CDM）。

碳排放权交易机制是指允许已经实现工业化的国家以及经济组织之间交易碳排放权配额。根据公约提出的"共同但有区别的责任"原则，西方国家需要分担的减排义务多于发展中国家。在众多国家的减排实践中，碳排放权交易机制是一种优势明显、发展较好的减排履约机制，其中欧盟碳排放权交易体系和芝加哥气候交易所是发展良好、对其他地区有借鉴意义的碳排放权交易市场，欧盟碳排放权交易体系属于强制区域内的控排企业参与碳排放交易，而芝加哥气候交易所则允许市场主体自愿选择是否在该体系下开展交易活动。在碳排放权交易机制之外，《京都议定书》提出了另外两种灵活的履行义务机制，这两种机制可以通过项目来交换或取得"经认证的减排量"。我国作为世界上最大的发展中国家，是 CDM 项目的最主要参与者，经过注册的 CDM 项目排名第一。

在参与清洁发展机制之外，我国自 2011 年开始建设区域性的碳排放权交易试点，先后在深圳、上海、北京、广州、天津、湖北、重庆进行试点工作，之后增加福建省作为试点。目前我国的碳排放权交易市场以区域性市场为主，市场交易活动主要在上述试点开展，交易的产品较为单一，以配额和核证减排量现货为主，同时，各个试点均允许企业使用核证减排量抵消清缴配额，使用比例限制在5%~10%，具体规定各不相同。我国碳排放权交易市场起步较晚，发展却十分迅速，已经成为仅次于欧盟的第二大碳排放权交易市场。2017年12月，我国已经开始启动全国性碳排放权交易市场的建设工作，明确了我国碳排放权交易市场建设的指导思想和主要原则，明确了将碳排放权交易市场作为控制温室气体排放政策工具的工作定位，明确了碳排放权交易市场建设要遵循稳中求进的工作要求，以发电行业为突破口，率先启动全国碳排放权交易体系，分阶段稳步推行碳排放权交易市场建设。2019年12月23日，财政部正式发布了《碳排放权交易有关会计处理暂行规定》，以规范我国碳市场交易与企业碳排放权会计处理。但鉴于我国碳会计发展较西方发达国家仍相对缓慢，《碳排放权交易有关会计处理暂行规定》是否完善，能否适应我国企业碳排放权会计处理现状，是否有不足之处引起了思考。为使我国碳排放权会计发展更加完善，企业减排效果更好，满足碳排放权交易市场的需求，上述问题亟须解决。

二、碳排放权交易会计的概念

（一）定义

碳排放权交易会计体现出双重性质，既是传统会计学科的新兴分支，也是碳排放权交易制度的重要组成部分。碳排放权交易会计是在可持续发展观思想的指导下，以实现经济效益与生态效益的双赢为目的，以碳排放权中所蕴含的权利与责任以及权利的交易与责任的解除为研究对象，运用相关的会计理论和方法进行会计确认、计量和报告的信息系统。

（二）相关概念的区分

1. 碳排放权交易会计与传统财务会计的联系

碳排放权交易会计是环境会计体系中新兴的学科分支，它是以传统财务会计学理论为基础，将低碳经济理论融入传统财务会计理论结合产生的结果，因此，碳排放权交易会计与传统财务会计间存在很多共同之处，同时又有所差别。笔者认为，传统财务会计管理核算体系是构建碳排放权交易会计管理核算体系的基础，而碳排放权交易会计又是对传统财务会计在环境效益理论指导下碳排放权交易等方面的有益补充，二者之间的联系主要表现在以下几方面：

（1）基本假设。传统财务会计的四大基本假设是会计主体假设、货币计量假设、持续经营假设和会计分期假设。这四大基本假设同样可以应用到碳排放权交易会计的理论研究上，只有以这四大基本假设为前提依据，碳排放权交易会计才能同财务会计一样进行核算。

（2）信息质量要求。传统财务会计的信息质量要求包括可靠性、可比性、可理解性、及时性、谨慎性、重要性、相关性、实质重于形式等，碳排放权交易会计的信息质量要求与其相同,企业披露报告的碳会计信息同样应满足这8项要求,否则将不具备会计信息的实用价值。

(3) 会计要素。碳排放权交易会计体系中的会计要素与传统财务会计体系中的会计要素相似,可类比于财务会计遵从碳会计要素特征将其划分为碳资产、碳负债、碳所有者权益、碳收益、碳成本、碳利润六大碳排放权交易会计要素。

(4) 会计信息披露。在会计信息披露方面,碳排放权交易会计与传统财务会计的披露介质和方式也具有相似性,碳排放权交易会计信息也应在企业资产负债表、利润表、所有者权益变动表、现金流量表及相关附注表中进行披露,并通过货币、实物计量、语言文字表述反映具体碳排放权交易会计信息。

2. 碳排放权交易会计与传统财务会计的区别

由于碳排放权交易会计是在特定的时代背景下产生发展而来,以全球低碳经济理论为指导依据,作为一门新兴会计学科,它的实施与推广应在充分借鉴成熟的传统财务会计理论体系的基础上强调自身特点。笔者认为,碳排放权交易会计与传统会计的主要区别体现在以下几个方面:

(1) 产生的社会背景不同。传统财务会计最早起源于13世纪的意大利,彼时意大利商品经济发展迅速,会计成为社会化大生产的时代产物。而碳排放权交易会计则产生于20世纪末期,传统能源经济空前繁荣,大量排放的以二氧化碳为主的温室气体使得全球气候发生重大变化,进而引起频繁的自然灾害,严重威胁人类的生存与发展。在此特定时代背景下,碳排放权交易会计应运而生。

(2) 会计假设不尽相同。上文提到,碳排放权交易会计产生的时代背景是全球推动低碳经济发展进程,而发展低碳经济的根本目标就是实现社会经济、能源、环境的可持续发展,因此,相较于传统财务会计,碳排放权交易会计在沿袭其四大基本假设的同时,还应加入可持续发展假设,以此体现碳排放权交易会计实施发展的根本价值。

(3) 核算与计量方法上具有差异性。考虑到碳排放权交易会计本身的特殊性,其与传统财务会计相比在具体经营活动的核算与计量上存在许多不同之处。由于下文笔者将重点对碳排放权交易会计的理论应用框架体系进行研究,故不在此赘述二者核算与计量的差异。

(4) 会计信息披露方面具有差异性。考虑到碳排放权交易会计信息的特殊性,与传统财务会计信息的披露介质和披露方式相比,碳排放权交易会计相关信息的披露不应单纯停留在传统财务会计披露体系框架内,而应该在将碳信息进行表内披露的同时,单独设置企业低碳情况报告书、企业环境责任履行情况报告书等多种格式,通过此种办法,才能真实、全面、有效地反映企业碳排放权交易会计信息。

三、国内外研究现状

（一）国外研究

国外学者对于碳排放权的会计处理研究由来已久，涉及碳排放权会计处理的确认、计量与报告方面。

首先在碳排放权会计确认与计量研究上，Jacob R. Wambsganss 和 Brents Anfor（1996）认为可以将排放权确认为存货，又注意到用历史成本计量并不能反映这项资产的本质，所以提出了将其作为一项"捐赠资产"，以公允价值计量。Fiona Gadd（2002）认为碳排放权因为具有交易特性，与金融工具是相类似的，所以支持将其确认为一项金融工具，并可以进行期货期权交易。之后 Cook R.（2006）等学者认为存货作为历史成本计量这项处理是具有缺陷的，支持将碳排放权确认为一项金融工具公允价值计量。

Stewart Jones 和 Janek Ratnatunga（2008）首次提出了"碳会计"（Carbon Accounting）概念。碳排放作为当今热点，将对碳排放的核算单独列为碳会计能够通过其丰富的内容（包括碳排放控制与碳排放权交易市场相关的确认计量报告等）更好地反映出对于碳的核算，也为管理提供一个更好的归类。之后国外学者在碳会计的概念下，针对碳排放权的会计核算提出了更多的观点。

Marcel Braun（2009）指出，如果碳排放权是从政府无偿取得的，那么应确认为无形资产且以公允价值计量并贷记递延收益；碳排放权的后续计量应以实际的碳排放量为基础进行摊销并转为补贴收入；出售碳排放权时，应将收入与摊销余额的差额确认为负债；年末，应对负债的账面价值进行检查，以碳排放权的公允价值为基础调整负债账面价值。

在报告方面，Paul A. Griffin（2010）在美国《会计研究》发表论文，检验了用于反映温室气体排放与单个公司层面上财务报表变量之间关系的经济模型，研究了在《美国 2009 年清洁能源与安全法案》下无偿划拨的配额对全球前 500 强公司资产负债表和利润表的影响。结果表明，不同的会计处理方法能影响不同行业的资产负债表和利润表，但影响不显著。

Prakash 和 Matsumura（2014）探究了标准普尔 500 强公司 2006 年至 2008 年的碳信息披露项目（Carbon Disclosure Project，CDP）报告数据。结果表明，公司碳排放会降低公司价值，未披露碳信息公司的价值比披露碳信息公司的价值平均低 23 亿美元。

Fath Fariborz（2016）通过对德黑兰证券交易所上市公司环境会计信息披露与财务和非财务指标关系的研究，认为企业环境披露指数与企业的经济效益成正相关，作为环境会计中的一个重要部分，碳排放权会计信息的披露至关重要。可见，针对碳排放的有效披露对于一家上市公司来说是十分重要的，一份公开透明的报告能够使投资者更有理由相信公司有更好的发展。国际上对碳排放权会计处理研究历时跨度很长，无论是在理论上还是在实际应用中都具有十分丰富的经验，值得我们借鉴参考。

(二) 国内研究

葛家澍教授（1992）在《会计研究》上发表了《九十年代西方会计理论的一个新思潮——绿色会计理论》，标志着我国学者首次提出注重环境会计并探讨分析，同时也是碳会计在中国研究的开端。随着中国相关协议的签署和政策不遗余力推进碳排放领域的建设，带动涌现了一批优秀的碳排放权交易会计理论。

李琳和孙铮（2004）根据国外的相关理论基础，较为全面地介绍了对碳排放权的会计处理，其内容主要论述了将碳排放权以公允价值计量并确认为无形资产的依据及其在会计实务操作中的做法。

时军、王艳龙（2009）认为，企业在拥有配额时，此时他们在正常经营下也可能出售一部分的碳排放权，这时候，碳排放权更符合金融资产中的"可供出售金融资产"的特征。

万洪波、张泽草（2010）认为，由于当前我国及国外学者均同意将碳排放权确认为一项资产，但是纠结于究竟确认为哪一项资产，金融资产、无形资产、存货均有学者支持。他们认为之前的观点并不准确，由于碳排放权特征上类似于土地使用权，所以其支持者将其确认为"投资性碳排放权"。

申金荣、赵亦江（2011）在此前分析碳排放权权属问题的基础上，同时在法律和经济层面对其进行分析，得出结论：碳排放权不属于企业资产，其所有权由政府发放并不归企业所有，应当视为企业未来获得手续费的一种代销劳务行为，因此认为应当将碳排放权的交易行为理解为一种受托代销商品。

苑泽明（2013）则着重于对碳排放权会计处理中的总额法和净额法进行比较，认为这两种处理方法均不能完全反映碳排放权处理中的经济实质。在分析其内在本质时，应当作为公允价值计量的无形资产，但是与国内相关准则是不符的。

李瑞生、贾雨（2014）倾向于将碳排放权根据不同持有目的分为"无形资产"和"交易性金融资产"。

伍中信等（2014）以产权保护为基础，研究了碳排放权出售确认以及后续交易的产权改变、会计计量属性，认为投资方和损耗方应将碳排放权确认为"投资性环境资产—碳排放和环境资产—碳排放权"。

刘蕾（2016）认为，由于碳配额获得和交易的复杂性、多样性，可以单设"碳货币"进行计量。

袁广达（2018）建议由于碳排放权既有碳产权又有碳财权，将免费取得碳排放权和自用碳排放权分别设置"碳排放权账户"和"环保专用基金账户"，并按照碳排放进度折旧冲减环保专用基金。

刘颖婷、范晓亮（2019）认为，自行生产使用的碳排放权确认为无形资产，同时范晓亮指出，在电力行业，将获得的核证减排量（CCER）确认为无形资产。

涂建明等（2019）的研究也显示，目前我国大部分企业对于碳会计信息披露的自愿性不足，同时我国需要加强碳会计信息的监管和相关法律法规的出台。

敖小玲（2020）认为，核证减排量的确认与计量为管理活动提供数据支撑，应当将核证减排量确认为一项新兴资产，即碳排放权资产。

刘梅娟、金佳颖（2021）认为，上市公司规范碳信息披露首先要加强对碳会计确认与计量理论的研究，同时要提高企业自愿披露碳信息的意识。

第二节　碳排放权交易会计核算相关内容

一、环境会计基本假设及信息质量要求

（一）碳排放权交易会计基本假设

1. 会计主体假设

低碳经济环境下的企业是碳排放系统中的企业，影响企业主体经济利益的各项交易或事项都要加以确认，包括碳排放引起的经济利益交易或事项。

2. 生态不降级的可持续经营假设

持续经营假设不仅仅指企业无限经营下去，而是在环境承受范围内二氧化碳排放量不增加，生态不降级的前提下，实现社会经济的无限期发展。

3. 会计分期假设

会计分期假设是企业在排放量一定且持续经营的可能下，将包括企业碳排放权经济交易或事项在内的所有经济交易和事项划分为连续的等距期间。

4. 货币计量假设

货币计量便于企业在量上进行汇总和比较，有利于企业会计计量和经营管理。非货币指标有助于增强对碳排放货币计量的理解，是对货币计量的有效补充。

（二）碳排放权交易会计的信息质量要求

会计信息质量要求，是在总结长期会计实践的基础上，对会计本质和活动规律的反映，是会计准则的重要组成部分，是对外提供会计信息所必须遵守的基本要求。碳排放权交易会计核算和报告必须满足如下要求。

1. 可靠性

要求全面反映碳排放权分配、交易、交付、期货与期权等活动的财务影响。例如对于免费分配的碳排放权，不因其无成本发生而不反映，而是要尽可能采用公允价值或实物期权估价方法进行计量。相关性原则要求提供的信息必须具有预测价值、反馈价值，能导致决策的差异。这就要求企业准确反映碳排放权交易的成本与效益以及减排绩效，为外部利益相关者比较和评价不同公司的管理绩效提供决策依据。

2. 可理解性

要求采用易于理解的方式反映碳排放权交易对企业的财务影响。例如除了在财务报表上列示碳排放权交易会计确认、计量和记录的结果，还应借助表外披露的方式补充反映无法确认和计量的非财务影响。

3. 可比性

要求对相同或相似经济业务采用相同的会计理论和方法进行处理。如果企业因持有配额的目的差异而存在不同的会计处理方法，则采用不同的方法进行会计处理。当企业持有配额的目的发生变化时，则必须披露会计处理方法变更的原因、影响和后果。

4. 实质重于形式

要求明确不同碳排放权交易机制下的共同本质。例如，尽管碳排放权在不同的机制下表现为配额或碳信用等不同的形式，但其本质都是代表排放一吨碳的权利，所以应该采用相同的会计处理方法进行核算。

5. 重要性

要求披露对企业产生重要财务影响的经济活动。例如在总量和交易机制中，为交易而持有的配额，必须对配额的分配、交易和交付进行会计确认和计量；而对于为履行义务并不打算交易而持有的配额，企业应简化处理，只应该确认减排或超排的财务影响。

6. 谨慎性

要求谨慎地进行会计确认、计量和报告。例如在估计由气候异常变化、化石能源变化等因素所产生的成本或损失时，应尽可能利用多方面的资料进行合理估计。

7. 及时性

要求企业及时反映碳排放权交易的财务影响，如及时反映和报告配额分配、交易与交付的财务影响。

（三）延伸的会计信息质量要求

碳排放权交易是人类应对气候变化，发展低碳经济而提出的一种市场机制。实现经济效益与生态效益的双赢是其追求的最高目标。因此，碳排放权交易会计除了遵从基本的会计原则，还应该遵从可持续发展原则、环境资本原则。

1. 可持续发展原则

可持续发展观是碳排放权交易机制产生和发展的强大思想基础。通过碳排放权交易，降低对化石能源和资源的依赖，减缓气候变暖的速度关系到人类社会生存和发展。因此，碳排放权交易会计核算和报告中就应该体现企业减排降耗的成果。这要求在财务报表中反映企业减排降耗的成本与效益，同时还应采用表外披露，如借助碳使用或排放强度指标、碳依赖度指标等方式反映企业对碳排放或减排的管理绩效。

2. 环境资本原则

在碳排放权交易中，碳不再仅仅代表一种广泛存在于地球上的化学元素，而是成为一种新型的、可交易的生产要素,甚至是一种金融性的新型货币或资产。这也就意味着环境作为一种新型要素被赋予了价格,通过权利与责任的界定,通过市场的定价与交易,环境成为一种实现资源优化配置的重要方式。碳排放权交易的会计核算和报告应体现这种价值。

二、碳排放权交易会计确认及计量

(一)碳排放权的会计确认

1. 碳排放权的资产属性

目前各国对于碳排放权的资产属性基本上取得了一致的意见,根据我国《企业会计准则——基本准则》中对资产的定义,资产应符合以下特征:首先,资产是由企业过去经营交易或各项事项形成的。碳排放权的获取来源主要有两种,即政府无偿分配和在市场中有偿购买,所以碳排放权符合这一特性。其次,资产是由企业拥有或控制的,而碳排放权的本质是向大气中排放温室气体的权利,所以碳排放权也符合"由企业拥有或控制"这一特性。最后,资产是预期会给企业带来经济利益的资源,碳排放权可以通过在市场上进行交易给企业带来利润,很明显,碳排放权也具备这一特性。

此外,要确认一项资源为资产,还需符合两个确认条件:①与该资源有关的经济利益很可能流入企业。从上文可知,无论是仍有结余的政府无偿分配的碳排放权,还是通过减排项目创造的核证减排量,均可在碳交易市场进行交易,从而获得经济利益。②该资源的成本或者价值能够可靠地计量。我国的碳排放权交易市场正在不断发展壮大,尽管现在仍然不是很完善,但是企业可以根据国外较为成熟的碳价来确定碳排放权的初始成本,因此,碳排放权也满足资产确认的第二个条件。

综上所述,碳排放权符合资产的所有特性,同时也满足资产的两个确认条件,因此可以说碳排放权是企业的一项资产。但是碳排放权应当初始确认为何种资产,目前尚未定论。主流观点有三种,分别是确认为存货、无形资产或金融资产。

2. 确认为存货

根据我国《企业会计准则第1号——存货》中对存货的定义,存货通常指企业的有形资产,包括企业维持正常经营活动所需要的各类在产品、产成品、库存商品、原材料、包装物、委托代销商品和委托加工物资等。存货一般具有以下三个特征:①存货是有形资产,这一点区别于无形资产。②有较强的流动性,在企业中,存货经常处于不断销售、耗用、购买或重置中,具有较强的变现能力和明显的流动性。③有实效性和发生潜在损失的可能性,这一点要求存货能够规律地转换为货币资产或其他资产。一般情况下,企业的存货是在正常经营过程中以备出售的产成品或在产品。美国联邦能源管制委员会(FERC)等官方机构认为,碳排放权是为履行减排责任产生的法定义务,不能因为碳排放权没有实物形态便否认它为存货,碳排放权符合存货的定义,应该作为存货加以确认。国外学者 Mort Dittenhofer(1995)等认为,碳排放权具备"企业日常活动中持有的以备出售的商品"这一特征,而且碳排放权的使用是在生产过程中的,符合存货的相关规定,应该作为存货来确认。我国学者张姗(2010)也认同这一观点,她认为碳排放权符合流动资产的定义,且企业持有的最终目的是出售,完全符合存货的定义,应当作为存货进行确认。

3. 确认为无形资产

我国的《企业会计准则第6号——无形资产》规定:"无形资产是指企业拥有或者控制的没有实物形态的可辨认非货币性资产。"根据以上叙述,可以发现无形资产需具备以下三个特征:没有实物形态、可辨认、非货币性资产。

资产的可辨认标准为:能从企业中分离或划分出来单独出售、转移或交换,或是与合同或其他法定权利一同出售、转移或交换。同时,无形资产必须满足以下两个条件才能予以确认:①与该无形资产有关的经济利益很可能流入企业;②该无形资产的成本能够可靠地计量。国外学者 Ewer(1992)等人认为,碳排放权是企业拥有的、没有实物形态的资产,同时也符合可辨认和非货币性资产的特点,所以应当确认为无形资产。我国学者彭敏(2010)也持相同观点,认为碳排放权不具备实物形态,但是可以单独出售或者转让,基本符合无形资产的定义和确认条件,入账时应按无形资产来确认。高建来(2015)等人认为碳排放权是一种特殊的虚拟商品,与无形资产中的特许权相似,而且它是可辨认的,可以从企业中分离出来进行交易,将碳排放权确认为无形资产是合理的。

4. 确认为金融资产

金融资产通常指单位或个人拥有的以价值形态存在的资产,是一种索取实物资产的权利。金融资产主要包括银行存款、应收账款、股权投资、衍生金融资产等。企业在成为金融工具合同的一方时,就应当确认一项金融资产或金融负债。金融资产在初始确认时大致可分为四类:①以公允价值计量且其变动计入当期损益的金融资产(即交易性金融资产);②持有至到期投资;③贷款和应收款项;④可供出售金融资产。英国学者 Fiona Gadd(2006)指出,碳排放权具备与金融工具相似的特征,碳排放权既可以进行现货交易,也可以进行远期、期权交易,许多企业利用它对冲碳信用风险,因此应该将碳排放权作为金融资产来确认。我国学者朱敏、李晓红(2010)等认为,碳排放权具有自由的交易市场,且公允价值能被可靠获取。企业通过节能减排项目产生的碳排放权,最终目的是出售获取经济利益,符合交易性金融资产的特点,应确认为交易性金融资产。王简(2014)等指出,碳排放权可以看作一种期权,在交易市场中自由买卖,具备金融资产的特征,作为一种价值符号应确认为金融资产。

(二)碳排放权的会计计量

企业在将符合确认条件的会计要素登记入账并列报于会计报表及其附注时,应当按照规定的会计计量属性进行计量,确定其金额。会计计量的关键是计量属性的选择和计量单位的确定。企业应当按照相关会计准则的规定选择会计计量属性,对碳排放权相关的交易事项进行计量,并确定具体的金额。

1. 碳排放权会计计量属性的选择

根据《企业会计准则——基本准则》的规定，会计计量属性主要包括历史成本、重置成本、可变现净值、现值和公允价值。首先，历史成本是指企业在经营过程中所实际发生的一切成本，能真实地反映企业生产经营管理活动中所需的成本，同时具有可验证性，所以企业在对会计要素进行核算时一般采用历史成本。重置成本是指企业重新取得与其拥有的某项资产相同或与其功能相当的资产需要支付的现金或现金等价物。它是现在时点的成本，一般用于盘盈固定资产。可变现净值是指在预计售价的基础上，减去加工成本、销售费用和相关税费后的净值，可变现净值一般不用于会计实务。现值是指成本或收益的价值以今天的现金来计量。公允价值是指市场参与者在计量日发生的有序交易中，出售一项资产所能收到或者转移一项负债所需支付的价格，通俗地说，就是指大家都认可的价值。国际会计准则理事会等机构认为无论是从政府获得的还是外购的碳排放权，都应按照历史成本进行初始计量。Wambsganss 和 Sanford（1996）提出，应将政府无偿分配的碳排放权以捐赠资产入账，无论购买的还是免费获得的碳排放权均以公允价值计量。王简（2014）等认为，外购的碳排放权应按照实际成本进行初始计量，这样入账是合理且可靠的。

碳排放权作为一项特殊的资产，应采用多元化的计量属性对其计量。历史成本资料的取得较为可靠，能真实地反映企业取得碳排放权的实际价值，而且操作相对简便。但是历史成本反映的是企业碳排放权的静态信息，缺乏相关性。公允价值体现的是碳排放权的市场价值，是双方达成一致的结果，但是相应地，其结果更具有主观性，缺乏可靠性。而且根据我国碳排放权交易市场发展的现状，碳排放权的公允价值尚不能持续可靠地获得。综上所述，笔者认为单一的计量模式不能完整准确地体现碳排放权的价值，应根据企业持有碳排放权的目的，采用历史成本与公允价值相结合的多重计量属性衡量碳排放权的价值。

2. 碳排放权的初始计量

（1）以生产为目的持有的碳排放权。

笔者将企业以生产为目的持有的碳排放权确认为无形资产，无形资产通常按实际成本计量，对于不同来源取得的无形资产，其初始成本的构成也不同。

第一，政府免费发放的碳排放权配额，是企业维持正常生产经营活动的必需品，可以看作政府补助，碳排放权是政府无偿分配的配额，没有明确证据确定应收金额，所以应按公允价值来计量，在公允价值不能可靠取得时按名义金额进行计量。

第二，外购的碳排放权，其成本包括购买价款、相关税费以及直接归属于使该项资产达到预定用途所发生的其他支出。为了使碳排放权的取得成本更具有客观性、可靠性，应按照取得碳排放权时的实际价格入账，采用历史成本作为计量属性更为恰当。

（2）以交易为目的持有的碳排放权。

笔者将企业以交易为目的持有的碳排放权确认为金融资产，这类碳排放权的获取途径有交易市场购买、政府拍卖等。企业持有这类碳排放权是为了投资获取经济利益，市场价格的变动对企业影响重大。因此，笔者认为此类碳排放权应以取得时的公允价值入账。

3. 碳排放权的后续计量

（1）以生产为目的持有的碳排放权。

笔者认为企业以生产为目的持有的碳排放权应根据不同的取得来源采用不同的计量属性。根据《企业会计准则第 6 号——无形资产》的规定："无形资产的后续计量应分析判断其使用寿命，如果无形资产的使用寿命是有限的，则应当估计该使用寿命的年限，进而采用合理的方法确定其累计摊销额；如果无法预期该无形资产为企业带来未来经济利益期限的，应当视为使用寿命不确定的无形资产，每年进行减值测试。"

首先，对于政府无偿分配的碳排放权，可以按照政府补助的会计准则进行后续计量。根据《企业会计准则第 16 号——政府补助》规定："与资产相关的政府补助，应当确认为递延收益，并在相关资产使用寿命内平均分配，计入当期损益。但是，按照名义金额计量的政府补助，直接计入当期损益。"递延收益在持有期间需进行摊销，企业在正常生产经营过程中，采取节能减排措施所发生的支出应计入"营业外支出"科目；同时若在完成生产任务后，本期仍有剩余的碳排放权，企业在交易市场上出售所得的收入应按出售当天的市场价格确认为营业外收入，并且不需要结转相应的成本。

其次，对于外购的碳排放权，应该根据工作量法（实际的碳排放量占企业排放总量之比）进行摊销，并计入"管理费用"和"累计摊销"科目。此外，企业还需对碳排放权进行减值测试，如果发生减值，则应该计提减值准备。若企业选择再次售出多余的碳排放权，取得的收益应计入"营业外收入"科目，相对应的成本则计入"营业外支出"科目。

（2）以交易为目的持有的碳排放权。

笔者认为企业以交易为目的持有的碳排放权应采用公允价值来计量，无论是交易性金融资产还是可供出售金融资产，都不应扣除处置该资产时可能发生的交易费用。如果企业将碳排放权确认为交易性金融资产，那么通过碳排放权公允价值变动形成的收益或损失，都应计入当期损益；如果企业将碳排放权确认为可供出售金融资产，形成的利润则应计入所有者权益。

三、碳排放成本会计核算方法

（一）确定碳排放量和碳排放成本

碳排放核算首先要确定温室气体排放的核算边界和时间范围。其中，核算边界的确定应参考设施和业务范围及生产工艺流程图，包括燃料燃烧排放、过程排放、购入的电力热力产生的排放等；时间范围的确定应以国家发展和改革委员会所发布文件中规定的企业必须上报温室气体排放报告的期限为准。温室气体排放核算与报告应以独立的法人单位为运营边界，对其主要生产系统、辅助生产系统及附属生产系统产生的温室气体排放进行核算。企业主要生产系统包括生产设备或生产流水线等，辅助生产系统包括供电、供水、运输、维修等，附属生

产系统包括生产指挥调度中心及为生产提供间接服务的职工食堂等。企业需要核算的温室气体主要是二氧化碳（CO_2），其他含碳气体排放物包括甲烷（CH_4）、氢氟碳化物（HFCs）、全氟碳化物（PFCs），除此之外还包括氧化亚氮（N_2O）、六氟化硫（SF_6）和三氟化氮（NF_3）等不含碳的温室气体。

1. 识别温室气体排放源与温室气体种类

企业温室气体排放核算边界应区分直接碳排放中的燃料燃烧排放、过程排放以及间接碳排放中的购入电力热力产生的排放、特殊排放。企业应在所确定的核算边界和时间范围内，对各类温室气体源进行识别，见表9-1。

表9-1 温室气体排放源与温室气体种类

核算边界		温室气体排放源类型	排放源举例	
			排放源	温室气体种类
直接碳排放	燃料燃烧排放	固定燃烧源	电站锅炉、燃气轮机、工业锅炉、熔炼炉	CO_2
		移动燃烧源	汽车、火车、船舶、飞机	CO_2
	过程排放	生产过程排放源	氧化铝回转炉、合成氨造气炉、水泥回转窑、水泥立窑	CO_2、CH_4、N_2O
		废弃物处理过程排放源	污水处理系统	CO_2、CH_4
		逸散排放源	矿坑、天然气处理设施、变压器	CH_4、SF_6
间接碳排放	购入的电力热力产生的排放	由企业外输入的电力、热力或蒸汽消耗源	电加热炉窑、电动机系统、泵系统、风机系统、制热制冷设备、照明设备	CO_2、SF_6
		生物质燃料燃烧源	生物燃料运输设备、生物质锅炉	CO_2、CH_4
	特殊排放	产品隐含碳	钢铁产品	CO_2

一般来说，直接碳排放是企业内部拥有或控制温室气体排放源产生的碳排放。间接碳排放是企业为进行正常生产经营外购电力、热力等产生的，这种温室气体排放源由其他企业拥有或控制，间接为企业生产经营提供服务。

2. 选择核算方法

碳排放核算应选择能得出准确、一致、可再现结果的核算方法。企业应参照行业确定的核算方法进行核算。如果行业无确定的核算方法，则应在报告中对所采用的核算方法加以说明。如果核算方法有变化，企业应在碳排放相关报告中对变化进行说明，并解释变化原因。

碳排放核算方法有两种类型：一是实测；二是计算，包括物料平衡法和排放因子法。实测法是通过安装监测仪器、设备（如烟气排放连续监测系统），并采用相关技术文件中要求的方法测量温室气体源排放到大气中的碳排放量。使用物料平衡法计算时，根据质量守恒定律，用输入物料中的含碳量减去输出物料中的含碳量进行平衡计算，得到二氧化碳排放量；采用排放因子法计算时，碳排放量为活动数据与碳排放因子的乘积。碳排放核算宜按照一定的优先级对核算方法进行选择，可参考的因素包括核算结果的数据准确度要求、可获得的计算用数据情况、排放源的可识别程度。

3. 选择与收集温室气体活动数据

企业主要温室气体排放源活动数据及其来源见表9-2。

表9-2 温室气体排放源活动数据及其来源

温室气体排放源	数据来源
固定燃烧源	企业能源平衡表
移动燃烧源	企业能源平衡表
过程排放源	原料消耗表 水平衡表（废水量） 废水监测报表（BOD、COD浓度） 财务报表（原料购买量/购买额）
逸散排放源	监测报表
购入的电力、热力或蒸汽	企业能源平衡表 财务报表（相关销售额） 采购发票或凭证
生物燃料运输设备	企业能源平衡表 财务报表（生物燃料消耗量/运输货物重量、里程） 采购发票或凭证
固碳产品	产品产量表 财务报表（产值）

企业应根据所选定核算方法的要求来选择和收集温室气体活动数据。数据的类型按照原始数据、二次数据、替代数据的次序，优先级由高到低，科学选择和收集数据。

4. 选择或测定温室气体排放因子

在获取温室气体排放因子时，应考虑如下因素：来源明确，有公信力；适用性；时效性。排放因子实测值或计算值的优先级应高于排放因子参考值，其中实测值或计算值是通过工业企业内的直接测量、能量平衡或物料平衡等方法得到的排放因子或相关参数值，参考值则是采用相关指南或文件中提供的排放因子。不管哪种方式，企业都应对温室气体排放因子的来源做出说明。

5. 计算与汇总碳排放量

企业应根据所选定的核算方法对碳排放量进行计算，所有温室气体的排放量均应折算为二氧化碳当量。对于燃料燃烧排放，按照燃料种类分别计算其燃烧产生的温室气体排放量，并以二氧化碳当量为单位进行加总；对于过程排放，按照过程分别计算其产生的温室气体排放量,并以二氧化碳当量为单位进行加总;对于购入的电力、热力产生的排放,通过企业购入的电力、热力量与排放因子的乘积获得;对于输出的电力、热力产生的排放,通过企业输出的电力、热力量与排放因子的乘积获得。最后,计算碳排放总量,其公式如下:

$$E = E_{燃烧} + E_{过程} + E_{购入电} - E_{输出电} + E_{购入热} - E_{输出热} - E_{回收利用} \quad (9-1)$$

式中:E 为碳排放总量,$E_{燃烧}$ 为燃料燃烧产生的碳排放量总和,$E_{过程}$ 为过程碳排放量总和,$E_{购入电}$ 为购入的电力所产生的二氧化碳排放,$E_{输出电}$ 为输出的电力所产生的二氧化碳排放,$E_{购入热}$ 为购入的热力所产生的二氧化碳排放,$E_{输出热}$ 为输出的热力所产生的二氧化碳排放,$E_{回收利用}$ 为燃料燃烧、工艺过程产生的温室气体经回收作为生产原料自用或作为产品外供所对应的碳排放量,计量单位均为吨二氧化碳当量。

6. 确定碳排放成本

企业产生的二氧化碳排放,一方面要增加碳排放成本,另一方面要确认碳负债。随着产品被生产至完工,附带产物二氧化碳被释放到大气中,由于碳排放权交易机制的存在,碳排放权这一稀缺资源作为与材料、人工等一样的生产资料不断被消耗,理应计入产品的生产成本由企业自行承担,外部环境损害成本也因此被"内部化"。这一部分碳排放成本应按照企业实际碳排放量与资产负债表日碳排放权市场价格的乘积计算获得。除了直接碳排放和间接碳排放造成的外部环境损害成本,碳排放成本中的预防管理成本、回收利用成本、处理处置成本和企业内部损失成本应按照领用的材料、耗用的能源或支付的价款等进行核算。

(二) 归集和分配碳排放成本

企业在进行含碳产品的生产经营过程中,向大气中排放的二氧化碳可能是在组织生产时燃烧化石燃料产生的,也可能是在技术研发、日常办公、运输装卸等经营管理事务中产生的。对于与产品生产直接相关的碳排放权消耗,应单独增设碳排放成本项目,计入相应产品的"生产成本";而在辅助生产车间因维持正常生产发生的碳排放权消耗,应计入"制造费用",后按一定的方法分摊计入相应产品的"生产成本";在进行节能减排技术研发、购置和建造低碳环保设备时所发生的符合资本化条件的碳排放成本,应计入"无形资产"或"在建工程"。除此之外,不符合上述情形的碳排放权消耗而产生的碳排放成本应按照提供服务的部门计入"管理费用"或"销售费用"。

对于无法确定成本归属对象的间接碳排放成本,通过作业成本法对其进行成本计算,企业将针对产生大量二氧化碳排放的作业进行管理,严格控制产品的碳排放成本。具体来说,产品碳排放成本的计算步骤如下。

1. 分类归集资源耗费和识别产生碳排放的作业

对于与碳排放有关的资源耗费进行分类归集,如燃料燃烧排放、过程排放、购入电力热力产生的排放而消耗的碳排放权等,相应的资源成本动因均为二氧化碳排放量;根据产品生产工艺划分作业,如汽车生产工艺流程为冲压、焊装、涂装、总装,相应地划分为四个作业成本库,其作业成本动因为产品产量。

2. 根据成本动因计算确定成本动因分配率

作业成本法的成本动因分为资源动因和作业动因。资源动因是将与碳排放相关的资源耗费分配到作业的依据，其动因分配率是某资源总耗费与各作业消耗该资源动因数量之和的比值。作业动因是将作业成本分配至产品的依据，其动因分配率是某作业总成本与各产品消耗该作业动因数量之和的比值。具体来说，两种成本动因分配率的计算公式如下：

$$某资源动因分配率 = \frac{某资源总耗费}{各作业消耗该资源动因数量之和}$$

$$某作业动因分配率 = \frac{某作业总成本}{各产品消耗该作业动因数量之和}$$

3. 计算产品的碳排放成本

根据各个资源动因分配率和作业消耗资源动因的数量，计算可得各项作业总成本；同理，根据各个作业动因分配率和产品消耗作业动因的数量，计算可得各产品的碳排放成本。具体来说，产品碳排放成本的计算公式如下：

$$某作业总成本 = 某作业消耗的各类资源费用之和$$
$$= \sum 某资源动因分配率 \times 某作业消耗该资源动因数量$$

$$某产品的碳排放成本 = 某产品消耗的各项作业成本之和$$
$$= \sum 某作业动因分配率 \times 某产品消耗该作业动因数量$$

四、信息披露方式

（一）碳排放权交易会计信息披露内容

目前，关于企业碳排放相关信息的披露主要集中于工业企业的温室气体排放报告，这是国家相关文件中针对钢铁、化工、电力、水泥等高耗能高排放行业规定的强制性披露信息。而对于碳排放权交易会计信息披露的内容与方式，鲜少有正式的制度对其进行规范。一些被纳入控排范围的企业出于自身的社会责任，主动选择披露部分碳排放权交易会计信息，但由于无据可依，同一行业间的会计信息不具有可比性。碳排放权交易会计信息披露应在现有温室气体排放报告的基础上，通过资产负债表、利润表、现金流量表、会计报表附注和财务情况说明书等增加货币化信息，反映企业参与碳排放权交易对自身财务状况、经营成果和现金流量的影响。因此，考虑到决策有用观和降低信息披露成本，碳排放权交易会计信息披露应与主流财务报告进行融合，这是当下尚未制定统一的《碳排放权交易会计准则》前合理正确的选择，且必须由独立客观的注册会计师等专业人员或机构对碳排放权交易相关会计信息进行审计，从而保证会计信息的可靠性。碳排放权交易会计信息披露内容如图9-1所示。

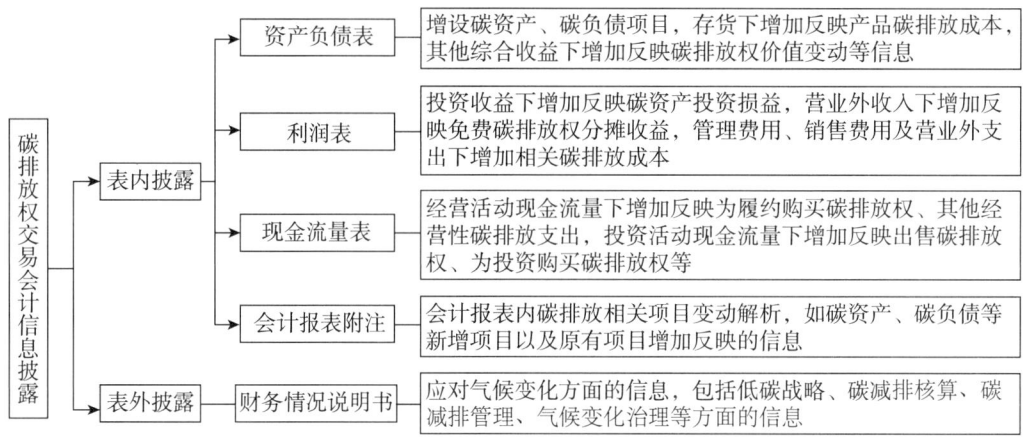

图 9-1　碳排放权交易会计信息披露内容

随着碳排放权交易市场的成交量日渐活跃，企业参与的积极性越来越高，相关的会计核算与报告等配套制度的建设显得尤为迫切。碳排放权交易会计信息的披露，一方面应基于对环境负责的态度，充分披露企业的生产经营活动给环境造成的影响；另一方面从保护投资者的角度来说，也要对影响其投资决策的重要信息进行披露。企业管理层可以依据碳排放权交易会计信息，对企业的碳资产管理绩效进行分析评价，从而不断降低产品的碳排放成本，提高碳排放权的收入收益。企业在对碳排放权交易会计信息进行披露时，应综合表内和表外两种方式，通过在会计报表中增加碳资产、碳负债等相关项目或内容，在会计报表附注中增加披露碳排放相关信息的重大变动情况，在财务情况说明书中对企业如何应对气候变化等信息进行补充说明。

(二) 我国企业碳排放权会计披露的方式

当前，我国企业主要采用两种途径对碳排放权会计信息进行披露：一是从表内披露，二是从表外披露。

1. 碳排放权交易会计信息的表内披露

现阶段，我国部分企业对碳排放权交易的披露采用企业社会责任披露和 CDP (碳信息披露项目) 的方式，不过这些方式披露的信息在质量、数量方面还不能满足利益相关者的需要。笔者认为，在传统财务报表中应纳入碳排放权信息，将与碳排放权相关的交易情况在传统财务报表中进行披露。

当前大量学者对于企业的碳会计排放权进行了深入的研究，对其在会计处理方面提出各自的观点和看法。笔者认为在碳排放权的确认方面，应体现其双重属性，持有碳排放权目的为自用的按无形资产进行确认，持有碳排放权目的为交易的按交易性金融资产进行确认。在后续计量方面，用历史成本来计量持有目的为自用的碳排放权，用公允价值计量持有目的为交易的碳排放权，因此，在财务报表中对企业碳排放权进行披露时，同样根据持有目的在不同的报表项目中进行披露。企业持有目的为自用的碳排放权，其相关信息在资产负债表中的"无形资产"项目中进行披露，同时利润表中的"管理费用""制造费用"等项目也对其进行披露；而持有目的为交易的碳排放权，则相关信息在资产负债表中的"交易性金融资产"项目中进行披露,同时利润表中的"公允价值变动损益""投资收益"等项目对其进行披露。还要设置过渡性账户"碳排放权配额",由于大部分碳排放权配额为企业免费从政府手中获得,因此可用碳交易所中碳排放权的拍卖价格对企业免费获得的配额进行计量,企业碳排放权配额的增加额记录在该账户的借方,企业碳排放权配额的减少额记录在该账户的贷方。企业通过碳交易所得到拍卖的碳排放权时,应做出如下会计处理:借方记"碳排放配额",同时贷方记"银行存款"。对于企业通过碳交易所免费从政府手中获得的碳排放权配额,笔者认为应按照政府补助来进行会计处理,以最低拍卖价格(政府规定)确定入账价值。此时,做出如下会计处理:借方记"碳排放配额",同时贷方记"递延收益"。

(1) 碳排放权信息在资产负债表中披露。

按碳排放权的核算结果,涉及资产负债表的科目包括"碳排放权资产""预计负债"。①按资产的流动性考虑,应将"碳排放权资产"划分在流动资产中,位于"存货"下方,并将其中自用和交易为目的而持有的碳排放权的价值分别加以列示。其中自用部分的期初数按取得时的实际成本列示,期末在其基础上加上新增的,减掉消耗的碳排放权后仍以其实际成本列示;而交易部分的期初数按上期期末数填列,期末数则以自用为持有目的的碳排放权的历史成本列示。②将由政府无偿分配且用于交易的碳排放权计入"递延收益"项目。③将企业超额使用的碳排放权并入"预计负债"进行列示,并在附注中说明数量和金额等信息,见表9-3。

表9-3 资产负债表

编制单位: 编制日期: 单位:

资产	期末数	期初数	负债	期末数	期初数
流动资产			……		
……			……		
存货			……		
碳排放权资产			……		
其中:自用			……		
交易			递延收益		
……			预计负债		
无形资产			……		
资产总计			负债与所有者权益总计		

(2) 碳排放权信息在利润表中列报。

按本书的会计核算结果,涉及利润表的项目有"管理费用""投资收益"。①将企业持有自用的碳排放权成本在使用时按需要计入"管理费用"。②"投资收益"记录的内容主要包括以交易为持有目的的碳排放权在交易时实际收到的价款与账面价值之间的差额,见表9-4。

表 9-4 利润表

编制单位	编制日期	单位：
项目	本期金额	上期金额
一、营业收入		
减：营业成本		
管理费用		
……		
加：公允价值变动（亏损以"－"填列）		
投资收益（亏损以"－"填列）		
其中：碳排放权收益		
二、营业利润		
……		
七、综合收益总额		

（3）碳排放权信息在现金流量表中列报。

现金流量表中，在经营活动产生的现金流项目下增设"购买碳排放权资产支付的现金"，记录企业从市场购买自用的碳排放权所支付的现金；在投资活动产生的现金流项目下增设"投资减排项目所支付的现金""购买用以交易的碳排放权所支付的现金"和"出售/转让碳排放权收到的现金"，见表 9-5。

表 9-5 现金流量表

编制单位	编制日期	单位：
项目	本期金额	上期金额
一、经营活动产生的现金流量		
……		
转让碳排放权收到的现金		
……		
购买碳排放权资产支付的现金		
……		
二、投资活动产生的现金流量		
……		
转让碳排放权收到的现金		
……		
投资减排项目支付的现金		
购买碳排放权支付的现金		
……		

续表9-5

编制单位		编制日期		单位：
六、期末现金及现金等价物余额				

2. 碳排放权交易会计信息的表外披露

碳排放权的社会性决定了企业必须为其碳排放行为承担相应的责任，并有义务对该方面的信息进行详细全面的披露。为了突出碳排放权会计信息的重要性，便于碳信息使用者查阅，应在附注中单独编制碳排放权相关信息的报告。

（1）企业碳排放权取得、使用及数量的变动和结余情况，见表9-6。

表9-6 碳排放权数量变动情况表

项目 \ 月份		1月	2月	3月	……	12月	合计
政府无偿分配且以自用为持有目的	取得数量 入账价值 使用数量 结余数量						
非政府无偿分配且以自用为持有目的	取得方式 取得数量 入账价值 使用数量 结余数量						
政府无偿分配且以交易为持有目的	取得方式 入账价值 交易方式 交易数量 交易金额 结余数量						
非政府无偿分配且以交易为持有目的	取得方式 入账价值 交易方式 交易数量 交易金额 结余数量						

为了使企业管理层了解碳排放权占企业营业成本和管理费用的比例，更好地制定经营决策，还可以编制一张碳排放权使用效率情况表，见表9-7。

表9-7 碳排放权使用效率情况表

项目 \ 月份	1月	2月	3月	……	12月	合计
产品产量						

续表9-7

项目 \ 月份	1月	2月	3月	……	12月	合计
生产用量/金额						
管理用量/金额						

（2）企业碳排放权平均交易价格。

企业碳排放权平均交易价格是指企业每月交易的平均价格，将这项信息与碳排放权市场的价格相比较，可体现企业管理层在碳排放权市场上的经营能力，见表9-8。

表9-8 企业碳排放权交易平均价格

项目 \ 月份	1月	2月	3月	……	12月	合计
平均交易价值						
市场平均价格						

（3）企业CDM项目。

CDM项目在我国发展十分迅速，是减排项目中较热门的投资选择，企业有必要对这些项目的相关情况进行披露，若企业无此项目，则不必披露。披露内容主要包括：

①CDM项目名称。
②项目资金来源。
③项目的规模、施工进度及预期完工时间。
④预计项目核证减排量的年产生额。
⑤项目的风险情况。
⑥项目对企业经营成果和现金流量的影响。

（4）其他相关情况说明。

①企业管理层对碳排放权核算方法的选择及其依据说明。
②若有特殊情况的，要对碳排放权超额使用和碳排放权用途变更的原因加以说明。
③企业减排措施及实施情况。
④企业减排目标完成情况或环保责任履行情况。
⑤可能对企业经营管理和财务状况等产生影响的环境政策。

不同的碳信息使用者对信息的需求不同。如投资者更注重企业与碳排放权有关的活动对企业财务状况、经营成果和现金流量等的影响，债权人重视企业的环保和企业项目的风险等情况，政府和生态环境部门则更注重企业减排责任的履行情况，社会公众可能重视企业的碳排放情况等。提供的信息越全面,就越能满足碳信息使用者的需求。

五、碳排放权交易会计的发展难点

1. 会计确认存在的问题

碳排放费用确认模糊。在企业的实际操作中,碳排放权产生的制造费用和管理费用的界限十分模糊。制造费用作为之后分摊进入成本的科目与管理费用直接计入当期的损益相比,企业选择的余地很大,企业既可以认为超出配额的排放是为生产产品所排放的,也可以认为是日常管理的排放,由于碳排放并没有很强的指向性,企业在其费用的确认上有比较大的余地。

2. 会计计量存在的问题

国内外在碳排放权资产负债会计计量过程中,虽然只围绕成本和公允价值计量这两种方法开展研究,但是仍然没有找到合适的平衡点来平衡碳排放权本质属性带来的不同的计量需求。值得肯定的是,在碳排放权交易市场规模逐渐扩张的背景下,企业采用公允价值对碳排放权资产和负债进行计量是可行的,是通过市场价值影响企业碳排放的有效手段。我国此前采用的公允价值计量模式值得肯定,但是仍需注意碳排放权生产属性上的计量处理,应更加灵活以适应企业在碳排放权交易中的经济实质,提高会计信息的可靠性,同时,在 IFRIC3(国际财务报道准则解释)以及 USofA(得到美国证监会同意的统一账户体系)的经验中,保证资产和负债计量模式的匹配程度也是会计计量有效的关键点。

3. 会计报告存在的问题

首先在列报上存在可理解性以及财务信息相关性的问题。由于国际上针对碳排放权资产的核算基本上是确认到现有资产科目中去,并没有单独列报,因此在财务报告中没有单独列明碳排放权信息,大大降低了碳排放权的会计信息的相关性,信息使用者需要到每个科目中汲取碳排放权会计信息,影响了碳排放权财务分析的效率。附注的披露方面,通常国际上对于碳排放的披露都归类于企业的环境责任报告或社会责任报告中,例如法国要求企业在年报中的环境责任部分披露年碳排放量、减排量等信息,英国要求企业在社会责任报告中进行碳排放的信息披露。

4. 法律规章不完善

我国针对碳排放权交易会计也制定了规则和准则。但是这些规则和准则存在漏洞,其碳排放权交易会计核算与会计信息披露将会出现片面的情况,无法有效地评定其经营活动对碳排放的影响。对碳排放权交易会计的处理也与常规财务混淆,没有严格按照相关的规定来进行碳排放权交易会计处理,会计信息不够真实有效,使得会计进一步披露受到影响。

5. 法律体系不健全,政策执行力度不够

健全的法律法规以及强有力的政策支持是碳排放权交易市场能够进行良好运行的保

障。我国目前处于碳交易的初级阶段，是建立完善的法律体系、明确奖惩措施、增强执法力度的最合适阶段。虽然目前试点地区如深圳、广州已经制定了部分法律政策，但碳排放权交易法律政策仍不明确，在市场监管方面缺乏约束，相关制度尚未完全规范碳排放权初始分配和交易操作。因此，我国仍需不断结合实际，健全相关法律体系，使政策能够更好地发挥作用，为以后建设全国性碳排放权交易市场打下坚实的基础。

6. 基础信息、数据缺乏，企业积极性不高

我国现有试点虽先后启动了碳排放权交易，看似完成了试点的初步计划安排，但启动都比较匆忙，大部分准备工作做得并不完善，各试点的重要数据大量缺失，管理者无法掌控最真实的排污量以及各种重要信息，使得政府在协调方面面临困难，配额分配具有极大的不准确性。因此要加大奖惩措施，调动企业的整体积极性。

参考文献

[1] 戴润坤. 大数据时代对企业的影响及财务共享策略研究[J]. 全国流通经济, 2018 (16): 90-91.

[2] 上海国家会计学院等. 2017影响中国会计从业人员的十大信息技术评选报告[R/OL]. [2017-07-07]. https://www.snai.edu/xyxwGF/info_533.aspx?itemid=29864

[3] 2018影响中国会计从业人员的十大信息技术结果揭晓[J]. 财会通讯, 2018 (26): 130.

[4] 朱蕾. 财务云共享模式构建与应用[J]. 财会通讯, 2018 (26): 79-82.

[5] 张敦力, 罗炫, 葛林. 大数据时代下企业财务管理创新研究[J]. 会计之友, 2018 (24): 54-57.

[6] 柴跃廷, 于潇, 黄亚东. 电子发票管理与公共服务体系设计与实现[J]. 清华大学学报（自然科学版）, 2018, 58 (6): 598-602.

[7] 竞玉梅. 中小企业云计算会计信息化建设探讨[J]. 财会通讯, 2018 (7): 106-109.

[8] 彭启发, 王慧秋, 王海兵. 会计人工智能存在的风险与对策研究[J]. 会计之友, 2019 (5): 114-119.

[9] 丁丽. 论会计电子档案对高校财务管理的促进作用[J]. 会计之友, 2018 (14): 136-138.

[10] 赵胡杨. 网络经济时代的财务会计管理研究[J]. 中国管理信息化, 2020, 23 (13): 17-18.

[11] 刘光军, 彭韶兵, 王浩. 网络经济环境对会计理论的影响研究[J]. 财会月刊, 2016 (25): 3-7.

[12] 周述梅. 论网络会计的影响和应用[D]. 成都: 西南财经大学, 2009.

[13] 郭琦. 网络会计的应用[J]. 合作经济与科技, 2013 (23): 76-77.

[14] 赵冠华. 传统会计、电算化会计以及网络会计中若干问题的比较[J]. 中国会计电算化, 2004 (8): 19-21.

[15] 刘志芹. 浅论会计信息化与会计电算化的区别[J]. 科学大众（科学教育）, 2011 (6): 109.

[16] 郭丽娜. 会计发展新领域——网络会计[J]. 商业会计, 2010 (16): 75-76.

[17] 翟佩佩, 郑美林. 网络经济环境下网络会计存在的问题及对策[J]. 企业经济, 2014 (4): 52-55.

[18] 张宏霞. 关于电子商务时代的网络会计[J]. 商场现代化, 2008 (9): 140.

[19] 熊永根. 网络会计发展面临的问题和对策[J]. 会计之友, 2008 (8): 15.

[20] 董德民. 论网络会计的结构[J]. 技术经济, 2002 (9): 18-20.

[21] 蔡立新. 网络会计相关问题研究综述[J]. 会计之友, 2007 (6): 23-26.

[22] 赵洁. 会计信息化的现实途径[J]. 现代金融, 2010 (9): 40.

[23] 徐兰娇, 罗文娟. 网络会计理论和实务应用的探讨[J]. 商业会计, 2011 (9): 73-74.

[24] 尹会娟. 虚拟企业联盟伙伴选择问题研究[D]. 济南: 山东师范大学, 2012.

[25] 焦志伟. 网络会计研究[D]. 武汉: 华中科技大学, 2006.

[26] 鹿坪. FASB/IASB联合概念框架会计信息质量特征研究 [D]. 沈阳：辽宁大学，2012.
[27] 迟凤敏，佟磊. 网络会计信息系统业务流程及应用问题分析 [J]. 商业会计，2010 (21)：60－61.
[28] 杨燕. 网络会计信息系统构建相关问题的研究 [D]. 青岛：中国海洋大学，2012.
[29] 周敏. 集团公司基于云计算的会计决策支持系统构建 [J]. 财会通讯，2018 (19)：118－122.
[30] 邹永春. 探讨网络经济时代的财务会计管理 [J]. 新商务周刊，2019 (15)：87.
[31] 胡嘉，刘碧民，唐辉. "互联网＋"时代的会计信息化新发展——以四川长虹搭建财务云为例 [J]. 会计之友，2017 (7)：119－123.
[32] 张光福. 国外名同实异的两种社会会计 [J]. 会计研究，1992 (1)：42－45.
[33] 杨全照. 构建新型社会会计　实现会统和谐核算 [J]. 统计与决策，2006 (5)：49－52.
[34] 蔡昌. 论社会会计 [J]. 四川会计，1998 (7)：3－5.
[35] 裴和平. 社会会计简论 [J]. 上海会计，1996 (11)：32，35.
[36] 宿红艳. 社会会计与社会责任会计比较 [J]. 财会通讯，1995 (11)：11－12.
[37] 林万祥. 构建宏观会计与战略会计的初步设想 [J]. 经济学家，2000 (3)：106－111.
[38] 陈良. 社会会计基本理论的探讨 [J]. 江苏经济探讨，1996 (2)：42－46.
[39] 郭永清. 浅谈"社会会计" [J]. 四川会计，1994 (1)：18－19.
[40] 阎达五. 谈谈"社会会计"的若干理论问题 [J]. 会计研究，1988 (1)：49－52.
[41] 王世定. 社会会计初探——兼论资金流量表 [J]. 会计研究，1983 (1)：34－44.
[42] 黄孟芳，卢山冰. 基于利益相关者的组织价值审视及价值范式建构——社会责任审计与社会会计 [J]. 西北大学学报（哲学社会科学版），2013，43 (2)：99－102.
[43] 许金叶，唐美晨. 社会会计：区块链下的会计革命 [J]. 会计之友，2017 (17)：133－136.
[44] 刘仲文. 人力资源会计 [M]. 北京：首都经济贸易大学出版社，2016.
[45] 彼得·德鲁克. 管理的实践 [M]. 北京：机械工业出版社，2009.
[46] 何盛明. 财经大辞典 [M]. 北京：中国财政经济出版社，1990.
[47] 亚当·斯密. 国民财富的性质和原因的研究（上卷）[M]. 北京：商务印书馆，1981.
[48] Schultz T W. Investment in human capital [J]. The American Economic Review，1961，51 (1)：1－17.
[49] 厉以宁，蒋承. 人力资本释放与深化改革 [J]. 北京大学教育评论，2020，18 (1)：2－8，188.
[50] 周金燕. 人力资本内涵的扩展：非认知能力的经济价值和投资 [J]. 北京大学教育评论，2015，13 (1)：78－95.
[51] 乔治·库，金红昊. 非认知能力：培养面向21世纪的核心胜任力 [J]. 北京大学教育评论，2019，17 (3)：2－12，187.
[52] 张文贤. 人力资源会计 [M]. 北京：科学出版社，2010.
[53] Arora Kumar Amit Panchal Ankit. Human Resources Accounting Disclosure Practices (HRADP)：A Review [J]. International Journal of Service Science，Management，Engineering，and Technology，2021，12 (1)：97－110.
[54] 杜海文. 人力资源会计应用问题及对策研究 [J]. 青年记者，2012 (29)：87.
[55] 刘雨川. 企业人力资源会计的计量与修正 [J]. 河南社会科学，2018，26 (12)：107－110.
[56] 温素彬，张金泉，黄杰. 基于神经元反馈系统的管理会计系统构建 [J]. 会计之友，2018 (8)：156－160.
[57] 刘燕，齐励. 企业人力资源成本控制问题探析 [J]. 财会通讯，2014 (35)：100－102.
[58] 王昭. 人力资源会计在企业人力资源管理中的运用及评价 [D]. 西安：西北大学，2015.

[59] 徐瑞璟. 职业足球俱乐部的人力资源成本会计 [J]. 会计之友，2010（27）：78-80.

[60] 刘大为. 现代企业人力资源价值计量与研究 [M]. 北京：中国社会科学出版社，2009.

[61] 刘寰. 国家审计人力资源价值评估研究 [J]. 审计与经济研究，2012（3）：16-24.

[62] 岳慧娟. 人力资源投资会计相关问题研究 [D]. 大连：东北财经大学，2005.

[63] 刘翠清. 人力资源权益会计制度设计研究 [D]. 济南：山东经济学院，2010.

[64] 栾慧婷，冀欣媛. 华为股权激励模式下人力资源权益会计的实践与应用研究 [J]. 中国集体经济，2020（5）：59-60.

[65] 于旭，李冰，洪美玲. 创业视角下传统会计假设及基本原则面临的挑战研究 [J]. 现代管理科学，2014（8）：99-101.

[66] 龚正. 企业飞行员人力资源会计研究 [D]. 北京：首都经济贸易大学，2018.

[67] 高键. 人力资源会计的内涵与基本假设研究 [J]. 辽宁科技学院学报，2013（1）：36-37.

[68] Kieso Weygandt Warfield. Fundamentals of Intermediate Accounting [J]. Issues in Accounting Education，2003，18（2）：229-230.

[69] Mayo. Measuring human capital [J]. Worldwide Link，2004，14（2）：3.

[70] 张璐. 试论我国人力资源会计的确认和计量 [J]. 会计之友，2008（29）：7-8.

[71] 李华军. 不同劳动合同控制力下的人力资源会计确认模式探讨 [J]. 财会月刊，2017（22）：15-18.

[72] 王跃武. 人力资源会计的应用性困境及其突破研究 [J]. 湖南财政经济学院学报，2018（1）：94-101.

[73] 王跃武. 人力资源会计账户体系的设计：基于产权分析的后续探讨 [J]. 湖南财经高等专科学校学报，2010（5）：107-109.

[74] 刘颖婷. 人力资本的会计确认与计量研究 [J]. 中国注册会计师，2019（8）：93-96.

[75] 刘明辉. 走向21世纪的现代会计（中）[M]. 大连：东北财经大学出版社，1996.

[76] 闫萍. 人力资源会计计量方法综述与评析 [J]. 财会研究，2009（15）：40-42.

[77] 李秀枝，张亚杰. 人力资源计量方法的创新——完全成本法 [J]. 会计之友，2006（21）：31.

[78] 郭晓晓. 人力资源会计计量方法研究 [D]. 太原：山西财经大学，2013.

[79] 胡金良. 人力资源成本会计研究 [D]. 沈阳：沈阳大学，2012.

[80] 谢明香. 谈人力资源会计账户的设置及运用 [J]. 财会月刊，2000（24）：23-24.

[81] 晁红梅. 上市公司人力资源会计信息披露问题研究 [D]. 西安：长安大学，2010.

[82] 吴泷. 人力资源信息披露新构架及对传统会计报表的改造 [J]. 财务与会计，2008（17）：32-34.

[83] 谭飚. 人力资源会计信息披露困境及对策 [J]. 合作经济与科技，2018（7）：102-103.

[84] 李春花，李振山. 人力资源会计信息披露的若干思考 [J]. 会计之友，2012（24）：108-109.

[85] 唐志富. 论我国人力资源会计应用现状及发展 [J]. 丝路视野，2018（13）：43，45.

[86] 胡正枚，蒋俊，谢鹏. 目前我国人力资源会计发展存在的问题及对策 [J]. 现代营销（下旬刊），2016（3）：122.

[87] 熊科伟. 我国人力资源会计的困境及出路探析 [D]. 南昌：江西财经大学，2013.

[88] 郭晓梅，洪华生. 西方环境会计学发展综述 [J]. 世界环境，2002（2）：37-39.

[89] 李莎莎. 中外环境会计比较与借鉴 [J]. 合作经济与科技，2014（18）：134-135.

[90] 石宁. 对环境会计职能的再思考 [J]. 会计之友（中旬刊），2007（9）：14-15.

[91] 蒋德启，刘诚，田治威，等. 国际企业环境会计准则的比较与借鉴 [J]. 北京林业大学学报（社会科学版），2010，9（2）：132-135.

[92] 许家林. 环境会计：理论与实务的发展与创新 [J]. 会计研究，2009 (10)：36-43，94-95.

[93] 叶鹏. 我国企业环境会计发展研究 [J]. 商场现代化，2019 (13)：141-143.

[94] 杜国良，张紫霄，任俊霖. 中国环境会计研究热点与趋势——基于 CiteSpace 知识图谱分析 [J]. 财会通讯，2020 (13)：20-24.

[95] 朱远东，唐运舒. 中国环境会计研究综述——基于环境会计信息编报的视角 [J]. 财会通讯，2019 (3)：10-16.

[96] 刘三红，肖序，周志方. 融合与创新：传统会计中物质流成本会计的导入研究 [J]. 河南师范大学学报（哲学社会科学版），2016，43 (6)：123-128.

[97] 刘永祥. 论环境会计假设和核算原则 [J]. 上海会计，2001 (9)：18-19.

[98] 任存梅，杨晓琴. 对环境会计假设与环境会计核算原则的探讨 [J]. 山西统计，2003 (12)：71.

[99] 高素玲，高建立. 环境会计核算基本假设和原则探讨 [J]. 中国管理信息化（会计版），2007 (7)：48-49.

[100] 唐国平，李龙会，辛悦. 环境会计基本理论在当代的发展 [J]. 财会通讯，2012 (4)：135-139.

[101] 刘玉廷. 我国《企业会计制度》及相关会计准则改革的若干问题 [J]. 中国农业会计，2001 (7)：11-16.

[102] 乔世震. 建立中国环境会计核算体系的探讨 [J]. 中国发展，2002 (2)：43-47，60.

[103] 魏素艳. 关于环境会计要素的探讨 [J]. 北京理工大学学报（社会科学版），2005 (1)：36-39，44.

[104] 朱小平，徐泓，包小刚. 环境会计计量的基本理论与方法 [J]. 财会月刊，1998 (12)：3-5.

[105] 孙兴华，王兆蕊. 绿色会计的计量与报告研究 [J]. 会计研究，2002 (3)：54-57.

[106] 张洁. 浅议绿色会计的确认、计量与报告披露 [J]. 河南金融管理干部学院学报，2003 (1)：86-87.

[107] 肖序. 环境会计理论与实务研究 [M]. 大连：东北财经大学出版社，2007.

[108] 陈煦江. 环境会计核算模式与核算实务管见 [J]. 财会通讯，2004 (11)：63-64.

[109] 黄溶冰，赵谦. 自然资源核算——从账户到资产负债表：演进与启示 [J]. 财经理论与实践，2015，36 (1)：74-77.

[110] 王金南，蒋洪强，曹东. 绿色国民经济核算 [M]. 北京：中国环境科学出版社，2009.

[111] 耿建新，刘长翠. 企业环境会计信息披露及其相关问题探讨 [J]. 审计研究，2003 (3)：19-23.

[112] 赵海燕，张山. 环境会计理论发展进程与研究展望 [J]. 财会月刊，2017 (10)：106-110.

[113] 汪茹，杨成浦. 企业环境会计信息强制性披露与自愿性披露的分析 [J]. 商业会计，2012 (13)：83-85.

[114] 田昆儒，康剑青，宋东亮. 中国社会责任会计问题研究综述 [J]. 会计之友（上旬刊），2007 (12)：4-7.

[115] 冯丽丽，林芳，许家林. 企业社会责任会计在当代中国的研究综述 [J]. 经济与管理研究，2011 (11)：91-100.

[116] 冯巧根. 基于企业社会责任的管理会计框架重构 [J]. 会计研究，2009 (8)：80-87，96.

[117] 沈洪涛，宋献中，许洁莹. 我国社会责任会计研究：回顾与展望 [J]. 财经科学，2010 (4)：102-109.

[118] 阳秋林，李春华. 刍论我国建立社会责任会计的必然性 [J]. 上海会计，2001 (11)：7-9.

[119] 陈学轼，陈春艳. 试论社会责任会计理论对财务会计理论的影响 [J]. 财会通讯，1998 (5)：

3—5.

[120] 仲修伟. 可持续发展观是建立社会责任会计的理论依据 [J]. 四川会计, 1999 (3): 3—5.

[121] 云霄, 赵丽萍, 杨成文. 我国社会责任会计理论研究综述 [J]. 财会通讯, 2011 (6): 19—21.

[122] 汤晟. 企业社会责任会计内涵、现状及发展研究 [J]. 国际商务财会, 2017 (6): 52—56.

[123] 张玲, 李倩. 社会责任会计研究文献综述 [J]. 商业会计, 2018 (20): 80—82.

[124] 马海波, 何玉, 万茜茜. 中国社会责任会计研究评述: 1995—2009 [J]. 财会通讯, 2011 (30): 13—15.

[125] 许家林. 企业社会责任: 观念·标准·报告 [J]. 财政监督, 2008 (6): 3—6.

[126] 姚正海, 孙自愿. 社会责任会计基本理论初探 [J]. 内蒙古煤炭经济, 2003 (5): 92—94.

[127] 文建平. 浅谈社会责任会计理论结构 [J]. 财会研究, 1999 (12): 3—5.

[128] 王金叶. 我国实施社会责任会计的难点及对策 [J]. 会计之友, 1996 (1): 16—17.

[129] 潘理科, 魏清明. 企业社会责任会计初探 [J]. 对外经贸财会, 1994 (7): 19—22.

[130] 武晓阳. 企业社会责任会计信息披露问题研究 [J]. 现代营销 (信息版), 2019 (3): 214.

[131] 李晴. 我国企业社会责任会计信息披露的若干问题研究 [J]. 中国集体经济, 2019 (7): 140—141.

[132] 邵敏. 社会责任会计信息披露在我国的现状及完善 [J]. 现代企业, 2018 (7): 128—129.

[133] 葛辰. 企业社会责任会计相关问题研究 [J]. 科技信息, 2012 (15): 445.

[134] 冯丽丽, 林芳. 社会责任会计在当代中国的发展与展望 [C]. 中国会计学会, 2011: 40—51.

[135] 李洁. 低碳经济下社会责任会计的发展与应用 [J]. 会计之友, 2012 (18): 67—69.

[136] 于增彪, 贺锦娜. 略论西方行为会计 [J]. 会计研究, 1995 (2): 38—42.

[137] 吕莉. 浅谈行为会计理论及其应用 [J]. 石油企业管理, 1998 (8): 31—32.

[138] 蔡昌. 论行为会计 [J]. 财会月刊, 1999 (12): 5—6.

[139] 郝继陶, 皮圆梅. 行为会计的理论与应用 [J]. 武汉汽车工业大学学报, 2000 (6): 101—104, 118.

[140] 韩永斌. 行为会计研究范式的兴起与演进 [J]. 财会通讯, 2005 (7): 75—78.

[141] 姚凯, 郑立. 人力资源管理中的行为会计理论研究 [J]. 复旦学报 (社会科学版), 2016, 58 (2): 135—142.

[142] 张健, 王鹏, 曾妍琪. 行为科学在会计中的应用研究综述 [J]. 财会通讯, 2017 (4): 35—39.

[143] 王开田. 行为会计与会计行为比较研究 [J]. 会计研究, 1996 (10): 16—20.

[144] 李荣华, 刘国华. 会计行为 [M]. 北京: 经济管理出版社, 2006.

[145] 赵燕. 行为会计研究的演进与启示 [J]. 科技信息, 2010 (32): 489.

[146] Ashton R H. An Experimental Study of Internal Control Judgments [J]. Journal of Accounting Research (Spring1974), pp. 143—57.

[147] Birnberg J G, Shields J F. "Three decades of behavioral accounting research: A search for order", Behavioral Research in Accounting, 1989, Vol. 1, pp23—74.

[148] 赵淑惠. 行为会计理论及其在我国的发展现状与趋势路径 [J]. 学术交流, 2010 (12): 106—110.

[149] 徐国君, 夏虹. 行为会计准则探索 [J]. 青岛海洋大学学报 (社会科学版), 1995 (2): 25—29.

[150] 吴瑜. 刍议行为会计在我国企业管理中的应用 [J]. 商, 2013 (13): 139.

[151] 蔡灵灵. 行为会计在我国发展制约因素及突破机制研究 [J]. 财会学习, 2020 (20): 79—80.

[152] Peloubet M E. Forensic Accounting: Its Place in Today's Economic [J]. Journal of

Accountancy,1946(6):450-462.

[153] 王业可.法务会计与审计之比较[J].国外建材科技,2006(2):146-147,150.

[154] 王美赟.我国法务会计的现状与发展[J].国际商务财会,2021(5):25-27,40.

[155] 黄申.会计学与法学的边缘学科探析[J].财会月刊,2000(6):11-12.

[156] 戴德明,周华.法务会计若干基本问题研究[J].贵州财经学院学报,2001(3):1-5.

[157] 刘鹏.我国法务会计理论体系探讨[J].商业会计,2012(9):100-101.

[158] 徐宁.浅谈法务会计假设及原则[J].北方经贸,2011(9):77-78.

[159] 谭立.法务会计若干理论问题之我见[J].经济管理,2005(17):57-60.

[160] 赵甲银.法务会计在企业的应用问题及对策分析[J].法制博览,2021(13):181-182.

[161] 黄珊.论法务会计在我国的应用[J].中国商论,2020(1):188-189.

[162] 叶贝贝.法务会计在反倾销中的应用前景分析[J].中国储运,2021(4):165-166.

[163] 吴访非,孙洁.法务会计在建筑工程结算中的应用研究[J].建筑设计管理,2021,38(2):43-48.

[164] 王笑凡.基于GONE理论的大智慧财务舞弊案例分析及治理对策研究[J].国际商务财会,2016(8):81-85.

[165] 赵珍.上市公司财务违规处罚效应研究[D].昆明:云南财经大学,2020.

[166] 王仲兵.论应诉反倾销会计的理论框架[J].中国注册会计师,2007(5):76-80.

[167] 陶艳娟.浅论反倾销会计的理论结构[J].商业会计,2004(2):20-21.

[168] 刘爱东.我国企业应对反倾销的会计理论体系[J].上海立信会计学院学报,2007(5):16-22,97.

[169] 裴兴之.反倾销会计研究述评与展望[J].广西质量监督导报,2020(2):11-12.

[170] 唐洋.对建立反倾销内部会计控制的探讨[J].新会计,2010(5):28-29.

[171] 刘晓丽.反倾销会计在我国企业中的应用研究[D].太原:山西财经大学,2014.

[172] 苏君,陶艳娟.反倾销会计研究[J].北京工商大学学报(社会科学版),2004(2):24-28.

[173] 刘浩.反倾销会计中的"结构价格"研究[J].商业经济与管理,2004(10):53-57.

[174] 孙铮,刘浩.反倾销会计的理论框架与研究展望[J].新会计,2009(6):3-7.

[175] 齐炳忠,梁劲.反倾销中会计计量公允性的思考[J].重庆建筑大学学报,2002(4):72-75.

[176] 郭家鹏.反倾销会计在国际贸易中的应用[J].财会通讯,2014(31):89-91.

[177] 朱倩.化工企业应诉美国反倾销的成本会计研究[D].长沙:中南林业科技大学,2020.

[178] 潘家华.碳排放交易体系的构建、挑战与市场拓展[J].中国人口资源与环境,2016,26(8):1-5.

[179] 王鸣华.发达国家碳排放交易机制构建及启示[J].经济纵横,2015(6):118-120.

[180] 吕南,曹宇,陈俊君.四川省重点单位温室气体排放报告制度及企业成本控制研究[J].财务管理研究,2020(9):40-42.

[181] 张彩平,谭德明,刘梅娟.碳会计定义重构及碳排放会计准则体系构建研究[J].会计与经济研究,2015,29(3):32-40.

[182] 沈剑飞,伊静,孙俏.我国碳排放权交易两阶段下会计核算比较研究[J].会计之友,2015(13):122-124.

[183] Jacob R Wambsganss, Carlos Larrinaga-Gonzalez. Carbon Trading: Accounting and Reporting Issues, European Accounting Review, 2008, 34(8): 697-717.

[184] Fiona Gadd, Jenny Harrison, Simon Page. Accounting for Carbon under the UK Emission Trading Scheme Discussion Paper, 2002, 65(5): 1-23.

[185] Janek Ratnatunga, Stewart Jones. An Inconvenient Truth about Accounting: The Paradigm Shift Required in Carbon Emissions Reporting and Assurance. American Accounting Association Annual Meeting, Anaheim CA, 2008.

[186] Marcel Braun. The Economics of Climate Change: The Stern Review [M]. London: Cambridge University Press, 2009: 6-10.

[187] Paul A Griffin. How will Millions of "Free" Climate Change Allowance under Cap and Trade Affect US Balance Sheets? [J]. Accounting Review, 2010, 25 (8): 1-28.

[188] Prakash Matsumura. Toward a different debate in environmental accounting: the cases of carbon and cost-benefit [J]. Accounting, Organization and Society, 2009 (34): 364-378.

[189] Fath Fariborz. Cap-and-trade: accounting fraud and other problems [J]. J Corp Account Finance, 2010, 21 (4): 61-63.

[190] 葛家澍. 九十年代西方会计理论的一个新思潮——绿色会计理论 [J]. 会计研究, 1992 (5): 1-6.

[191] 李琳, 孙铮. 试论排污许可证在环境会计中的披露 [J]. 财会通讯, 2004 (1): 45-50.

[192] 时军, 王艳龙. 低碳环境下的碳排放确认与计量 [J]. 财会通讯, 2012 (25): 42-46.

[193] 刘会芹. 碳排放权分配、确认及计量——基于产权会计理论视角 [J]. 会计之友, 2015 (6): 65-68.

[194] 申金荣, 赵亦江. 我国CDM项目企业的碳排放权会计核算 [J]. 财会月刊, 2011 (5): 90-91.

[195] 苑泽明, 李元祯. 总量交易机制下碳排放权确认与计量研究 [J]. 会计研究, 2013 (11): 8-15.

[196] 李端生, 贾雨. 碳排放权交易的会计确认计量与信息披露 [J]. 会计之友, 2014 (33): 33-36.

[197] 张薇, 伍中信, 王蜜. 产权保护导向的碳排放权会计确认与计量问题研究 [J]. 会计研究, 2014 (3): 10-16.

[198] 左颖谞. 我国企业碳排放权交易会计研究 [D]. 北京: 财政部财政科学研究所, 2015.

[199] 袁广达, 王子悦. 碳排放权的具体资产属性与业务处理会计模式 [J]. 会计之友, 2018 (2): 11-16.

[200] 刘颖婷. 碳排放权会计处理探析 [J]. 商业会计, 2019 (9): 83-85.

[201] 涂建明, 迟颖颖, 石羽珊, 等. 基于法定碳排放权配额经济实质的碳会计构想 [J]. 会计研究, 2019 (9): 87-94.

[202] 刘梅娟, 金佳颖, 喻海霞, 等. 电力行业碳交易试点上市公司碳信息披露研究 [J]. 财会通讯, 2021 (3): 92-97.

[203] 张彩平. 碳排放权初始会计确认问题研究 [J]. 会计与经济研究, 2011, 4 (7): 23-24.

[204] 毛政珍. 成本视角下企业碳排放权会计要素的归类 [J]. 财会月刊, 2015 (19): 25-27.

[205] 张姗, 刘静. 低碳经济时代我国碳排放权会计处理的两阶段性 [J]. 会计之友, 2010 (3): 35-37.

[206] 彭敏. 我国碳交易中碳排放权的会计确认与计量初探 [J]. 财会研究, 2010 (8): 48-49.

[207] 高建来, 郭超义. 碳排放权交易会计处理方法探析——基于天津市碳排放权交易市场 [J]. 财会月刊, 2015 (25): 23-25.

[208] 朱敏, 李晓红. 论清洁发展机制下碳排放权的会计核算 [J]. 会计之友, 2010 (11): 79-80.

[209] 王简, 庄鑫. 低碳经济下碳排放权交易会计处理研究 [J]. 中央财经大学学报, 2014 (4):

66—71.

[210] 刘承智,潘爱玲. 碳排放交易体系下的排放权交易会计政策研究 [J]. 财务理论与实践,2015 (3): 77—82.

[211] 张友,许慧. 中外碳排放权会计处理的比较研究 [J]. 价值工程,2015,34 (30): 28—29.

[212] 吕南,李巧. 刍议碳排放权的会计核算 [J]. 西南石油大学学报(社会版),2017,19 (4): 14—18.

[213] 马长虎,郭艳丽. 青海省温室气体排放现状及减排对策研究 [J]. 青海统计,2013 (10): 6—13.

[214] 秦新生. 物流企业碳排放指标计算方法研究 [J]. 铁道运输与经济,2014 (7): 60—65.

[215] 谢良安. 企业碳信息披露路径的分析比较 [J]. 财会月刊,2013 (6): 111—113.

[216] 刘汉武. 在碳资产管理中的几个关键因素的综合分析 [J]. 科技创业月刊,2013 (8): 98—100.

[217] 碳排放权交易管理暂行办法 [J]. 中华人民共和国国务院公报,2015 (5): 45—49.

[218] 王爱国. 我的碳会计观 [J]. 会计研究,2012 (5): 3—9,93.

[219] 孙立英. CDM 项目碳排放权会计核算研究 [J]. 河北企业,2015 (12): 29—30.

[220] 吕南. 四川省碳排放权交易研究 [M]. 成都:四川大学出版社,2021.

[221] 刘佳,彭珏. 我国碳排放权及其交易会计问题探讨 [J]. 财会研究,2012 (4): 25—27,35.

[222] 胡珊,吕晓雨,杨钰琦. 浅谈碳排放权交易中存在的税收问题及对策 [J]. 纳税,2019,13 (35):32.